精选《PMBOK®指南》第6版中的240对易混重要术语作通俗析辨

汪博士

析辨PMP®易混术语

（第2版）

Dr. Wang's Guide to
PMP® Confusing Terms

汪小金◎主　编

朱　焕　张　锋◎副主编

曹海芹　高　媛
　　　　　　　　◎参　编
汪卫平　王爱萍

中国电力出版社
CHINA ELECTRIC POWER PRESS

内 容 提 要

任何较成熟的学科和职业都有一套清晰且统一的基本术语。（美国）项目管理协会的《项目管理知识体系指南》对规范项目管理学科和职业的基本术语起到了极其重要的作用。本书精选该指南第6版中的240对重要术语，详细描述其概念、共性、联系和区别，帮助PMP®考生更好地备考，帮助项目管理工作者更好地学习和应用项目管理方法。

图书在版编目（CIP）数据

汪博士析辨 PMP®易混术语 / 汪小金等编著. —2 版. —北京：中国电力出版社，2019.4（2021.5重印）
ISBN 978-7-5198-3027-4

Ⅰ．①汪… Ⅱ．①汪… Ⅲ．①项目管理 – 词汇 Ⅳ.①F224.5-61

中国版本图书馆 CIP 数据核字(2019)第 055788 号

出版发行：中国电力出版社
地　　址：北京市东城区北京站西街19号（邮政编码100005）
网　　址：http://www.cepp.sgcc.com.cn
责任编辑：李　静　1103194425@qq.com
责任校对：黄　蓓　太兴华
装帧设计：九五互通　周　赢
责任印制：钱兴根

印　　刷：三河市百盛印装有限公司
版　　次：2015年8月第1版
　　　　　2019年4月第2版
印　　次：2021年5月北京第2次印刷
开　　本：787毫米×1092毫米　16开本
印　　张：19.5
字　　数：330千字
定　　价：68.00元

第 2 版前言

本书第 1 版自 2015 年 8 月出版后，受到了广大项目管理工作者，特别是 PMP® 考生和培训讲师的欢迎。随着（美国）项目管理协会 2017 年 9 月出版《项目管理知识体系指南》（PMBOK®指南）第 6 版，以及 2018 年 6 月对 PMP®考试进行相应改版，本书也就必须随之修订了。

编写第 2 版时，仍然采用第 1 版的术语选择原则，即：重要性原则、易混性原则和可析性原则；仍然采用第 1 版的写作结构，即：从基本概念、共性、联系和区别四个方面对所选术语进行详细析辨；仍然注重用通俗易懂的语言来析辨每一对术语，而不是照抄《PMBOK®指南》中的原话。

与《PMBOK®指南》第 5 版相比，《PMBOK®指南》第 6 版的改动较大，特别是新增了不少内容。因此，本书第 2 版也相应地做了较大修改，包括删去 67 对术语，新增 107 对术语，以及对保留的术语做了局部修改。这些删增和修改，都有助于项目管理工作者更好地学习和掌握《PMBOK®指南》第 6 版。

第 1 版的作者边登峰、段腾波、李春晖、李一和刘琨，因忙于其他工作，未能参加第 2 版的编写。感谢他们授权第 2 版的作者们无偿使用他们第 1 版的成果！

感谢第 2 版的两位副主编朱焕和张锋，以及四位编写人员曹海芹、高媛、汪卫半和土发萍！

汪小金
2018 年 11 月 10 日于昆明
xjwang@ynu.edu.cn
weibo.com/drwangpm
微信订阅号：drwangpm

第1版前言

任何较成熟的学科和职业都有一套清晰且统一的基本术语。项目管理学科和职业也不例外。(美国)项目管理协会(PMI)的《项目管理知识体系指南》(以下简称《PMBOK®指南》)自 1996 年正式颁布以来,一直对规范项目管理的基本术语起着非常重要的作用。对于项目管理工作者来说,透彻理解项目管理的基本术语,是掌握和应用项目管理方法的基石。

作为一本相当精简的标准,《PMBOK®指南》不可能对每个基本术语都作详细描述。这就给《PMBOK®指南》的初学者,特别是准备参加 PMP®认证考试的初学者,在学习和理解方面带来了不小的挑战。我与项目管理顶端班的 7 位学员一起编写这本书,就是想要帮助大家更好地理解项目管理的基本术语,为参加 PMP®考试和应用项目管理方法打下更加坚实的基础。

根据重要性、易混性和可析性这三大原则,我们从《PMBOK®指南》第 5 版中选取了 199 对基本术语,外加 1 对该指南中没有但 PMP®考生必须掌握的基本术语,从基本概念、共性、联系和区别 4 个方面进行详细析辨。我们注重用通俗易懂的语言来析辨每一对术语,而不是照抄《PMBOK®指南》中的原话。虽然通俗易懂的语言不一定是最准确的语言,但是我们仍然尽力追求析辨的准确性。当然,由于有些术语在项目管理界还未完全定型,我们的析辨不一定是唯一可能的析辨;也由于我们的认知水平有限,我们的析辨不可能绝对正确;还由于术语的含义往往随情境的不同而有所不同,我们的析辨不可能面面俱到。

本书的编写持续了 8 个月时间。首先,我带领 7 位学员,通过充分讨论,选择合适的术语并确定析辨的基本格式和内容。其次,每位学员分头撰写一部分术语析辨的草稿并交叉修改。再次,我对全部草稿进行修改,并把我的完整修改稿返给每一位学员征求意见。最后，我综合考虑每位学员的意见，进一步修改完成终稿。非常感谢每一位学员报名参加项目管理顶端班以及对本书做出的贡献！你们都是优秀的项目管理工作者，相信你们一定能够做得更好！同时，也非常感谢昆明蓝血项目管理系统有限公司刘燕总经理和赵娅芹班主任为顶端班提供的大力支持！

步入 50 岁后，我发现自己特别关注年轻人的成长！除了这 7 位项目管理顶端班的学员以外，还有不少我经常关注的年轻项目管理工作者，其中有些是从未见过面的。作为教师，我希望学生超过我；作为年长者，我希望年轻人更有创意；作为项目管理的推广者，我希望项目管理人才辈出！其实，真正的人才不是"培养"出来的，而是你自己努力地"成长"起来的。我愿意助推优秀年轻项目管理工作者的成长，就像以前许多长辈助推我的成长一样！

我的《项目管理方法论》第 2 版（蓝皮书）、《汪博士解读 PMP®考试》第 3 版（黄皮书）、《汪博士详解 PMP®模拟题》第 2 版（绿皮书，与邓伟升、易洪芳合著）和本书（红皮书）一起构成一套项目管理丛书。蓝皮书重在打基础和掌握项目管理思维方式，黄皮书重在解读《PMBOK®指南》第 5 版，绿皮书重在 PMP®应试，红皮书则重在回归作为项目管理的基石的基本术语。

以自己微薄之力推动项目管理在中国和世界的发展，是我永远的事业！让我们一路同行！

汪小金

2015 年 6 月 10 日于昆明

xjwang@ynu.edu.cn

weibo.com/drwangpm

微信订阅号：drwangpm

目录

报价邀请书 VS 建议邀请书

1. 概念

报价邀请书（RFQ）是招标文件的一种类型，是买方为采购标准化的产品或服务，或者采购已有明确具体要求及其实现方案的产品或服务，而向潜在卖方发出的旨在征询产品或服务的报价的文件。因为需要各潜在卖方提供的产品或服务基本没有差别，所以将来选择谁中标，主要是看谁的报价低。

建议邀请书（RFP）也是招标文件的一种类型。如果买方对拟采购产品或服务的种类明确，但对其技术解决方案尚不明确，那么就应该发出建议邀请书，来征询潜在卖方的、包括技术方案和报价在内的产品或服务解决方案。将来选择谁中标，主要是看谁的性价比高（技术方案与报价的比较）。技术方案往往是比报价更重要的评标标准。

2. 共性

（1）都是招标文件的一种类型。

（2）都由买方编写，并向潜在卖方免费发布或有偿发售。

3. 联系

（1）在采购管理实践中，招标文件可以是以下形式：信息邀请书（Request for Information，RFI）、建议邀请书（Request for Proposal，RFP）或报价邀请书（Request for Quotation，RFQ）。

（2）如果买方用分阶段的方法进行采购，那就可以先使用信息邀请书获取信息，再使用建议邀请书（暂不要求对方报价）征求解决方案，最后使用报价邀请书获得报价。

4. 区别

（1）报价邀请书侧重于邀请潜在卖方提供报价，以便主要依据报价的高低选择卖方。建议邀请书则侧重于邀请潜在卖方提供产品或服务的技术方案，以便主要依据技术方案的优劣选择卖方。

（2）报价邀请书适用于买方的采购需求明确，并且实现方案也清楚的情形。而建议邀请书适用于买方的采购需求明确，但是实现方案尚不清楚的情形。

（3）报价邀请书用于采购完全标准化的产品或服务。建议邀请书用于采购非标准化的产品或服务。

5. 参阅《PMBOK®指南》第6版中的页码

477，712

报价邀请书 VS 信息邀请书

1. 概念

报价邀请书（RFQ）是招标文件的一种类型，是买方为采购标准化的产品或服务，或者采购已有明确具体要求及其实现方案的产品或服务，而向潜在卖方发出的旨在征询产品或服务的报价的文件。因为需要各潜在卖方提供的产品或服务基本没有差别，所以将来选择谁中标，主要是看谁的报价低。

信息邀请书（RFI）也是招标文件的一种类型，是在买方对拟采购的产品或服务知之甚少的情况下，用于向潜在卖方征询关于产品或服务的详细信息的文件，以便根据所征集的详细信息编制报价邀请书或建议邀请书。

2. 共性

（1）都属于招标文件。

（2）都由买方负责编写，并提供给潜在卖方。

3. 联系

（1）如果买方用分阶段的方法进行采购，那就可以先使用信息邀请书获取信息，再使用建议邀请书（暂不要求对方报价）征求解决方案，最后使用报价邀请书获得报价；或者，先使用信息邀请书获取信息，再使用报价邀请书或建议邀请书。当然，信息邀请书并非必须使用。

（2）例如，在建筑施工项目中，需要采购某种特殊的混凝土，要求连续 7 天 24 小时不间断地供货。施工单位从未使用过这种混凝土，毫无经验。此时，就可以编写和发布信息邀请书，邀请潜在供应商提供关于此类特殊混凝土的详细信息。掌握了详细信息后，施工单位即可编写和发布报价邀请书，邀请潜在供应商进行报价。

4. 区别

（1）报价邀请书适用于买方的采购需求明确，并且实现方案也清楚的情形。信息邀请书则常用于买方的采购需求不明确且很不了解市场情况的情形。

（2）报价邀请书用于采购完全标准化的产品或服务。信息邀请书则用于"想要买却不知道要买什么及该从哪里买"的情形。

（3）用报价邀请书获取产品或服务的报价之后，可直接签订合同。用信息邀请书获取产品或服务的详细信息后，还无法直接签订合同。

5. 参阅《PMBOK®指南》第 6 版中的页码

477，712

贝塔分布 VS 三角分布

1. 概念

统计学中常用的四种连续概率分布为：正态分布、贝塔分布、三角分布和均匀分布（见图 1）。在表示活动的工期（持续时间）时，横轴为可能的活动工期，纵轴为概率（最小值为 0，最大值为 1.0）。

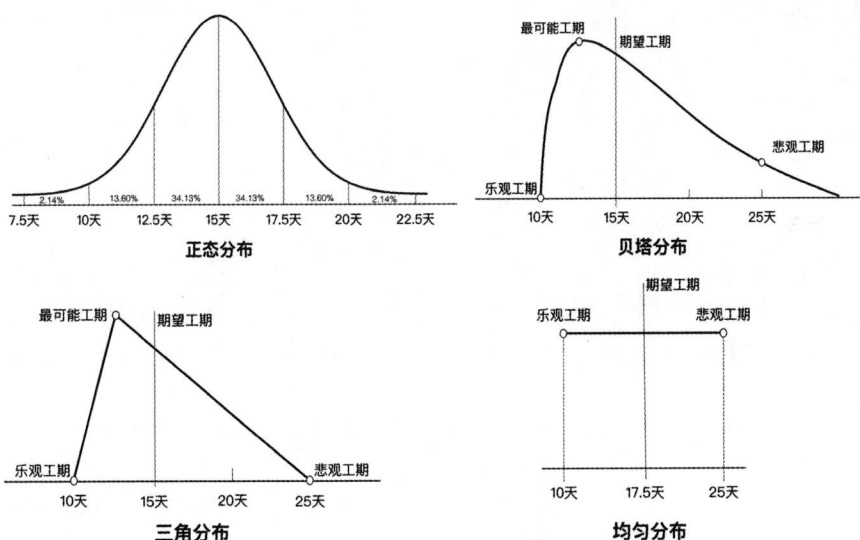

图 1 常用的连续概率分布

为便于 PMP 考生理解，本处仅从通俗的角度出发对这些概率分布的应用进行解释。

2. 共性

贝塔分布和三角分布，都是在三点估算方法中用于计算活动期望工期的基础。

3. 联系

（1）三角分布是贝塔分布的简化，均匀分布是三角分布的简化。

（2）对三点估算方法（无论是基于贝塔分布还是三角分布）所计算出的期望工期，要根据标准的正态分布来确定在特定工期内完工的概率，例如在期望工期加减一个标准差的区间内完工的概率为 68.26%。

4. 区别

（1）在三点估算中，除非另有说明，一般都默认活动工期呈贝塔分布，采用以下公式：期望工期=（乐观工期+4×最可能工期+悲观工期）／6。在贝塔分布中，左边的尾巴很短，右边的尾巴很长。这意味着活动工期不可能短到哪里去，却可以很长很长。

（2）在只知道活动的乐观、最可能和悲观工期，且不想或无法获取更多的活动可能工期时，即《PMBOK®指南》第 201 页所说的"历史数据不充分或使用判断数据时"，就只能假设活动工期呈三角分布。三角分布是简化了的贝塔分布，三角分布计算期望工期的公式：期望工期＝（乐观工期＋最可能工期＋悲观工期）／3。除非特别说明了活动工期为三角分布，都默认使用第一条中的贝塔分布公式来计算期望工期。注意《PMBOK®指南》第201页遗漏了基于贝塔分布来计算工期的情况。

（3）如果只知道活动的乐观和悲观工期，且不想或无法获取更多的活动可能工期，那么就只能假设活动工期呈均匀分布。

（4）对于三点估算的计算结果（期望工期），根据统计学中的中央极限定理，又假设是呈正态分布的。

5. 参阅《PMBOK®指南》第6版中的页码

201，244—245

备选方案分析 VS 多标准决策分析

1. 概念

备选方案分析是指设计和分析可用于开展活动或解决问题的多个方案，并从中选择一种最好的方案。例如，在估算活动资源过程中，设计可用于开展同一个活动的不同资源配置方案，并在分析各方案的优点和缺点之后，选择一个最好的资源配置方案。

多标准决策分析采用多个评价标准，对多个备选方案进行比较和打分，得出每个方案的汇总分，排出各方案的优先顺序，通常用决策矩阵表进行。如果各评价标准的重要性并不完全相同，就应该对各标准赋予不同的权重，以便根据各方案的加权汇总得分进行方案排序。多标准决策分析的示例，见表1。

表1 多标准决策分析示例

方　　案	技术先进（0.4）	易使用性（0.3）	使用寿命（0.2）	价格高低（0.1）	加权汇总
第一方案	4	3	2	1	3.0
第二方案	3	4	3	2	3.2
第三方案	1	2	4	3	2.1
第四方案	2	1	1	4	1.7

2. 共性

（1）都可以对备选方案进行分析和比较。

（2）都是要选择最佳方案。

3. 联系

可先用"备选方案分析"设计多个备选方案，并进行分析，确定用于选择最佳方案的多个标准，再用"多标准决策分析"对各方案进行打分，选出最佳方案。

4. 区别

（1）备选方案分析是"数据分析"技术组的子技术，多标准决策分析是"决策"技术组的子技术。

（2）备选方案分析更灵活，考虑的因素可以或多或少；多标准决策分析更严格，只针对事先确定的那些因素（标准，至少三个）进行比较和打分。

（3）备选方案分析可以针对两个或更多备选方案，多标准决策分析只针对三个或更多的备选方案。如果只有两个备选方案，就没有必要用多标准决策分析。

5. 参阅《PMBOK®指南》第6版中的页码

111，144，202，283，325，698，707

变更 VS 索赔

1. 概念

此处仅讨论采购合同下的变更。买方和卖方在签订合同之后，任何一方都可以提出对合同的修改建议，并经双方协商一致后形成对合同的变更。在合同执行和监控过程中，一方也可以对己方或对方的合同履约绩效提出采取纠正措施、预防措施或缺陷补救措施的建议，并经内部审批或双方协商一致后，由己方或对方付诸执行。

索赔是指在合同执行和监控过程中，一方对于自己所遭受的且自认为应由对方承担的经济或工期损失，向对方提出的补偿要求。一方提出索赔，必须有来自法律或合同的依据，必须有实际损失发生，并且还要有切实的证据。

2. 共性

索赔和变更存在交叉。一方面，有些索赔其实是一方提出的变更请求，经对方同意后，就成为一种合同变更；另一方面，如果合同双方对变更的处理达不成协议，就会演变成索赔。

3. 联系

（1）在采购管理过程中，索赔属于有争议的变更。

（2）如果合同双方对某个变更无法协商一致，就会演变成索赔。例如，在土木施工合同中，业主通过监理工程师要求承包商追加某项必要的工作。业主同意为这项工作支付 5 万元，但承包商坚持要 8 万元。在业主实际支付了 5 万元后，承包商就应该以索赔的方式提出对剩余 3 万元的补偿要求。请注意，在土木施工合同中，一旦监理工程师发出了指令，即便承包商对于该指令有异议，承包商也必须遵照执行，并同时提出自己的异议。再如，一方根据对方的某种言行实施了推定变更（对方虽未明确要求变更，但其特定言行已暗示进行变更），但对方不予认可，本方就会以索赔的方式提出对推定变更的补偿要求。

4. 区别

（1）变更是"经批准的变更请求"中所述的变更，或实际已经发生的推定变更（根据对方的言行而推定出来的必要变更）。而索赔则是合同一方的权利主张，是一种特殊的变更请求。

（2）如果双方对合同变更无法协商一致，就演变成索赔。如果双方对索赔还无法协商一致，就演变成需要第三方介入的争议。第三方可以是调解人、仲裁员或法院。

5. 参阅《PMBOK®指南》第 6 版中的页码

498，699，700

变更管理计划 VS 配置管理计划

1. 概念

变更管理计划是项目管理计划的组成部分之一，用于规定项目变更管理该如何开展，包括：如何提出变更请求，如何审批变更请求，如何追踪变更的实施情况，以及如何总结变更管理的经验教训。

配置管理计划也是项目管理计划的组成部分之一，用于规定项目配置管理该如何开展，包括：如何识别项目的配置项，如何管理配置的变更，如何报告配置的实现情况，如何验证配置的实现情况。配置是直接决定项目产品的功能的重要技术参数，例如，手机的内存为 64G 或 256G。

2. 共性

（1）都是项目管理计划的重要组成部分。

（2）都要在制订项目管理计划过程中编制。在制订项目管理计划过程中，把其他子管理计划（如范围管理计划、质量管理计划）中的相关内容挑出来，加以整理和补充，编制出变更管理计划和配置管理计划。

3. 联系

（1）在变更管理计划中会提及对配置的变更管理。

（2）在配置管理计划中会描述配置管理与项目变更管理的关系。例如，对技术参数的修改通常都会引起进度和成本计划的相应修改。

4. 区别

（1）管理对象不同。变更管理计划针对的是各种各样的项目变更，包括范围、进度、成本、质量、风险、采购等。而配置管理计划的对象则仅为被称为"配置"的重要技术参数，包括技术参数的识别、变更和验证。

（2）应用行业不同。有些行业（如建筑行业）只有变更管理，没有配置管理。有些行业（如软件开发行业）则以配置管理为主，而把变更管理也纳入配置管理中。

5. 参阅《PMBOK®指南》第 6 版中的页码

88，699，700

变更控制会 VS 状态审查会

1. 概念

变更控制会是在项目监控过程中召开的项目变更评审会议,用于对已经提出的变更请求进行评审,并做出批准、否决或悬置的决定,还可以对配置管理活动进行审查。变更控制会的参会人员因变更的类型的不同而不同。对于不影响项目基准的变更,由项目经理或其授权代表召集并主持会议,相关的项目团队成员参加。对于影响项目基准的变更,由变更控制委员会主任召集并主持会议,变更控制委员会全体成员参加,相关的项目团队成员也可参加。项目经理通常是变更控制委员会的成员之一,但不是主任。

状态审查会是在项目执行和监控过程中召开的项目信息交流会议,一般定期召开。状态审查会通常由项目经理召集并主持,项目团队成员及与所讨论问题相关的其他相关方参加。状态审查会的内容范围可以很广,项目的方方面面都有可能成为状态审查会的主题,例如项目进展、风险、团队建设情况。

2. 共性

变更控制会是监控过程组的会议,状态审查会也可以是监控过程组的会议。

3. 联系

(1)在变更控制会上,需要了解和讨论项目的状态,以便为变更请求的评审提供基础。在状态审查会上,可以交流变更请求的提出和审批情况。

(2)在状态审查会上可以提出变更请求,并提交给变更控制会审批。

(3)如果必要,这两个会可以合在一起开。

4. 区别

(1)变更控制会是监控过程组的会议,而状态审查会既可以是执行过程组的会议,又可以是监控过程组的会议。变更控制会仅是"实施整体变更控制"过程的工具与技术(在"会议"之下)。状态审查会则同时包含在"指导与管理项目工作"等四个执行过程的"会议"中,以及"监控项目工作"等六个监控过程的"会议"中。

(2)变更控制会是专用于审批变更请求的专题会议,而状态审查会则是议题很广的非专题会议。

(3)变更控制会只是审批变更请求,不会提出变更请求;而状态审查会可能提出变更请求。

(4)变更控制必须做出批准、否决或悬置变更请求的正式决定,而状态审查会不一定要做出决定。在状态审查会上,可以只交流信息,不做出任何决定。

(5)变更控制会只在必要时才不定期地召开,而状态审查会一般都要定期召开。

5. 参阅《PMBOK®指南》第6版中的页码

120,341

变更控制系统 VS 合同变更控制系统

1. 概念

变更控制系统其实是"项目变更控制系统",是项目管理系统的子系统,是用于管理项目变更的一系列正式程序的集合,规定将如何提出、审批和跟踪项目变更。其主要内容包括:所需的文档(如变更请求的格式)、审批的流程和权限、跟踪要求,以及变更控制委员会的组成和权责。它会规定在什么时候可以提出什么变更请求,变更请求应该采用什么格式编写,变更请求应该有什么支持材料,变更管理的具体流程是什么,以及谁有权审批什么变更,等等。变更控制委员会是由主要相关方的代表所组成的一个正式委员会,负责审批会导致项目基准修改的重大项目变更。任何项目相关方都可以提出变更请求,但不是任何一方都有权审批变更。不影响项目基准的变更,由项目经理审批;影响项目基准的变更,必须由变更控制委员会审批。

合同变更控制系统是关于如何管理合同变更的一系列正式程序的集合,规定将如何提出、协商和跟踪合同变更。其主要内容包括:所需的文档(如变更请求的格式)、谈判的人员级别和审批要求、跟踪要求,以及争议解决办法。合同是买方与卖方签订的、用于明确双方权利义务的、有法律约束力的协议,合同变更是合同关系的局部变化,如标的数量增减、价款变化、交货地点改变。合同变更必须经双方协商一致。如果无法协商一致,就演变成争议。双方应分别指定对不同类型合同变更的谈判人员的级别。

2. 共性

都是关于如何管理变更的一系列正式程序的集合。

3. 联系

(1)合同变更控制系统是项目变更控制系统的重要组成部分。

(2)两者的内容必须相互协调,不能相互冲突。

(3)如果合同变更会引起项目基准的修改,那么合同变更在完成实质性谈判后还必须报整个项目的变更控制委员会审批。

4. 区别

(1)项目变更控制系统针对整个项目中的所有变更,而合同变更控制系统仅针对与合同有关的变更。

(2)不涉及合同的项目变更,如果不影响项目基准,由项目经理审批;如果影响项目基准,由整个项目的变更控制委员会审批。对合同的任何变更(修改),都必须由合同双方的代表经谈判达成一致。

(3)虽然项目变更控制系统和合同变更控制系统的前三个主要内容较为相似,但第四个主要内容差别较大,分别是"变更控制委员会的组成和权责",以及"争议解决办法"。

(4)不涉及合同的项目变更,其处理属于某个项目执行组织内部的工作;而对合同变更的处理则是两个项目执行组织(买方和卖方)之间的工作。

5. 参阅《PMBOK®指南》第6版中的页码

497,699,701

变更控制系统 VS 配置管理系统

1. 概念

变更控制系统是项目管理系统的子系统，用于管理和控制各种项目变更。它是一系列正式的书面程序的集合，通常包括变更管理所需文档、审批流程、跟踪要求，以及变更控制委员会的组成和权责等内容。它会规定在什么时候可以提出什么变更请求，变更请求应该采用什么格式编写，变更请求应该有什么支持材料，变更管理的具体流程是什么，以及谁有权审批什么变更，等等。

配置管理系统也是项目管理系统的子系统，用于管理和控制被称为"配置"的重要技术参数。它是一系列正式的书面程序的集合，通常会规定如下事项：将如何识别和记录项目的主要技术特性和功能（技术参数），将如何控制对这些技术参数的变更（包括变更的审批程序和级别），将如何记录和报告项目技术参数的实施情况，将如何审查实际的技术参数是否符合要求、项目产品能否发挥既定的功能。

2. 共性

（1）都是项目管理系统的子系统。项目管理系统是用于管理项目的全部过程、工具、技术、方法和程序的集合。

（2）都涉及对项目变更的管理和控制。

3. 联系

（1）在软件开发行业，往往是配置管理系统更大，而变更控制系统更小，变更控制系统包含在配置管理系统中。

（2）在其他行业，可能是变更控制系统更大，而配置管理系统更小，甚至不会设立配置管理系统，而是把对技术参数的变更控制直接归入变更控制系统的范畴。例如，建筑行业至今没有配置管理的说法。

4. 区别

（1）管理对象不同。变更控制系统的对象是各种各样的项目变更，包括范围、进度、成本、质量、风险、采购等。而配置管理系统的对象则是被称为"配置"的重要技术参数，包括技术参数的识别、变更和验证。

（2）应用行业不同。有些行业（如建筑行业）只有变更控制系统，没有配置管理系统。有些行业（如软件开发行业）则以配置管理系统为主，而把变更控制也纳入配置管理系统中。

（3）提醒大家注意：《PMBOK®指南》中对于项目管理系统的四大子系统（项目管理信息系统、工作授权系统、变更控制系统和配置管理系统）的描述并不清晰，对它们之间的关系则基本没有描述。

5. 参阅《PMBOK®指南》第6版中的页码

699，700

变更请求 VS 更新

1. 概念

变更请求是在项目启动、规划、执行和监控过程中，所提出的关于修改正式受控的项目计划（包括项目管理计划和项目文件）的正式提议，关于对项目工作采取纠正措施的正式提议，关于对已经形成的可交付成果进行缺陷补救的正式提议，以及关于为预防严重不利项目绩效偏差的出现而采取预防措施的正式提议。包含计划修改建议、纠正措施建议、缺陷补救建议和预防措施建议在内的变更请求，是广义的变更请求。除非上下文另有要求，《PMBOK®指南》中的变更请求均为广义。任何相关方都可以提出变更请求。变更请求必须经过实施整体变更控制过程的审批，只有经批准的变更请求才能被纳入项目计划和付诸执行。

更新是指随着项目进展和信息越来越明确，而对项目文件、项目管理计划和采购文档进行更新。按需不需要走正式的变更管理流程，可以把更新分为如下两种：一种是必须以变更请求的方式提出，经批准才能进行的更新，如对项目管理计划和经批准的项目文件的修改；另一种则不必以变更请求的方式提出，如在项目执行过程中随工作绩效数据的不断收集而导致的项目文件更新。在《PMBOK®指南》中还有组织过程资产更新和事业环境因素更新。组织过程资产更新是指要把项目的工作流程、模板、数据和经验教训收集起来，成为组织过程资产的一部分。事业环境因素更新是指在获取资源过程、建设团队过程和管理团队过程中可能导致项目执行组织的资源状况发生变化。

2. 共性

都可以针对项目文件、项目管理计划和采购文档。

3. 联系

（1）对项目管理计划、经批准的项目文件和经批准的采购文档的更新建议，必须以变更请求的形式提出，经批准后方可进行相应更新。

（2）关于修改项目管理计划、经批准的项目文件和经批准的采购文档的变更请求，经过实施整体变更控制过程的批准之后，就需要进行相应的更新。

4. 区别

（1）变更请求的提出、评价和审批，必须走正式的变更管理流程，而更新不一定要走正式的变更管理流程。例如，在执行过程中随工作绩效数据的不断产生而更新项目文件，在监控过程中定期更新工作绩效报告，都不需要走变更流程。

（2）变更请求可以针对已经完成的可交付成果（提出缺陷补救建议），而更新不可能针对已经完成的可交付成果。更新可以针对组织过程资产和事业环境因素，而变更请求不可能针对组织过程资产和事业环境因素。

（3）变更请求涉及启动、规划、执行和监控过程组，而更新涉及规划、执行、监控和收尾过程组。虽然第一次开展启动或规划过程通常不会提出变更请求，但是重复开展时可能提出变更请求。

5. 参阅《PMBOK®指南》第6版中的页码

96，97，112，700，717

变更请求 VS 批准的变更请求

1. 概念

变更请求是在项目启动、规划、执行和监控过程中，所提出的关于修改正式受控的项目计划（包括项目管理计划和项目文件）的正式提议，关于对项目工作采取纠正措施的正式提议，关于对已经形成的可交付成果进行缺陷补救的正式提议，以及关于为预防严重不利项目绩效偏差的出现而采取预防措施的正式提议。包含计划修改建议、纠正措施建议、缺陷补救建议和预防措施建议在内的变更请求，是广义的变更请求。除非上下文另有要求，《PMBOK®指南》中的变更请求均为广义。任何相关方都可以提出变更请求。变更请求必须经过实施整体变更控制过程的审批，只有批准的变更请求才能被纳入项目计划和付诸执行。

批准的变更请求是指经过实施整体变更控制过程审查并被批准的变更请求。无论是哪个过程提出的变更请求，都必须提交实施整体变更控制过程审批。不会导致项目目标改变的变更请求，由项目经理审批；会导致项目目标改变（如工期延长）的变更，由变更控制委员会审批。只有经批准的变更，才能纳入项目计划并付诸执行。当然，不是所有被提交的变更请求都会得到批准，有些变更请求会被否决或暂时悬置。变更请求的提出和审批情况，都需要随时写入变更日志。

2. 共性

（1）都要记录在变更日志中。

（3）都需要概括性地写进项目的工作绩效报告。在工作绩效报告中需要写明已经提交的变更请求、已经批准的变更请求、已经否决或悬置的变更请求、已经执行到位的变更和尚未执行到位的变更。

3. 联系

任何相关方都有权向项目经理提出变更请求。项目经理要对收到的变更请求进行形式审查，并把形式上符合要求的变更请求提交给实施整体变更控制过程审批。如果变更请求被批准，则成为批准的变更请求。

4. 区别

（1）处于变更管理的不同阶段。变更请求是提出阶段的成果，批准的变更请求则是审批阶段的成果。

（2）涉及相关方不同。任何相关方都可以提出变更请求，但不是任何一方都权审批变更请求。批准的变更请求通常由项目经理或变更控制委员会做出。

（3）不是所有变更请求都会进入实施整体变更控制过程评审（未通过形式审查的，不能进入），也不是所有被评审的变更请求都会成为批准的变更请求。

5. 参阅《PMBOK®指南》第6版中的页码

93，96，112，117，120，700

变更日志 VS 问题日志

1. 概念

变更日志是项目文件的一种，用来记录已经提出并被接收（已通过形式审查）进入变更控制系统的各种变更请求及其审批情况。变更日志需要动态实时更新，便于大家全面了解变更请求的提出与审批情况。变更日志，见表1。

表1　变更日志

编号	变更名称	变更描述（原因、内容和后果）	类别	提出者	提出时间	评审者	评审要求	评审情况

问题日志也是项目文件的一种，用来记录和跟进在执行和监控过程中发生的各种问题。应该随着问题的出现和处理，动态实时更新问题日志。问题日志，见表2。

表2　问题日志

编号	问题名称	问题描述	类别	涉及相关方	对目标的影响	紧急程度	责任人	解决方案要点	解决时间要求	当前状况

2. 共性

（1）都属于项目文件，项目结束时都要当作组织过程资产保存。

（2）都是项目经理与相关方有效沟通和协调的重要工具。

（3）都需要不断动态更新。

3. 联系

（1）如果相关方对变更日志中的变更请求的审批不能立即达成一致意见，就会产生一个需要记录在问题日志中的问题。

（2）对问题日志中的问题的处理，可能导致提出应该在变更日志中加以记录的变更请求。

4. 区别

（1）记录的内容有很大不同。变更日志记录变更请求的提出和处理情况，问题日志记录问题的发生和处理情况。

（2）变更日志首先是实施整体变更控制过程的输出，而后可能会在管理相关方参与过程中更新。问题日志首先是指导与管理项目工作过程的输出，而后可能会在监控项目工作和管理质量等过程中更新。

5. 参阅《PMBOK®指南》第6版中的页码

96，120，699，705

不确定性表现方式 VS 数据表现

1. 概念

不确定性表现方式是实施定量风险分析过程的工具与技术。它是针对特定的不确定性事件，用概率分布图来表示其可能的变异区间。三种常用的概率分布图是贝塔分布、三角分布、均匀分布（见图1）。例如，对某个活动需要多少天才能完工，就可以用贝塔概率分布图来表现。这些用概率分布图表示的变异区间，是随后借助蒙特卡洛模拟等技术进行综合定量风险分析的输入。通过综合定量风险分析，就可以得出整个项目的可能工期或成本的概率分布图。

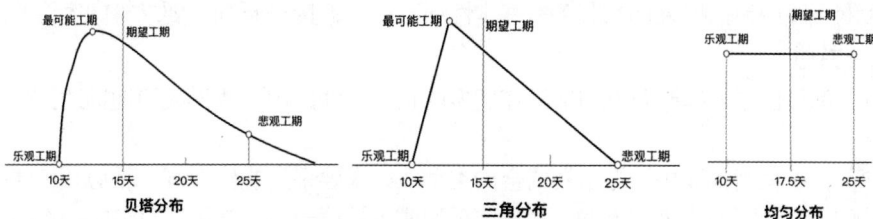

图 1　三种常用的概率分布图

数据表现是许多项目管理过程都要用到的一个技术组。它是用图形或表格来直观地表现所收集的数据或分析的结果。例如，收集需求过程所用的亲和图、思维导图，控制质量过程所用的控制图、散点图，监督沟通过程所用的相关方参与度评估矩阵，实施定性风险分析过程所用的影响和概率矩阵。

2. 共性

都用来直观地展现相关数据。

3. 联系

实际上，"不确定性表现方式"也可以包含在"数据表现"之中，或者说"不确定性表现方式"是一种特殊的"数据表现"形式。为凸显其特殊性，《PMBOK®指南》专门将其从一般的数据表现技术中抽取出来，加以特别阐述。

4. 区别

（1）表现对象不同。不确定性表现方式专用于表现作为单个项目风险的不确定性事件。数据表现则用于表现除单个项目风险以外的其他相关项目特征。

（2）表现形式不同。不确定性表现方式只用概率分布图这种形式。数据表现则用除概率分布图以外其他图形或表格。

（3）群族关系不同。不确定性表现方式只是一个具体的工具与技术。数据表现则是一个工具与技术组，下属15种具体的工具与技术。

（4）使用的频度不同。不确定性表现方式仅在实施定量风险分析过程使用。数据表现在收集需求、规划质量管理、控制质量、规划资源管理、规划沟通管理、监督沟通、实施定性风险分析、识别相关方、规划相关方参与、监督相关方参与等10个项目管理过程使用。

5. 参阅《PMBOK®指南》第6版中的页码

144，284，293，432，702

采购工作说明书 VS 工作大纲

1. 概念

采购工作说明书是买方对拟采购的货物或服务的文字和图形描述，以便潜在卖方据此判断是否有兴趣和有能力提供这些货物或服务，并在有兴趣和能力的情况下据此进行投标报价。采购工作说明书一般应包括拟采购货物或服务的规格、质量、数量、性能参数和提供时间等内容，足以向潜在卖方说清楚这些货物或服务是什么货物或服务，以及所需要的数量究竟是多少等情况。

工作大纲是一种特殊的采购工作说明书，专用于采购非标准化的服务，如咨询服务。工作大纲一般应包括拟采购的服务的基本性质、预估数量和原则性要求等内容。

2. 共性

（1）都是由买方编制并发布给潜在卖方的正式文件，用于或详或简地描述买方的采购需求。

（2）详细程度都取决于拟采用的合同类型。如果要采用总价合同，就必须编制很详细的采购工作说明书或工作大纲。如果要采用成本补偿合同，就可以只编制很粗略的采购工作说明书或工作大纲。

3. 联系

工作大纲是专用于采购服务的采购工作说明书。

4. 区别

"采购工作说明书"的使用范围更广，可用于采购任何货物或服务的情形。"工作大纲"只在采购服务的情形下使用，不用于采购货物的情形。

5. 参阅《PMBOK®指南》第6版中的页码

468，477—478，709

采购工作说明书 VS 招标文件

1. 概念

采购工作说明书是买方对拟采购的货物或服务的文字和图形描述，以便潜在卖方据此判断是否有兴趣和有能力提供这些货物或服务，并在有兴趣和能力的情况下据此进行投标报价。采购工作说明书一般应包括拟采购货物或服务的规格、质量、数量、性能参数和提供时间等内容，足以向潜在卖方说清楚这些货物或服务是什么货物或服务，以及所需要的数量究竟是多少等情况。

招标文件是买方用于征求潜在卖方的建议书（投标文件）的书面文件。潜在卖方购买了招标文件之后，就要根据招标文件的要求编制投标文件，并向买方投标。为了便于对潜在卖方的投标文件进行评审，并随后签订相应的合同，在招标文件中一般要包括采购工作说明书、投标文件的填写格式，以及相关的合同条款等内容。招标文件有不同的类型，可以是信息邀请书（RFI）、投标邀请书（IFB）、建议邀请书（RFP）、报价邀请书（RFQ）等。

2. 共性

（1）都是规划采购管理过程的输出，都是实施采购过程的输入。

（2）都是买方编制的，发给潜在卖方的文件。

（3）都可以由买方在签订合同之前（或某个规定的日期之前）进行修改。

3. 联系

（1）先编制采购工作说明书，再编制招标文件，并把采购工作说明书收进招标文件。

（2）采购工作说明书是招标文件的重要组成部分。

4. 区别

（1）采购工作说明书仅用于说明拟采购的货物或服务本身，内容比较单一。招标文件的内容则更多，不仅要包括采购工作说明书，还要包括投标须知、评标方法、合同条款等。可以说，采购工作说明书只包括技术要求，而招标文件则同时包括技术要求和商务要求（如关于报价和付款的合同条款）。

（2）采购工作说明书一般没有详细的范本。采购不同的货物或服务，往往要编写不同的采购工作说明书。招标文件中的其他内容（如投标须知、评标方法、合同条款）通常应该根据详细的范本来编写。

（3）采购工作说明书通常由拟采购货物或服务的使用部门在相关技术专家的协助下编写，而招标文件通常由执行组织中的招标采购部门编写。

5. 参阅《PMBOK®指南》第 6 版中的页码

477—478，699，709

采购管理计划 VS 采购策略

1. 概念

采购管理计划是关于将如何从项目执行组织外部采购项目所需的产品或服务的总体安排。其主要内容包括：将如何开展自制或外购分析，将采用何种采购方法（如邀请招标或竞争性招标），将如何编制招标文件，将采用何种合同范本，将如何评标等。它是采购管理过程中，开展后续各种工作的依据。

采购策略是根据采购管理计划，针对某次单一的采购，而制定的总体安排。其主要内容包括：拟采用的交付方式，如交钥匙（TK）方式、建设—运营—移交（BOT）方式；拟采用的合同类型，如总价合同、成本补偿合同、工料合同；拟采用的采购阶段，如先签五年的框架性合同和第一年的详细合同，待第一年结束时再基于第一年的情况续签第二年的详细合同。

2. 共性

（1）都是针对在同一个项目上将要执行的采购活动所做的事先安排。

（2）都是规划采购管理过程的输出。

（3）都是采购活动执行中需要遵守的基本规则。

3. 联系

（1）先编制采购管理计划，再根据采购管理计划开展自制或外购分析，确定要外包出去的工作，再针对每一件要外包的工作编制采购策略。

（2）采购策略是针对某单次采购而对采购管理计划的细化和可操作化。

4. 区别

（1）采购管理计划是项目管理计划的组成部分，而采购策略隶属于采购文档。

（2）整个项目只有一份统一的采购管理计划，却往往有多份甚至许多份采购策略。要开展多少次采购，就会有多少份采购策略。例如，针对每一次招标，都要编制一份专用的招标策略。

5. 参阅《PMBOK®指南》第 6 版中的页码

475，476，709，710

采购文档 VS 采购档案

1. 概念

采购文档是在规划采购管理、实施采购和控制采购过程中所形成的全部与采购有关的文件的统称。这些文件包括（但不限于）采购工作说明书、招标文件、供方选择标准、履约担保文件、协议（合同）、工作绩效信息、变更请求、卖方绩效评估文件、支付计划和请求、合同执行检查记录，以及买卖双方之间的各种往来函件。及时收集、整理和分析采购文档，有助于促进合同有效执行，降低合同执行风险，也为关闭单个合同打下坚实基础。

采购档案是在关闭单个合同之后，对收集好的全部采购文档，按照档案标准规范进行筛选、整理和分类，并建立索引和目录，形成的一套结构化的档案卷宗。采购档案是最终项目档案的一个组成部分，归入组织过程资产。

2. 共性

它们的主要组成部分是一致的。

3. 联系

对全部采购文档进行筛选、整理和分类，并建立索引和目录，就会得到采购档案。

4. 区别

（1）采购文档包含采购管理各过程所形成的全部与采购有关的文件；而采购档案则仅包含全部采购文档中需要归档的那些文件。

（2）采购文档只是各种零散文件的统称，并未被系统化；而采购档案是经过整理、带目录和索引的，是系统化的各种文件。

（2）采购文档的用途是开展和关闭本次采购；而采购档案的用途是供以后的单次采购参考借鉴。

5. 参阅《PMBOK®指南》第 6 版中的页码

485，496，501，709

测试/产品评估 VS 检查

1. 概念

测试/产品评估是控制质量过程的工具与技术，是指根据质量管理计划、质量测量指标，以及测试与评估文件，实际对可交付成果进行质量测试。测试的目的是找出产品或服务中存在的错误、缺陷或问题。如何做测试、做什么类型的测试、测试做到什么程度等信息，都已在质量管理计划、质量测量指标和测试与评估文件中定义。例如，汽车制造完成之后，需要做汽车碰撞试验以检验其安全性能；对防水手表需要让手表潜水 30 米深去测试其防水性能。

检查是控制质量过程、确认范围过程和控制采购过程的工具与技术。在此仅针对控制质量过程中的检查进行解释。检查是指由项目团队成员对项目工作或可交付成果进行实地检查，核实其质量是否合格。某个工作或可交付成果完成之后，要尽快由控制质量过程进行质量检查。例如，汽车装配完成之后，需要用一个核对单检查是不是所有的零配件都已经装配上去；论文写完之后，需要逐字检查错别字，逐段检查排版格式等。

2. 共性

（1）都是控制质量过程的工具与技术。

（2）都涉及与某种标准（客观或主观的）进行比较，验证质量是否符合这个标准。

（3）都主要由项目团队自行开展。

3. 联系

（1）有时，两者可同时开展。例如，我在用仪器测试桌子的强度是否符合要求的同时，可以用肉眼检查桌子的外观是否符合要求。

（2）有时，可以先测试再检查，或先检查再测试。例如，先检查手机装配零件齐全，再测试其待机时间。

4. 区别

（1）测试/产品评估只是控制质量过程的工具与技术，而检查的应用范围更广，同时是确认范围、控制质量和控制采购这三个过程的工具与技术。

（2）对象范围不同。测试/评估产品针对中间可交付成果及最终可交付成果，检查的对象不仅仅包括可交付成果，也包括工作本身。

（3）通常，测试/产品评估是客观的，需要借助特定的测量或试验器具；而检查是主观的，无须借助测量或试验器具。

（4）测试侧重于对产品功能进行测试，即：该有的功能是否都已具备且符合技术要求；而检查侧重于是否已经正确地做事，以及是否做了正确的事。

5. 参阅《PMBOK®指南》第 6 版中的页码

303—304，727

测试与检查规划 VS 测试/产品评估

1. 概念

测试与检查规划是指为将来在控制质量过程中开展质量测试与检查编制计划。不同行业的项目固然需要开展不同的测试或检查，同一行业的项目所需开展的测试或检查也可能有所不同。例如，在手机研发项目上，就需要事先规划好将来要开展的零部件完整性检查、手机待机时间测试、抗摔性手机跌落测试等。

测试/产品评估是指根据质量管理计划、质量测量指标，以及测试与评估文件，实际对可交付成果进行质量测试。测试的目的是找出产品或服务中存在的错误、缺陷或问题。如何做测试、做什么类型的测试、测试做到什么程度等信息，都已在质量管理计划、质量测量指标和测试与评估文件中定义。例如，汽车制造完成之后，需要做汽车碰撞试验以检验其安全性能；对防水手表需要让手表潜水 30 米去测试其防水性能。

2. 共性

（1）都是项目质量管理中的重要工作。

（2）都主要针对项目可交付成果（产品或服务），而不是针对项目过程。

3. 联系

项目团队需要先做测试与检查规划，编制出测试与检查计划（作为质量管理计划和质量测试指标的组成部分）；再根据该计划开展测试与评估，明确产品或服务的质量达标情况。

4. 区别

（1）测试与检查规划是规划质量管理过程的工具与技术，是做规划工作；而测试/产品评估是控制质量过程的工具与技术，是实实在在地去做产品测试和评估工作。

（2）测试与检查规划是编制关于产品或服务质量测试的具体行动计划，而测试/产品评估则是把这个行动计划付诸执行。例如，在软件开发项目上，先在规划质量管理过程制定关于所需开展的 α 测试（在实验室的测试）和 β 测试（在用户实际场景中的测试）的计划，再在控制质量过程实际开展 α 测试和 β 测试。

（3）通过测试与检查规划所编制的计划中，既有质量测试计划，也有质量检查计划。而在测试/产品评估中，不包括开展检查，只包括测试（产品评估也属于测试）。在控制质量过程中，把"检查"单独列成了一个工具与技术。测试与检查，虽然可以交叉，但是前者通常是客观的测试，后者通常是主观的检查。

5. 参阅《PMBOK®指南》第 6 版中的页码

285，303—304

产品范围 VS 项目范围

1. 概念

项目的范围包括"产品范围"和"项目范围"。从《PMBOK®指南》对项目的以下定义中也可看出这一点：项目是为创造独特的产品、服务或成果而进行的临时性工作。其中，"独特的产品、服务或成果"就是产品范围，"临时性工作"就是项目范围。

产品范围是指项目将要形成的最终产品、服务或成果所需具备的功能或特性。可以把产品、服务或成果统称为"可交付成果"。只有最终可交付成果具备这些功能或特性，才能满足项目相关方对为什么要做某项目的特定的需求。

项目范围，从狭义上讲，是指为了做出具有既定功能或特性的最终可交付成果而必须实施的项目工作，包括技术工作和管理工作。只有做好这些工作，才能形成具有既定功能或特性的最终可交付成果。例如，只有完成了一系列的楼板施工工序（项目范围），才能形成符合功能要求的楼板（产品范围）。

从广义上讲，项目范围则同时包括"产品范围"和狭义的"项目范围"。

2. 共性

（1）产品范围和狭义的项目范围，联合构成广义的项目范围。

（2）都需要在启动和规划过程组中被逐渐细化。

（3）都必须列入工作分解结构。可以把产品范围单独列作一条分支，把项目范围（狭义）列作其他分支，如图1所示。

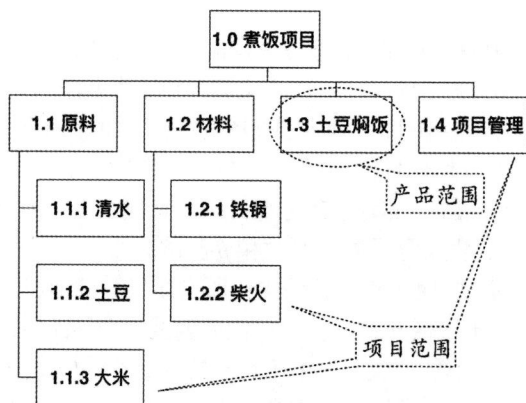

图1 产品范围与项目范围示例

3. 联系

（1）在编制项目计划时，先根据相关方的特定需求来确定产品范围，再根据产品范围来确定项目范围（狭义）。

（2）在开展项目执行时，要通过完成项目范围（狭义）来确保实现产品范围。

（3）可以说，产品范围决定项目范围（狭义），项目范围（狭义）服务于产品范围。

（4）产品范围的变化可能引起项目范围（狭义）的变化，反之亦然。

4. 区别

可以用表 1 来概述产品范围和项目范围（狭义）的主要区别。

表 1　产品范围和项目范围（狭义）的主要区别

比较对象	含　义	先后顺序	由谁确定	包含在这些文件中	验收依据
产品范围	必须形成什么样的可交付成果	先确定产品范围	主要由项目发起人和客户确定	商业论证、项目章程、项目范围说明书、工作分解结构、WBS 词典	根据产品需求来衡量产品范围是否完成
项目范围	为形成特定可交付成果必须做哪些工作	后确定项目范围	主要由项目经理和项目管理团队确定	项目范围说明书、工作分解结构、WBS 词典	根据项目管理计划来衡量项目范围是否完成

5. 参阅《PMBOK®指南》第 6 版中的页码

131，674，710，711

成本估算精确度 VS 成本估算准确度

1. 概念

成本估算精确度是指根据活动或项目规模而设定的成本估算值取整单位，可以取整到百元、千元、万元甚至十万元。例如，精确到千元，是指取整到千元，而对千元以下的数字进行四舍五入。成本估算精确度一般可表明项目经理对成本管理所需的粗细程度。例如，精确到千元，就表明项目经理只需在千元级别上关心项目成本，对千元级别以下的则不会直接关心。

成本估算准确度是指成本估算值与假想实际值之间的差异大小。因为在进行成本估算时还不知道实际成本是多少，所以只能设法把成本估算值与假想实际值之间的差异控制在一定的区间内。例如，准确度为±10%的成本估算，是指将来的实际成本必须落在成本估算的±10%的区间内，不得突破这个区间。成本估算中的"粗略量级估算"和"确定性估算"就是根据成本估算准确度不同来区分的两种不同的成本估算，如图1所示。

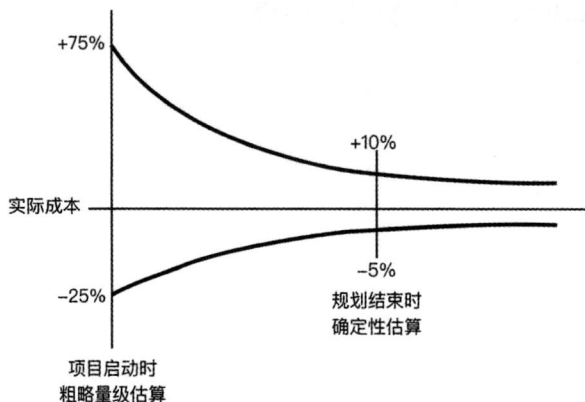

图 1　成本估算准确度示例

2. 共性

（1）都是对成本估算的要求，即成本估算既要达到要求的精确度，又要达到要求的准确度。

（2）都是在成本管理计划中定义的。

（3）都会随时间的推移或对工作的分解的深入而改变，即：精确到越来越小的单位，准确度越来越高。例如，项目启动时，精确到万元，准确度为–25%～+75%；规划结束时，则精确到千元，准确度为–5%～+10%。

3. 联系

（1）只有在一定的精确度的前提下，对准确度的要求才有意义。例如，要求精确到万元，那么就应该在"万元"这个层面上来考察准确度是否达到了既定的要求。

（2）通常，对准确度的要求越高，就要把成本估算值精确到越小的单位。

4. 区别

（1）成本估算精确度是指对成本估算值进行四舍五入时的保留位数，成本估算准确度是成本估算值与实际值之间允许存在的最大差异。

（2）成本估算精确度是指成本估算细不细，成本估算准确度则是成本估算准不准。

（3）项目收尾时，需要根据实际成本数去考察成本估算的准确度是否达到了要求，但通常无须考察精确度是否合理。

5. 参阅《PMBOK®指南》第 6 版中的页码

238，241

成本基准 VS 项目预算

1. 概念

成本基准是经过高级管理层批准的、按时间段分配的项目预算，但不包括任何管理储备。成本基准通常由以下步骤生成：① 汇总活动成本估算和活动应急储备得到工作包成本估算；② 汇总工作包成本估算和应急储备得到控制账户成本；③ 汇总各控制账户成本得到整个项目的总成本，并按项目进度计划把总成本分配到各个时间段；④ 把按时间段分配的项目总成本报给高级管理人员审批，经审批后成为项目成本基准。成本基准可以用一条 S 曲线来表示（见图1）。成本基准是用于考核项目成本绩效的依据，且只有通过正式的变更控制程序才能变更。

项目预算是在成本基准的基础上增加管理储备而得到的，是项目的总预算（见图1）。管理储备是专为应对完全未知的风险而预留的应急资金。管理储备就是掌握在高级管理层手中的储备，项目经理无权直接动用。在项目实施过程中，一旦高级管理层批准动用部分管理储备，那么这部分管理储备就要列入成本基准，导致成本基准的修改。

通常，项目的总预算也就是项目的总资金需求。

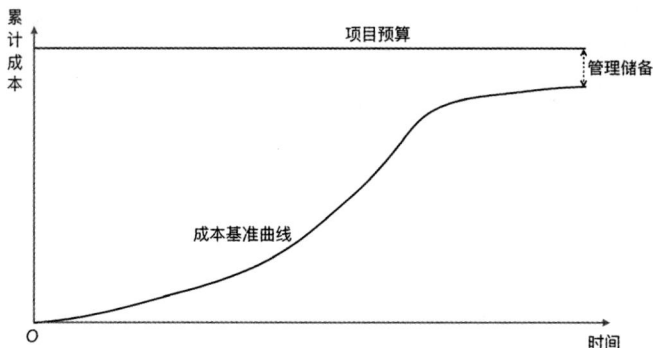

图1　成本基准和项目预算

2. 共性

（1）都可以针对整个项目，都可以按时间段进行分配，都可以按工作分解结构中的控制账户进行分配。

（2）除项目预算中的管理储备以外，项目预算和成本基准完全一致。

（3）狭义的项目预算等同于成本基准，即：不包括管理储备。应该根据上下文来判断"项目预算"中是否包括管理储备。

3. 联系

（1）成本基准是项目预算的主要组成部分。先有成本基准，再加管理储备，形成项目预算。

（2）高级管理层批准动用的管理储备，要加入成本基准中，成为成本基准的一部分，引起成本基准的增加。

（3）项目预算减去管理储备就等于成本基准。

4. 区别

成本基准中不包含管理储备，项目预算则是包含管理储备的项目总预算。

5. 参阅《PMBOK®指南》第6版中的页码

254—255，701

成本基准 VS 项目资金需求

1. 概念

成本基准是经过高级管理层批准的，用于考核项目成本绩效的依据。通常既要按阶段分配到各个时间段（如月、季、年），也要按工作分解结构分配到各个可交付成果（如控制账户、工作包）。按时间段分配的成本基准，可以用 S 曲线图表示，显示随时间推移的项目成本发生情况。按工作分解结构分配的成本基准，有利于确保每个可交付成果的成本都不超过既定数额。

项目资金需求是为项目顺利开展所需要的项目资金投入计划，即：需要项目发起人在什么时间投入多少资金。项目发起人通常不会一次性就投入项目所需的全部资金，而是每隔一段时间才投入一笔项目资金，且每次投入的资金不一定相等。这也就导致了项目资金需求一般会呈现出不均匀的阶梯状上升。项目资金需求通常等于项目预算。

成本基准和项目资金需求的关系，如图 1 所示。

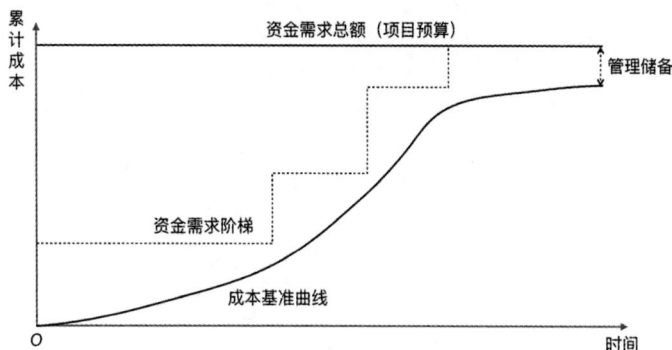

图 1　成本基准和项目资金需求

2. 共性

（1）都是制定预算过程的输出。

（2）都包括项目成本和应急储备。

（3）都与项目进度计划存在紧密联系。每个时间段的成本发生数或资金需求数，都与项目进度计划中要开展的活动存在直接关系。

3. 联系

（1）只有确定了成本基准，才能确定项目资金需求。确定项目资金需求，是根据按时间段分配的成本基准，来确定需要分批投入的资金量。

（2）在项目资金需求中所列的资金投入时间和数量，必须与成本基准中所列的成本发生时间和数量有基本的对应关系。通常，在某个时点投入的资金，不得小于后面那个时间段的成本发生总数。

（3）项目资金需求减去管理储备，就是成本基准。

4. 区别

（1）成本基准是高层管理者（包括项目发起人）用于考核项目成本绩效的依据，项目资金需求是项目经理用于向项目发起人要钱的一份文件。

（2）成本基准中不包括管理储备，项目资金需求中则包括管理储备。

（3）在成本基准中，既要列出每个时间段的成本数，也要列出每个可交付成果（如控制账户）的成本数。在项目资金需求中，通常只列出在每个特定时点需要发起人投入的资金数。项目经理通常不需针对每个特定的可交付成果向发起人要钱。

（4）成本基准是项目管理计划的组成部分，项目资金需求是一份独立的文件，未被归入项目管理计划、项目文件或采购文档。

5. 参阅《PMBOK®指南》第 6 版中的页码

254—255，256，701，710

成本加激励费用合同 VS 成本加奖励费用合同

1. 概念

成本加激励费用合同是成本补偿合同的一种类型。买方为卖方报销履行合同工作所发生的一切可报销的实际成本，并在卖方达到合同规定的绩效目标时，向卖方支付一笔激励费用。激励费用的计算方法是合同中专门规定的。为了鼓励卖方节约成本，通常都以目标成本作为绩效目标。如果实际成本大于目标成本，超过部分由双方按一定比例分担，如买方承担70%，卖方承担30%。如果实际成本小于目标成本，节约部分由双方按一定比例分享，如买方享受70%，卖方享受30%。

成本加奖励费用合同也是成本补偿合同的一种类型。买方为卖方报销履行合同工作所发生的一切可报销的实际成本，买方再基于自己对卖方履行合同的绩效的主观判断，向卖方支付一笔奖励费用。这笔费用的多少完全取决于买方的主观判断，并且卖方无权申诉。

2. 共性

（1）都属于成本补偿合同，成本实报实销。

（2）合同结束后，获得费用的多少，都取决于卖方履行合同的表现。

（3）无论是激励费用或奖励费用，都主要是卖方的利润（虽然不局限于利润）。

3. 联系

有些情况下，在同一个成本补偿合同中，可以在规定激励费用的计算方法的同时，也规定一个奖励费用条款。这样一来，就是采用了成本加激励费用和奖励费用合同。

4. 区别

（1）成本加激励费用合同中，卖方履行合同产生的所有实际成本，目标成本以内的成本可报销，超过目标成本的部分由双方分担，低于目标成本的部分由双方分享。而成本加奖励费合同中，卖方履行合同产生的所有实际成本，都可以报销，不存在分担或分享。

（2）相比较而言，成本加激励费用合同比成本加奖励费用合同更能激发卖方管理成本的积极性。

（3）在成本加激励费用合同中，费用（利润）按合同中规定的方法进行客观计算。在成本加奖励费用合同中，费用（利润）完全取决于买方单方面的主观决定，而无须客观计算。奖励费用相当于"红包"，我给你多少，你就只能得多少，无权讨价还价。

5. 参阅《PMBOK®指南》第6版中的页码

472，701，702

成本偏差 VS 完工偏差

1. 概念

成本偏差（CV）是截至项目执行的某时点实际发生的成本节约或超支，计算公式为：成本偏差（CV）=挣值（EV）–实际成本（AC）。

完工偏差（VAC）是在项目执行的某时点，所预测出来的在完工时将会出现的项目总成本偏差，计算公式为：完工偏差（VAC）=完工预算（BAC）–完工估算（EAC）。

2. 共性

（1）都是挣值管理中关于成本绩效的重要指标，都是计算的成本节约或超支数。

（2）需要在同样的时点来计算。在项目执行的某个时点，既要计算成本偏差（CV），又要计算完工偏差（VAC）。

（3）都要在同样的时间点来重新计算，如在每个月底都重新计算成本偏差（CV）和完工偏差（VAC）。

3. 联系

（1）完工偏差是一种特殊的成本偏差，是完工时将要发生的成本偏差的预测值。

（2）通常先算出成本偏差（CV）值，然后再算出成本绩效指数（CPI）值，接着根据不同情况分别计算完工尚需估算（ETC）和完工估算（EAC），最后算出完工偏差（VAC）。

4. 区别

（1）成本偏差是截至当前时点已经发生的实际偏差值，完工偏差是在当前时点预测的完工时将要发生的偏差值。前者是针对过去已经完成的工作的，后者则针对全部工作，包括已经完成和尚未完成的。

（2）成本偏差的计算相对简单，完工偏差的计算相对复杂。在某个时点，只能计算出一个唯一的成本偏差；却可以根据不同的完工尚需估算（ETC）和完工估算（EAC），计算出几个不同的完工偏差。

5. 参阅《PMBOK®指南》第6版中的页码

262，267，702，717

粗略量级估算 VS 确定性估算

1. 概念

粗略量级估算是在项目的启动阶段对项目总成本的粗略估算，是进行项目选择的主要依据之一。项目的商业论证报告或可行性研究报告中的项目成本估算，通常都是粗略量级估算。项目章程中的"预先批准的财务资源"，通常是根据粗略量级估算来确定的。粗略量级估算通常是基于经验的主观估算，准确度较低。《PMBOK®指南》中要求粗略量级估算的准确度为–25%～+75%。也就是说，假设项目将来的实际成本为 100 元，那么粗略量级估算应落在 75～175 元的区间中，不得突破这个区间。粗略量级估算在有些场合也被称为概念性估算或可行性估算。

确定性估算是指随着项目规划过程的渐进明细，在项目规划阶段的后期所确定下来的、对项目总成本的估算。通常，只有在编制出项目范围说明书、工作分解结构、工作分解结构词典和项目详细进度计划之后，才能用自下而上的方法编制出项目的确定性估算。自下而上的方法，是指先估算出各活动的成本，再汇总得到工作包的成本，汇总得到控制账户的成本，汇总得到整个项目的总成本。确定性估算需要基于比较详细的数据，准确度较高。《PMBOK®指南》中要求确定性估算的准确度为–5%～+10%。也就是说，假设项目将来的实际成本是 100 元，那么确定性估算应该落在 95～110 元，不得突破这个区间。通常，可以用确定性估算作为项目的成本基准或项目预算。确定性估算在有些场合也被称为最终估算。

2. 共性

都是对项目总成本的估算。

3. 联系

通常，先做粗略量级估算，再随着信息的明朗逐渐进行更准确的估算，直至得到确定性估算。

4. 区别

（1）粗略量级估算是在项目启动阶段所做的估算。确定性估算是在项目规划阶段后期最终确定下来的估算。

（2）粗略量级估算通常是发起人或高层管理人员所做的初步估算。确定性估算则应该在项目经理的领导下，由项目团队成员采用自下而上的估算方法得到。

（3）粗略量级估算的准确度较低，只能用作选择项目的依据，而不能用作项目的成本基准（考核项目成本绩效的依据）。确定性估算的准确度较高，可以用作项目的成本基准，据此考核项目的成本绩效。

（4）请注意：《PMBOK®指南》中对粗略量级估算和确定性估算的准确度的要求，都是非常笼统的。在实际工作中，不同的行业、不同的组织很可能有自己的、更切合实际的准确度要求。

5. 参阅《PMBOK®指南》第 6 版中的页码

241

单个项目风险 VS 整体项目风险

1. 概念

单个项目风险是万一发生会对项目目标造成积极或消极影响的单一的不确定性事件。单个项目风险可能由某个单一的原因引发，也可能由多个原因引发；万一发生会对项目的范围、进度、成本或质量的某一个方面有影响，或者对两个或更多的方面有影响，或者对全部方面都有影响。

整体项目风险是全部的不确定性来源联合导致的，对项目整体的影响，包括对项目整体的威胁和对项目整体的机会。整体项目风险中不仅包括了已经识别出来的全部单个项目风险，而且还包括未识别出的单个项目风险，以及其他各种不确定性事件。有些不确定性事件，如果只是单一地发生，不会对项目目标造成影响，不构成单个项目风险；但是如果一起发生，就会对项目目标造成影响。例如，虽然某个可替代性很高的团队成员离职不会对项目目标的实现产生不利影响，但是如果多个类似的成员同时离职，就会严重影响项目目标的实现。

除非上下文另有要求，在《PMBOK®指南》和本书中，"风险"或"项目风险"都是指"单个项目风险"。

2. 共性

（1）都属于项目风险的范畴。

（2）都可以是正面的机会或负面的威胁。

（3）对单个项目风险和整体项目风险，都应该分析其对项目范围、进度、成本和质量的某个方面的影响，以及对多个甚至全部方面的影响。

3. 联系

（1）单个项目风险是整体项目风险的重要组成部分。

（2）在项目的前期准备和启动阶段，通过合理的项目设计，把整体项目风险控制在合理的水平，以便后续阶段的单个项目风险管理能够取得理想的效果。如果整体项目风险（威胁）太高，那么再好的单个项目风险管理都不会有好的效果。这就如同整体身体素质很差，用再好的药去预防或治疗某种疾病都不会有好的效果。

（3）管理单个项目风险，又是管理整体项目风险的基础。这就如同预防或治疗各种具体疾病，是确保整体身体健康的基础。

4. 区别

（1）对单个项目风险，主要关注它本身，而不关注它与其他单个项目风险之间的关系。对于整体项目风险，则要考虑各单个项目风险之间的关系。各单个项目风险之间的关系通常是很复杂的。例如，在某工厂的综合管网改造项目中，存在"污水管道泄漏"和"给水管道泄漏"这两个单个项目风险；这两个风险有可能导致一个更严重的风险，即：从污水管泄漏的污水可能进入给水管，给饮用水造成严重的污染。

（2）整体项目风险中包含了项目不确定性的全部来源，而不局限于单个项目风险。如前所述，所有单独不能构成项目风险的不确定性事件，也是整体项目风险的组成部分。

（3）不能基于对单个项目风险的分析，而必须基于对整体项目风险的分析，来确定项目总共需要多少应急时间和应急资金。

（4）分析单个项目风险，主要是实施定性风险分析过程的工作。分析整体项目风险，主要是实施定量风险分析过程的工作。

（5）用风险登记册记录单个项目风险的情况，用风险报告记录整体项目风险的情况。

5. 参阅《PMBOK®指南》第 6 版中的页码

397，708

独立成本估算 VS 供方选择标准

1. 概念

独立成本估算是买方为拟采购的产品或服务所做的成本估算，以便对潜在卖方的可能报价做到心里有底，也俗称"标底"。对潜在卖方的建议书进行评估时，可以把建议书中的报价与独立成本估算进行正式或非正式的比较。买方可以自行编制，或者可以聘请其他的专业公司为其编制独立成本估算。

供方选择标准是买方用于评估潜在卖方的建议书的具体标准，如打分或评级的标准。标准可以是主观的，如卖方的能力、拥有的相关经验；也可以是客观的，如产品成本、生命周期成本。对于标准化产品或服务的采购，报价通常是最重要甚至是唯一的标准。对于非标准化产品或服务的采购，则还有其他多种标准，如技术方案的先进性。

2. 共性

（1）都是规划采购管理过程的输出，都是采购文档的一种。

（2）采购结束后，都将作为采购档案的组成部分被保存。

3. 联系

在某些采购中，可以用独立成本估算作为重要甚至是唯一的供方选择标准，以便选择最接近该成本估算的报价中标，或者排除那些高于该成本估算的报价。

4. 区别

（1）供方选择标准一定是用于评估建议书和选择卖方的标准，而独立成本估算可能仅对评估建议书和选择卖方起参考作用。

（2）供方选择标准可以既包括主观的标准，也包括客观的标准；而独立成本估算只能是一个客观的数值。

（3）虽然供方选择标准的细节通常不会向潜在卖方公开，但是高层级的标准会写入招标文件，让潜在卖方知晓。独立成本估算则通常不向潜在卖方公开，而是需要保密的。

5. 参阅《PMBOK®指南》第6版中的页码

478，479，715

独立型活动 VS 依附型活动

1. 概念

独立型活动，也可译为"分立型投入"，是为直接形成项目产品而独立开展的项目活动，其进展情况可以且应该被准确测量。

依附型活动，也可译为"分摊型投入"，是为形成项目产品而开展的、依附于独立型活动的项目活动，其进展情况无法准确测量，只能按独立型活动的同样的完成百分比来估算（分摊），即：独立型活动完成了百分之多少，相应的依附型活动也就完成了同样的百分比。依附性活动虽然不会直接生成项目产品，但也是必须开展的工作。

还有一种"支持型活动"，也可译为"人力投入量"，是用于支持独立型活动和依附型活动的后勤保障活动，其进展情况无须准确测量，只需按日历时间的自然流失来计算，即：只要日历时间过去了，在该日历时间中应该完成的支持型活动也就同时完成了。支持型活动绝对不会进度提前或落后。

2. 共性

这三种活动都是为了开展挣值管理而进行的活动分类。

3. 联系

依附型活动是依附于独立型活动的，为了确保独立型活动的有效开展。如果没有独立型活动，就不可能有依附型活动。支持型活动是用于支持独立型和依附型活动的后勤工作。例如，在房屋建设项目中，工人实际砌墙壁，是独立型活动；监理工程师对砌墙工作进行监督，是依附型活动；后勤人员为砌墙工人和监理工程师提供后勤服务（如做饭），则是支持型活动。

4. 区别

（1）独立型活动会直接形成项目产品。依附型活动虽然也是为形成项目产品所必需的，但不会直接生成项目产品。

（2）独立型活动的完成情况可以且应该准确测量，而依附型活动的完成情况无法准确测量，只能按照独立型活动的完成百分比来估算。

（3）对于独立型活动，应该基于对完成情况的准确测量来计算挣值。对于依附型活动，应该按照独立型活动的完成百分比来计算挣值。而支持型活动的挣值总是等于计划价值。

5. 参阅《PMBOK®指南》第6版中的页码

325，703，706

注：术语表中列出了"独立型活动""支持型活动"，遗漏了"依附型活动"。

独有来源 VS 单一来源

1. 概念

独有来源是指，市场上只有一个供应商能够提供买方拟采购的产品或服务，买方邀请该供应商提交建议书，并与之谈判，以签订采购合同。

单一来源是指，市场上虽然不止一个供应商能够提供买方拟采购的产品或服务，但卖方因某种特殊原因而决定只邀请某一个供应商提交建议书，并与之谈判，以签订采购合同。

2. 共性

都属于向一个特定的供应商进行直接采购，而不是向多家供应商进行邀请招标或竞争性招标。

3. 联系

在更大地理区域内的单一来源，可能是在更小地理区域内的独有来源。例如，虽然在全国范围内有多家能够供货的厂家，但在本地区只有一家。

4. 区别

（1）用独有来源进行采购，是因为"独此一家，别无他择"。用单一来源进行采购，则是因为坚信某一家是最好的（虽然有多家能够供货）。

（2）用独有来源进行采购，只需要证明是垄断的供应商即可。用单一来源进行采购，则需要证明为什么这种方法是最好的。例如，过去与某特定厂家的长期友好合作，采购数量和价值都很小。

（3）在独有来源采购中，买方基本没有议价能力。在单一来源采购中，买方会有一定的议价能力。

（4）请注意：《PMBOK®指南》第 474 页的"独有来源"中隐含了"单一来源"。

5. 参阅《PMBOK®指南》第 6 版中的页码

474

发起人 VS 高级管理层

1. 概念

发起人是为项目提供资金，并自始至终积极支持项目的个人或组织。发起人是项目上最先出场的相关方。如果没有发起人提供资金，项目就不可能启动。发起人作为项目最重要的支持者，要在许多重要的项目活动中发挥重要的作用，例如：编制并批准项目章程，建立项目治理结构，任命项目经理，建立和维持与更高层管理人员的联系，在组织中宣传项目以获得更多的人对项目的支持，进行项目阶段末评审，审批重大项目变更甚至决定提前终止项目，验收项目最终可交付成果。项目经理应该制订与发起人积极沟通的计划，并在项目执行过程中始终保持与发起人的有效沟通。

高级管理层是项目执行组织中高于项目经理的所有管理者的集合。项目经理受项目执行组织中的高级管理层的委托，代表项目执行组织领导项目团队去实现项目目标。项目经理直接向项目执行组织中的高级管理层承担对项目成败的最终责任。项目执行组织则是其员工直接参与项目的组织，可以简单地理解为项目所在单位。一个项目可能有多个执行组织。例如，在建筑施工项目上，业主、施工企业、设计院等都是该项目的执行组织，他们分别有一个对自己负责任的项目经理。对于某位项目经理来说，其他方的项目经理及其团队成员也都是自己的项目团队的成员。

2. 共性

（1）都是高于项目经理的人。

（2）都能帮助项目经理解决超出其权限范围的重大问题（如重大人事问题、政治问题等），从而为项目的成功创造条件。简单地说，两者都是项目经理求助的对象。

3. 联系

项目如果是由某组织出资，又由其自己执行，那么该组织的领导者就既是发起人又是高级管理层。

4. 区别

（1）发起人可以来自项目执行组织的内部或外部，而高级管理层只可能来自项目执行组织内部。

（2）项目如果是由某组织出资，但委托另一组织执行，那么这两个组织之间就需要签订合作协议。这种情况下，前一个组织的领导者是发起人，后一个组织的领导者是高级管理层。例如，美国某慈善机构出资，委托中国某机构开展一个慈善援助项目。

（3）发起人是项目资金的提供者。而高级管理层并不为项目提供资金。

（4）如果发起人与高级管理层是分离的，那么他们需要签订合作协议，再由高级管理层根据合作协议来签发项目章程。

（5）项目如果是某组织出资，但委托另一组织执行，那么项目经理直接对执行组织的高级管理层负责，执行组织的高级管理层直接对出资组织（发起人）负责。

5. 参阅《PMBOK®指南》第 6 版中的页码

29，550，715

发起人 VS 客户（用户）

1. 概念

发起人是为项目提供资金，并自始至终积极支持项目的个人或组织。发起人是项目上最先出场的相关方。如果没有发起人提供资金，项目就不可能启动。发起人作为项目最重要的支持者，要在许多重要的项目活动中发挥重要的作用，例如：编制并批准项目章程，建立项目治理结构并任命项目经理，建立和维持与更高层管理人员的联系，在组织中宣传项目以获得更多的人对项目的支持，进行项目阶段末评审，审批重大项目变更甚至决定提前终止项目，验收项目最终可交付成果。项目经理应该制定与发起人积极沟通的计划，并在项目执行过程中始终保持与发起人的有效沟通。

严格地讲，客户不同于用户，客户是出钱购买项目产品、服务或成果的个人或组织。而用户则是项目产品、服务或成果的直接使用者。不过，在某些应用领域，客户和用户也可以是同义词，可以替换使用。在实际工作中，客户和用户很可能交叉，即：某位个人或组织既是客户又是用户。客户和用户都是项目的重要相关方，可来自项目执行组织内部或外部，都要参与对项目产品、服务或成果的最终验收。需要特别注意，在有些情况下，同一个项目会有多个不同的客户或用户，从而会增加项目实施的难度。

2. 共性

（1）都可以来自执行组织内部或外部。

（2）可以是同一个人或同一批人，即：发起人也是客户或用户。

（3）都是项目的重要相关方，项目产品、服务或成果需要同时得到他们的验收。

3. 联系

（1）发起人肯定是客户（用户）之一，但是客户（用户）不一定是项目的发起人。

（2）可能存在这种情况：发起人出资发起一个项目，项目产品建成后由客户购买并提供给用户使用。

4. 区别

（1）发起人为项目提供资金，积极支持项目。用户则使用项目产品、服务或成果，而客户介于两者之间，购买项目产品、服务或成果，提供给用户使用。

（2）如果由两个以上的人或组织联合发起一个项目，则他们必须签署合作协议，作为启动项目的依据之一。即便同一个项目有多个客户（用户），他们之间不一定需要签署任何协议。

（3）发起人通过为项目提供必需的资金来直接支持项目。客户（用户）则通过表达自己的需求来影响项目实施的范围，包括项目可交付成果应该具备的功能及项目应该开展的工作。

（4）发起人肯定是在项目启动之前就完全确定和明确的。客户（用户）在项目启动之前则不一定全部确定和明确，有些客户（用户）可能是以后再逐渐显现的。

5. 参阅《PMBOK®指南》第 6 版中的页码

29，550，715

发起人 VS 执行组织

1. 概念

发起人是为项目提供资金，并自始至终积极支持项目的个人或组织。发起人是项目上最先出场的相关方。如果没有发起人提供资金，项目就不可能启动。发起人作为项目最重要的支持者，要在许多重要的项目活动中发挥重要的作用，例如：编制并批准项目章程，建立项目治理结构并任命项目经理，建立和维持与更高层管理人员的联系，在组织中宣传项目以获得更多的人对项目的支持，进行项目阶段末评审，审批重大项目变更甚至决定提前终止项目，验收项目最终可交付成果。项目经理应该制定与发起人积极沟通的计划，并在项目执行过程中始终保持与发起人的有效沟通。

执行组织是其员工直接、亲自参与项目工作的组织。通俗地讲，任何一个组织，只要有哪怕一个员工亲自参与某个项目的工作，这个组织就是该项目的执行组织。在同一个项目上有多个执行组织，这是很常见的。例如，在建筑施工项目上，业主是执行组织，承包商是执行组织，监理工程师所在的公司是执行组织，设计师所在的设计院也是执行组织。每个执行组织都会指定一个对本组织负责任的项目经理，并由他代表本执行组织与其他执行组织的项目经理合作。各执行组织的项目经理及其团队成员，都是整个项目的大项目团队的成员。

2. 共性

（1）发起人可以来自执行组织内部，从而发起人就是执行组织的一部分。

（2）都是项目的重要相关方。

（3）发起人可以是一个或多个。如果项目是联合出资的，那就有两个或更多的发起人。执行组织也可以是一个或多个。

3. 联系

（1）如果项目由某个组织自行出资并自行建设，那么该组织的高级管理人员就是项目发起人，该组织就是项目执行组织。

（2）如果发起人只负责出资，并把项目建设委托给其他组织开展，那么发起人与执行组织之间就必须签订合作协议。执行组织必须把项目做成符合发起人的要求。

4. 区别

（1）发起人为项目提供资金，积极支持项目。执行组织则要实实在在地开展项目工作，完成项目可交付成果。

（2）通常，项目经理直接对所在执行组织负责，代表执行组织实现项目目标；而由执行组织直接对发起人负责，保证项目达到发起人的要求。

（3）发起人是最先出场的相关方，并且在启动阶段领导项目。而不同执行组织的出场时间和参与阶段，则可能有很大不同。

5. 参阅《PMBOK®指南》第 6 版中的页码

29，550，715

风险 VS 不确定性

1. 概念

风险，包括单个项目风险和整体项目风险。单个项目风险是一旦发生就会对项目的范围、进度、成本和质量目标的至少一个方面有积极或消极影响的不确定性事件。这里有几层含义：一是项目风险总是与未来相连的，因为只有未来才充满了不确定性；二是项目风险总是与项目目标相连的，任何对项目目标不会有任何影响的不确定性事件都不是项目风险；三是项目风险总是与不确定性相连的，任何肯定要发生或肯定不发生的事件都不是项目风险；四是项目所面临的机会和威胁都是项目风险。整体项目风险是不确定性的全部来源联合导致的项目目标正向和负向变异区间。例如，规定的目标工期是 100 天，可能的变异区间是 90 天至 110 天。

这里所讨论的"不确定性"，不是形容词，而是名词，是人们无法准确预知的任何情况或事件，是"不确定性情况或事件"的简称。任何项目都存在或大或小的、各种各样的不确定性。项目不确定性可能来自事物发展本身的不可预知性，也可能来自人们主观认知的不足，更有可能同时来自这两个原因。

2. 共性

（1）风险本身也是一种不确定性，是万一发生会对项目目标有影响的不确定性事件或情况。

（2）都对项目管理工作有重要的影响。

3. 联系

（1）任何发生之后会对项目目标造成影响的不确定性事件，都是单个项目风险。

（2）与项目有关的不确定性的全部来源会联合决定整体项目风险的程度。

4. 区别

（1）项目风险肯定是不确定性事件，但不确定性事件不一定是项目风险。任何万一发生对项目目标不会有任何影响的不确定性事件，都只是纯粹的不确定性事件，而不是项目风险。例如，某位可替代性很高的团队成员可能离职，就不是项目风险，如果他的离职对项目目标的实现不会有任何不利的影响的话。

（2）只有发生之后会对项目目标造成影响的不确定性事件才是项目风险，有些不确定性情况（事件），万一出现不会直接影响项目目标，那就只是引发风险的条件，而不是项目风险本身。例如，交通可能堵塞，交通堵塞又可能造成员工上班迟到，从而影响项目按期完工。这里的"交通堵塞"就不是项目风险，而只是引发"员工上班迟到"这个风险的条件。

（3）项目风险可以分为已知已知风险——我们不仅知道是什么风险，而且知道其发生的原因、概率和后果，已知未知风险——我们仅知道它是什么风险，以及未知未知风险——我们连它是什么风险都不知道。项目不确定性，没有类似的分类方法。"不确定性"是一个比"风险"更广、更笼统的概念。

5. 参阅《PMBOK®指南》第 6 版中的页码

397—398，713

风险敞口 VS 风险级别

1. 概念

风险敞口是由风险发生的概率和后果联合决定的，即：风险敞口等于风险发生的概率与影响（如损失金额）的乘积。风险敞口越大，就表明风险越严重，也就越需要管控。为了计算风险敞口，就需要先用风险计分表把风险发生的可能性和后果都量化，即：对可能性和后果进行量化打分，以便把可能性的分值与后果的分值相乘。既可以针对单个项目风险计算风险敞口（某风险发生的概率与后果的乘积），也可以针对整体项目风险计算风险敞口（整个项目失败的概率与后果的乘积）。如果风险敞口太高，超出了风险承受力，就需要采取风险应对措施，把风险敞口降低到可承受的水平。

风险级别是指根据组织的风险政策和风险承受力，而对风险的严重程度所做的等级划分。可以依据量化的风险敞口，把风险敞口大于多少的风险归为严重风险，小于多少的风险归为轻微风险，介于两者之间风险的归为中等风险。也可以依据定性的风险可能性（如高、中、低）和后果（如严重、中等、轻微）的不同组合，来划分严重、中等和轻微风险。例如，可能性高且后果严重的风险，肯定要归入严重风险。风险级别的划分标准应该是组织规定的，是组织过程资产的一部分。

2. 共性

（1）都与风险发生的可能性和后果有直接关系，都是根据可能性和后果来计算或确定的。

（2）某一特定的单个项目风险的风险敞口和风险级别，都可能在项目生命周期的不同阶段发生变化，如风险敞口变大或变小，风险级别变严重或变轻微。

（3）整个项目失败的风险敞口和风险级别，通常应该随项目的进展而逐渐缩小和降低。如果风险敞口不断扩大、风险级别不断提高，就表明项目的风险管理很有问题。

（4）单个项目风险的风险敞口和风险级别，都在实施定性风险分析过程中计算和确定。整体项目风险的风险敞口和风险级别，都在实施定量风险分析过程中计算和确定。

3. 联系

（1）先计算出风险敞口，再根据风险敞口及组织提供的风险概率和影响矩阵来确定相应的风险级别。

（2）风险敞口越大，风险级别就越高。要降低风险级别，就必须先缩小风险敞口。

4. 区别

（1）风险敞口是风险严重程度的量化表示，可以是任一数值。而风险级别则是对风险严重程度的定性分类，通常只划分为几个有限的级别（如三个级别）。

（2）风险敞口是基于人们对风险发生可能性和后果的合理预测，而在分析风险时具体计算出来的。风险级别的划分标准则是组织事先规定的，属于组织过程资产的一部分。

5. 参阅《PMBOK®指南》第6版中的页码

454，714

风险承受力 VS 风险接受

1. 概念

风险承受力是指组织或个人能够承受的、不会导致组织破产或个人生活受到严重影响的最大风险（威胁）。通常，风险承受力是由组织或个人所具备的客观条件决定的。实力强大的组织或个人，风险承受力也就相应强大；实力弱小的组织或个人，风险承受力也就相应弱小。组织或个人应该了解自己的风险承受力，并且通常不应该去做超过风险承受力的事情。例如，不应该拿吃饭的钱去炒股，不应该超过身体承受力长时间超负荷工作。风险承受力一般仅针对威胁而言，而不针对机会。

风险接受既可以是针对消极风险（威胁）的应对策略，也可以是针对积极风险（机会）的应对策略。针对威胁，风险接受是指不主动应对风险，而是被动地等风险发生后再采取措施去应急（如果必要），或者仅准备一些应急储备用于风险发生后的应急（如果必要）。前者是被动接受，后者是主动接受。针对机会，风险接受是指不主动追求机会的发生，而只是在机会发生后乐意去利用机会。对于不严重的威胁、不重要的机会，就可以采取风险接受策略；对于无法采取其他应对策略的威胁或机会，就只能采取风险接受策略。

2. 共性

风险承受力是针对消极风险（威胁）而言的，风险接受也可以针对消极风险（威胁）而言。

3. 联系

风险承受力是用于决定是否可对特定风险（威胁）采取风险接受策略的重要依据。对未超出风险承受力的风险（威胁），是可以采取风险接受策略的；对已超出风险承受力的风险（威胁），是不应该采取风险接受策略的，除非它是未识别出的或虽已识别但无法采取任何主动应对措施的风险（威胁）。

4. 区别

（1）风险承受力是影响相关方的风险态度的因素之一，是由相关方的客观实力决定的，只针对消极风险（威胁），也是项目管理要面临的一种事业环境因素。风险接受是一种风险应对策略，可用于积极或消极的风险（机会或威胁）。

（2）某个相关方的风险承受力在整个项目期间通常是稳定的，不会发生太大的变化。而对某个已经被接受的风险，可能需要随着情况的变化，在项目的不同时期，改为采用其他的应对策略。

5. 参阅《PMBOK®指南》第6版中的页码

443—444，446，713

注：风险承受力，在第6版未直接列出，在第5版中有。

风险承受力 VS 风险临界值

1. 概念

风险承受力是指组织或个人能够承受的、不会导致组织破产或个人生活受到严重影响的最大风险。通常，风险承受力是由组织或个人所具备的客观条件决定的。实力强大的组织或个人，风险承受力也就相应强大；实力弱小的组织或个人，风险承受力也就相应弱小。组织或个人应该了解自己的风险承受力，并且通常不应该去做超过风险承受力的事情。例如，不应该拿吃饭的钱去炒股，不应该超过身体承受力长时间超负荷工作。风险承受力一般仅针对威胁而言，而不针对机会。

风险临界值是指组织或个人可以采取"接受"策略的风险敞口。如果某个风险的敞口落在风险临界值之内，那么就不需要采取"规避""转移"或"减轻"的应对策略。如果风险敞口超出风险临界值，就必须采用"规避""转移"或"减轻"的应对策略，并制定相应的应对措施。

2. 共性

（1）都会对组织或个人的风险偏好产生影响。风险偏好是组织或个人为了获得某个期望的利益而愿意冒的最大风险。一般情况下，风险偏好应该大于风险临界值、小于风险承受力。

（2）都会对组织或个人的风险态度产生影响。风险态度是组织或个人认为自己应该冒多大的风险。如果实际冒的风险未超出预估，人们就不会感到紧张。

3. 联系

（1）风险临界值、风险承受力和风险偏好之间会互相影响，它们共同决定了组织或个人的风险态度。

（2）如果只把风险分成"可承受"与"不可承受"两个级别，那么风险临界值就与风险承受力相同。

4. 区别

（1）风险临界值是需不需要对风险采取主动应对措施的分界线。对低于风险临界值的风险无须主动应对，对高于临界值的风险就要主动应对。风险承受力是组织或个人有能力承受的最大风险。组织或个人不应该去冒超过自己的承受力的风险。

（2）风险承受力是由组织或个人的客观实力决定的。而风险临界值则是由组织或个人的客观实力和主观意愿联合决定的。例如，喜欢冒险者（风险偏好者）的风险临界值也会相对较高。

5. 参阅《PMBOK®指南》第 6 版中的页码

398，714

注：风险承受力，在第 6 版未直接列出，在第 5 版中有。

风险登记册 VS 风险报告

1. 概念

风险登记册是识别风险过程的输出，并在以后的实施定性风险分析、规划风险应对、实施风险应对和监督风险过程中被不断更新。这些更新是指把定性风险分析得到的结果写入风险登记册，把所制定的风险应对策略和措施写入风险登记册，把风险实际应对情况写入风险登记册，把监督风险过程中发现的情况写入风险登记册。风险登记册相当于非常全面的风险手册，关于单个项目风险的各种情况都可以写进去。

风险报告是识别风险过程的输出，并在以后的实施定性风险分析、实施定量风险分析、规划风险应对、实施风险应对和监督风险过程中被不断更新。风险报告主要记录整体项目风险的情况。对单个项目风险的情况，在风险报告中只需要概述一下。

2. 共性

（1）都是识别风险、实施定性风险分析、规划风险应对、实施风险应对和监督风险过程的输出（单独出现或包含在"项目文件更新"中），都可以理解为项目文件的组成部分。

（2）都需要在实施定性风险分析、规划风险应对、实施风险应对和监督风险过程中更新，以反映这些过程的工作成果。

3. 联系

风险报告和风险登记册互为依据，互为补充。一方面，已识别的每一个单个项目风险，都要记进风险登记册；再根据风险登记册中的信息，在风险报告中对单个项目风险情况进行概述。另一方面，风险报告中所描述的整体项目风险水平，会直接影响对单个项目风险的识别和管理工作。整体项目风险（威胁）很大的项目，就要开展更严格的单个项目风险的识别和管理工作。

4. 区别

（1）风险登记册记录已识别的单个项目风险的详细信息，而风险报告则记录整体项目风险的详细信息和单个项目风险的概述信息。

（2）风险登记册针对具体的单个项目风险的详情，更具体；而风险报告针对整体项目风险的情况和已识别单个风险的概述信息，更提炼概括。

（3）风险登记册主要供项目团队内部使用，而风险报告主要用于向外部主要相关方汇报项目的风险及其管理情况。

5. 参阅《PMBOK®指南》第 6 版中的页码

417，418，714

风险概率和影响定义 VS 概率和影响矩阵

1. 概念

风险概率和影响定义是指应该用什么方法来表示风险发生的可能性和后果，以及应该用什么标准来划分风险发生可能性的高低和后果的大小，从而使人们在分析风险时有一定的依据，降低主观随意性。用来表示可能性的常用方法，可以是数字量表，如0.1、0.3、0.5、0.7、0.9；也可以是相对量表，如很不可能、不太可能、有可能、有很大可能、几乎肯定。用来表示后果的常用方法，也可以是数字量表或相对量表。当然，可用于表示可能性和后果的方法，都不局限于这两种。用来划分可能性高低的标准，是指可能性多高才算是很不可能、不太可能、有可能或有很大可能。例如，发生的概率小于万分之一就被归为"很不可能"发生。用来划分后果大小的标准，也是类似的。例如，成本增加大于40%就被归为后果"很严重"。

概率和影响矩阵是把风险发生的可能性和后果映射起来的二维表格。通常，把经定义的各种概率列在表格的第一列，把经定义的各种后果列在表格的最后一行，并把概率和后果的乘积放置于行列交叉的相应位置。然后，根据组织的风险承受力、风险临界值和其他相关因素，按乘积大小把风险分成严重风险、中等风险和轻微风险。对于项目上的每一个风险，都要套用概率和影响矩阵来进行风险分级，了解它究竟是严重、中等还是轻微风险。

2. 共性

（1）基本的概率和影响定义，以及基本的概率和影响评估方法与工具、基本的概率和影响矩阵，都由项目执行组织提供，是组织过程资产的一部分。

（2）都需要根据项目的具体情况进行适当调整，并把调整以后的结果写入特定项目的风险管理计划。

3. 联系

（1）在项目执行组织中，要先对风险概率和影响进行定义，然后在定义的基础上，对风险概率和影响进行评估，最后根据评估结果，编制出风险概率和影响矩阵。

（2）在一个具体项目中，要先根据项目风险管理计划中的风险概率和影响定义，进行风险概率和影响评估，估计出每一个具体风险的概率和后果，然后才能使用项目风险管理计划中的概率和影响矩阵来对每一个具体风险进行分级。

4. 区别

风险概率和影响定义是用来定义风险发生的概率和后果的方法和标准，而概率和影响矩阵则是用来对每一个风险进行分级的表格，以便明确风险敞口在哪个区间的风险才算是严重、中等或轻微风险。风险概率和影响矩阵相当于用来测量风险严重性的统一尺子。

从《PMBOK®指南》第407页的表11-1和第408页的图11-5，可以直观地看出两者的区别。仅看图11-5的左半部分，最左边的"概率"其实是表格的第一列，最下边的"消极影响"其实是表格的最后一行。

5. 参阅《PMBOK®指南》第6版中的页码

407，408， 709

风险管理计划 VS 风险登记册

1. 概念

风险管理计划是规划风险管理过程的输出，是项目管理计划的组成部分，描述将如何安排与实施风险管理活动。其主要内容包括：风险管理策略、风险管理方法论、风险管理的角色与职责安排、风险管理的时间和成本安排、主要的风险类别、主要相关方的风险偏好、风险概率和影响定义、概率和影响矩阵、风险管理报告格式、风险管理跟踪规定。应该由众多项目相关方参与编制风险管理计划，确定本项目的风险管理究竟该如何做，究竟该做到多么严格的程度。后续的识别风险、实施定性风险分析、实施定量风险分析、规划风险应对、实施风险应对和监督风险过程，都必须严格按照风险管理计划进行。

风险登记册是识别风险过程的输出，并在以后的实施定性风险分析、规划风险应对、实施风险应对和监督风险过程中被不断更新。这些更新是指把定性风险分析得到的结果写入风险登记册，把所制定的风险应对策略和措施写入风险登记册，把风险实际应对情况写入风险登记册，把监督风险过程中发现的情况写入风险登记册。风险登记册相当于非常全面的风险手册，关于单个项目风险的各种情况都可以写进去。风险登记册的示例见表1。

表1　风险登记册示例

风险名称	风险描述	发生概率	风险影响					风险级别					应对策略	预防措施	应急措施	责任人	追踪要求
			范围	时间	成本	质量	总体	范围	时间	成本	质量	总体					

2. 共性

风险管理计划，以及作为识别风险、实施定性风险分析和规划风险应对过程的输出的风险登记册或风险登记册更新（包含在"项目文件更新"中），都是项目计划的组成部分。

3. 联系

（1）根据风险管理计划，编制风险登记册。

（2）在编制风险登记册的过程中，可能需要更新风险管理计划。

4. 区别

（1）风险管理计划是关于如何管理风险的程序性计划，而风险登记册是关于如何管理风险的实体性计划。前者相当于法律中的程序法，如民事诉讼法；后者相当于法律中的实体法，如民法。

（2）风险管理计划是项目管理计划的组成部分，而风险登记册是项目文件的组成部分。

（3）风险管理计划不针对具体的单个项目风险，不需要经常更新；而风险登记册针对具体的单个项目风险，需要经常更新。

5. 参阅《PMBOK®指南》第 6 版中的页码

405—408，417，714

风险规避 VS 风险转移

1. 概念

风险规避是指通过改变项目计划，把项目目标与某个威胁隔离开来，使项目目标完全不受该威胁的影响。例如，完全取消某项风险较大的工作，以隔离该项工作对项目产生的单个项目风险；通过赶工抢在雨季到来之前完成项目，以隔离下雨对项目产生的单个项目风险；不使用某种不可靠的资源，以隔离使用该资源对项目产生的单个项目风险。这些都是风险规避。规避整体项目风险（威胁），则是指提前终止正在走向失败的项目。

风险转移是指通过签署风险（威胁）转移合同，把某个或某些单个项目风险转移给第三方承担，或者把整体项目风险转移给第三方承担。风险转移方通常都要向风险接受方支付一笔风险转移费用。例如，支付保险费购买保险，以便在保险事故发生时，由保险公司全部或部分承担风险后果；用固定总价合同把整个项目外包出去，以便由承包方承担项目全部风险；要求对方提供第三方出具的担保，以便在对方不能自行履行全部或部分合同义务的情况下，由作为担保人的第三方连带承担履行责任。

2. 共性

（1）都是可用于消极风险（威胁）的应对策略。

（2）都适用于高影响的严重风险。

（3）都既可以针对单个项目风险，也可以针对整体项目风险。

3. 联系

使用风险转移策略难以有效管控的单个项目风险或整体项目风险，可能转而使用风险规避策略。

4. 区别

（1）规避是要使项目彻底不受某个或所有威胁的任何影响。而转移并不是要消除风险对项目的影响，只是把风险对项目的影响转移给第三方承担。

（2）规避只需要在项目组织内部进行决策，不涉及任何第三方。而转移则必须寻找项目组织以外的第三方作为风险转移的对象，如保险公司，并与该对象签署风险转移合同。

（3）项目风险一旦被规避了，就不再需要采取其他应对策略（转移、减轻或接受）。也就是说，规避策略不能与其他策略联合使用。风险规避相当于一了百了。即便已经被转移的风险，仍可能要同时采取减轻和（或）接受的策略。也就是说，在转移风险之后，项目组织（转移方）并不能对被转移的风险完全袖手旁观。例如，你购买了火灾保险后，仍然要采取一定措施来预防火灾的发生（风险减轻），并准备承担一定程度的火灾发生后果（风险接受，因为保险公司不可能全赔）。

（4）规避是针对某个或某些风险的整体的，不可能部分规避。而转移则通常只能针对某个或某些风险的部分后果，不可能自己一点后果都不承担。风险转移一般只能转移风险发生的财务损失，而无法转移其他后果。

5. 参阅《PMBOK®指南》第 6 版中的页码

443，445，713，714

风险减轻 VS 风险接受

1. 概念

风险减轻是指采取措施降低消极风险（威胁）发生的概率或后果，也就是降低风险敞口。既可以针对单个项目风险，也可针对整体项目风险。可以只降低风险概率，可以只减轻风险后果，也可以同时降低风险概率和减轻风险后果。例如，完善设计审查流程，降低项目设计中存在缺陷的可能性；设置备用部件，减轻在用部件失效时的后果；选用优质的供应商，降低所采购的材料存在缺陷的可能性，以及万一存在缺陷的后果（供应商能够立即更换新材料）。只要把风险敞口降低到风险临界值以下，就可以对风险采取接受策略。通常，对于落在概率和影响矩阵中的严重（不可承受）区域的风险，就要采取风险减轻策略，把它转变成中等甚至轻微风险。

风险接受既可以是针对消极风险（威胁）的应对策略，也可以是针对积极风险（机会）的应对策略。既可以针对单个项目风险，也可针对整体项目风险。针对单个威胁，风险接受是指不主动应对风险，而是被动地等风险发生后再采取措施去应急（如果必要），或者仅准备一些应急储备用于风险发生后的应急（如果必要）。前者是被动接受，后者是主动接受。针对单个机会，风险接受是指不主动追求机会的发生，而只是在机会发生后乐意去利用机会。对于不严重的威胁、不重要的机会，就可以采取风险接受策略；对于无法采取其他应对策略的威胁或机会，就只能采取风险接受策略。针对整体项目风险（威胁或机会），风险接受则是指按照当前计划继续推进项目，不做实质性改变。

2. 共性

（1）都可用于消极风险（威胁）。

（2）都是项目中必用的威胁应对策略。总有一些威胁，必须减轻。也总有一些威胁，必须接受。

（3）都可以同时用于单个项目风险和整体项目风险。

3. 联系

二者可以联合使用。可先采用风险减轻策略把风险降低到可承受的水平，然后采用主动或被动接受策略来接受这个可承受的风险。

4. 区别

（1）风险减轻策略仅适用于消极风险（威胁）。而风险接受策略既可用于消极风险（威胁），也可用于积极风险（机会）。

（2）风险减轻适用于不可承受的严重威胁。而风险接受适用于可承受的轻微威胁，或虽超出风险临界值，但不值得采取其他风险应对策略的威胁。

（3）采用风险减轻策略，必须在风险发生前就采取措施来降低威胁发生的可能性或（和）减轻威胁发生的后果。采用风险接受策略，不需要在风险发生前采取任何措施来降低威胁发生的可能性或减轻威胁发生的后果。

（4）采用风险减轻策略，肯定会发生一定的风险应对成本。而采用被动接受策略，且风险不发生，那就不会发生任何风险应对成本。

5. 参阅《PMBOK®指南》第 6 版中的页码

443—444，446，714

风险开拓 VS 风险提高

1. 概念

风险开拓是可用于积极风险（机会）的最积极的应对策略，是指采取措施来消除与某个机会有关的不确定性，确保该机会肯定出现。例如，某采购合同中规定了项目提前完工，承包商就可以获得一笔很可观的奖金；因此，承包商把公司中最好的资源调到该项目上，来确保提前完工。如果某个机会出现的可能性较大且与人们的努力程度有很大的关系，并且一旦出现能够产生巨大的利益，就需要采取风险开拓策略。

风险提高是可用于积极风险（机会）的一种应对策略，是指采取措施来提高机会出现的可能性或（和）利益。例如，PMP 考生通过努力学习来提高通过 PMP 考试的可能性。对于出现的可能性较小但一旦出现利益很大的机会，就应该采取风险提高策略来促进它的出现。对于出现可能性较大但利益较小的机会，则应该采取风险提高策略来扩大机会的利益。

针对整体项目风险（机会），开拓是指采取措施确保项目给所在组织创造更大的价值，提高是指采取措施提高项目所在组织从项目中获得更大利益的可能性。通常，都需要扩大项目范围。例如，增加高收益的工作，增加投资规模。

2. 共性

（1）都是促进机会发生的策略。

（2）都可以提升机会出现的可能性，只是提升的程度有差别。

3. 联系

（1）提高的效果一旦达到能够确保机会出现的程度，提高策略也就变成了开拓策略。

（2）如果开拓策略达不到确保机会肯定出现的效果，开拓策略也就变成了提高策略。

4. 区别

（1）风险开拓策略必须保证机会肯定出现，而风险提高策略则不需要保证机会出现。前者是不仅要尽力而为，而且要保证结果。后者则只是尽力而为，无须保证结果。

（2）风险开拓策略通常只用于把机会出现的概率提升到近乎 100%，而不用于扩大机会发生的后果。风险提高策略则不仅可用于提升机会出现的概率，而且可用于扩大机会发生的后果，也可用于既提升概率又扩大后果。

（3）风险开拓的对立面是风险规避，风险提高的对立面是风险减轻。

（4）对于某些机会，人们只能设法提升机会出现的可能性，而无法保证机会肯定出现（因为受各种不可控的因素的影响）。

5. 参阅《PMBOK®指南》第 6 版中的页码

444—446，714

风险偏好 VS 风险态度

1. 概念

风险偏好是指组织或个人为了获得既定利益或实现既定目标，而愿意冒多大程度的风险。它是组织或个人在面对风险时会表现出的主观倾向。根据人们的风险偏好程度不同，可以分成风险爱好者、风险中立者和风险厌恶者等不同的风险偏好等级。那些风险偏好超出风险承受力的人，就是极端的风险爱好者。那些风险偏好低于风险临界值的人，就是极端的风险厌恶者。大多数人的风险偏好都介于风险承受力和风险临界值之间。风险偏好越是接近风险承受力，就越是风险爱好者。风险偏好越是接近风险临界值，就越是风险厌恶者。

风险态度是组织或个人综合自身的客观实力（风险承受力）、主观的冒险意愿（风险偏好），以及接受风险的心理底线（风险临界值）等因素后，所确定的应该冒的风险程度。人们的风险态度会直接决定人们去冒多大程度的风险。

2. 共性

（1）都与国家的文化、民族的文化、组织的文化、职业的文化及个人的主观心理有关。例如，有些组织的文化比较鼓励冒险。

（2）这两个概念经常混用，即：风险态度就是风险偏好，风险偏好就是风险态度。但辨析清楚它们之间的区别与联系，仍有一定的意义。

3. 联系

（1）风险偏好与风险临界值、风险承受力可以共同决定组织或个人的风险态度。

（2）通常，风险偏好高的人，对风险的态度也就比较积极（会冒较大的风险）。

4. 区别

（1）风险偏好是相对于期望的利益，人们愿意冒的风险程度，是纯主观的。风险态度则是由风险临界值、风险偏好和风险承受力联合决定的，人们认为自己应该冒的风险程度，既有主观性又有客观性。

（2）风险偏好高的人，可能受客观条件的限制，而认为自己只应该冒很低的风险。例如，最近股市猛涨，某人虽然愿意拿明天吃饭的钱去赌一把，但由于家人的反对，他又认为自己不该这么做。

5. 参阅《PMBOK®指南》第 6 版中的页码

398，407，713

风险起因 VS 风险条件

1. 概念

风险起因是导致某个风险存在的某种特定的需求、假设条件或制约因素，相当于该风险得以存在的"土壤"。风险条件则是引发风险的某种主观或客观条件，相当于风险的"催化剂"。如果有风险起因，同时又有风险条件，那么就很可能会发生风险事件。风险事件是对项目目标有消极影响的不确定性事件（这里仅讨论消极风险）。

例如，某公司要求项目经理必须具备 PMP®资质（特定需求，风险起因），而某个项目经理太忙、没时间学习（风险条件），因此他很可能通不过 PMP®资格认证考试（风险事件）。

再如，在确定项目目标时，我们假设了资金按时到位（假设条件，风险起因），而公司最近刚上马了另一个会与本项目争夺资金的项目（风险条件），因此本项目的资金可能不能按时到位（风险事件）。

2. 共性

都是导致风险事件发生的必要条件。

3. 联系

（1）风险起因和风险条件同时具备了，就很可能发生风险事件。

（2）如果没有风险起因，风险条件也就不可能成为真正的风险"条件"。

4. 区别

（1）风险起因表现为某种特定的需求、假设条件或制约因素。基于同一种风险起因，可以有各种风险条件单独或共同地引发风险事件。例如，基于公司要求项目经理具备 PMP®资质这一需求，就可能由某人工作太忙、学习不努力、综合基础比较差等多种风险条件，来单独或共同引发他通不过 PMP®考试这个风险事件。

（2）消除风险起因，是最根本的规避风险的办法。但是，这种办法不一定可行。我们经常无法或不应该消除风险起因。克服风险条件，虽然并不能从根本上规避风险，却是用于降低风险发生的可能性的比较现实可行的办法。

（3）风险起因是风险之所以发生的最根本的原因，是导致项目风险的"内部因素"，它决定了风险的存在。如果有必要且有能力的话，就设法改变甚至消除风险起因。风险条件是风险发生的"催化剂"，是导致项目风险的"外部因素"，通常可以通过人为的努力来影响它，从而降低风险事件发生的可能性。在前述案例中，如果某人无法改变"公司要求项目经理必须具备 PMP®资质"的这个风险起因，那么他就必须参加 PMP®资格认证考试，必然存在考不过的风险。不过，如果他能够挤出时间来努力学习和备考，那么就能够提高通过 PMP®考试的可能性，降低考不过的可能性。

5. 参阅《PMBOK®指南》第6版中的页码

第5版中出现了这两个概念。虽然第6版中没有出现，但是了解这两个概念有助于理解项目风险管理的其他内容。

风险上报 VS 风险转移

1. 概念

风险上报是指项目经理认为风险（包括威胁和机会）超出了项目团队可影响的范围，于是上报给更高层进行管理的一种风险管理策略。风险上报包括两种情形：一种是某风险不在项目范围之内，也就是说，不属于本项目的风险；另一种是某风险虽然属于项目风险，但是其所需应对措施已经超出项目经理的权限。

风险转移是指通过签署风险（威胁）转移合同，把某个或某些单个项目风险转移给第三方承担，或者把整体项目风险转移给第三方承担。风险转移方通常都要向风险接受方支付一笔风险转移费用。例如，支付保险费购买保险，以便在保险事故发生时，由保险公司全部或部分承担风险后果；用固定总价合同把整个项目外包出去，以便由承包方承担项目全部风险；要求对方提供第三方出具的担保，以便在对方不能自行履行全部或部分合同义务的情况下，由作为担保人的第三方连带承担履行责任。

2. 共性

（1）都是用于消极风险（威胁）的应对策略。

（2）都适用于高影响的严重风险。

（3）都是要把风险交给项目团队之外的人去管理。

3. 联系

没有特别值得关注的联系，虽然从表面上看，风险上报似乎是一种特别的风险转移。

4. 区别

（1）上报是将项目风险（包括威胁和机会）上交给项目所在组织内部的高层领导去管理；而转移是将风险转移给项目所在组织外部的第三方去承担。

（2）上报只需要在项目所在组织内部进行决策，不涉及任何第三方，无须支付费用，无须签署合同。而转移则必须寻找项目所在组织外部的第三方作为风险转移的对象，如保险公司，需要支付风险转移费用，需要签署风险转移合同。

（3）某个风险一旦被上报且高层领导愿意承担应对责任，就不再需要项目团队进行任何管理。已经被转移的风险，项目团队仍可能要进行适当的管理。也就是说，在转移风险之后，项目团队并不能对被转移的风险完全袖手旁观。例如，你购买了火灾保险后，仍然要采取一定措施来预防火灾的发生（风险减轻），并准备承担一定程度的火灾发生后果（风险接受，因为保险公司不可能全赔）。

（4）上报只针对单个项目风险（包括威胁和机会），不针对整体项目风险；而转移只针对威胁（包括单个项目威胁和整体项目威胁），不针对机会。

5. 参阅《PMBOK®指南》第 6 版中的页码

442—445，714

风险审查 VS 风险审计

1. 概念

风险审查是在监督风险过程中，定期或不定期地对已识别的每一个项目风险的发生可能性和后果进行重新评估，以便发现每一个项目风险的发展趋势。例如，某个项目风险发生的可能性究竟是越来越大还是越来越小，发生的后果究竟是越来越严重还是越来越轻微。通过风险审查，也要关闭那些过时风险，并识别新风险。在风险审查中，也要审查风险应对措施的有效性。开展风险审查之后，必须更新风险登记册，把审查的结果写进风险登记册。"风险审查"包含在监督风险过程的"会议"工具中。

风险审计是监督风险过程的工具与技术（在《PMBOK®指南》中简称"审计"）。它是在宏观层面上审查风险应对策略和措施的有效性，以及全部风险管理过程的有效性，总结风险管理工作的经验教训，以便以后的风险管理工作做得更好。风险审计可以是内审——由项目团队成员来进行，也可以是外审——由外聘的专家来进行；通常既需要内审又需要外审。风险审计可以是项目状态审查会中的一项议程，也可以专门召开风险审计会议。风险审计，应该形成独立的风险审计报告。风险审计报告的主要内容，随后还要被概述进风险报告。

2. 共性

（1）都是监督风险过程的工具与技术（风险审查包含在"会议"技术之中），都需要定期或不定期开展。

（2）都会涉及对风险应对策略和措施的再评审。

（3）都可以既针对单个项目风险，又针对整体项目风险。无论针对单个或整体项目风险，风险审查或审计的道理都是一样的，只是对象不同而已。对整体项目风险的审查结果，需要写入风险报告（无须写入风险登记册）。

3. 联系

（1）风险审查的执行情况也是风险审计的对象之一，即：必须对风险审查的有效性开展风险审计。

（2）风险审查的结果，通常是开展风险审计的主要依据之一。

4. 区别

（1）风险审查的对象是已经识别出来的一个一个的单个项目风险，目的是了解单个项目风险的发展趋势，以及具体应对措施的有效性。风险审计的对象是整个项目风险管理工作，目的是总结经验教训，使以后的风险管理工作做得更好。虽然在风险审计中也会涉及对单个项目风险的管理工作的评审，但最终还是要总结整个风险管理工作的经验教训。

（2）对于整体项目风险，风险审查是要了解整体项目风险的发展趋势，而风险审计是要总结管理方面的经验教训。

（3）风险审查是由项目团队成员自行开展的。风险审计虽然也可以由项目团队成员开展，但还需要邀请外部专家来开展。由外部专家开展的风险审计可能更加重要。

（4）风险审查频率较高，属于日常工作；风险审计频率较低，可以间隔较长时间开展一次。

（5）风险审查需要识别新风险，关闭已过时风险。风险审计则不需要识别新风险，不需要关闭已过时风险。

5. 参阅《PMBOK®指南》第 6 版中的页码

456，457，713

风险审计 VS 采购审计

1. 概念

风险审计是项目风险管理中监督风险过程的工具与技术（在《PMBOK®指南》中简称"审计"）。风险审计是在宏观层面上审查风险应对策略和措施的有效性，以及全部风险管理过程的有效性，总结风险管理工作的经验教训，以便以后的风险管理工作做得更好。风险审计可以是内审——由项目团队成员来进行，也可以是外审——由外聘的专家来进行；通常既需要内审又需要外审。风险审计可以是项目状态审查会中的一项议程，也可以专门召开风险审计会议。

采购审计是项目采购管理中控制采购过程的工具与技术（在《PMBOK®指南》中简称"审计"）。采购审计是对全部采购管理过程的结构化审查，就是要总结全部采购管理过程的经验教训，以便以后的采购管理工作做得更好。在每一个采购合同关门之时都要对与该合同有关的采购管理做采购审计。采购审计可以是内审——由项目团队成员来进行，也可以是外审——由执行组织中的招标采购部门或外聘的采购管理专家来进行；通常既需要内审又需要外审，并需要召开专门的采购审计会议。

《PMBOK®指南》中还有作为项目质量管理中管理质量过程的工具与技术的质量审计（在《PMBOK®指南》中简称"审计"）。质量审计旨在总结质量管理的经验教训，以便持续改进生产过程。

2. 共性

（1）风险审计、质量审计和采购审计，都是要总结项目管理相关知识领域的经验教训。审计结束后，都会导致组织过程资产更新。

（2）风险审计、质量审计和采购审计，都是独立的结构化审查，即：审计人员必须不受干扰地、按事先规定好的程序和提纲开展审计工作。

（3）三者都既可以是内审，也可以是外审。

3. 联系

对于通过合同来完成的项目活动，其质量审计和风险审计的结果，会成为采购审计的依据之一。

4. 区别

（1）审计时间不同。质量审计是管理质量过程（执行过程）的工具与技术；风险审计是监督风险过程（监控过程）的工具与技术；采购审计是控制采购过程（监控过程）的工具与技术，通常在单个采购的合同关门时开展。

（2）审计对象不同。质量审计的对象是质量管理工作，风险审计的对象是风险管理工作，采购审计的对象是采购管理工作。

（3）审计需求不同。任何项目都必须做质量审计和风险审计，但只有存在合同的项目才需要做采购审计。

5. 参阅《PMBOK®指南》第6版中的页码

456，498，709，713

风险数据质量评估 VS 其他风险参数评估

1. 概念

风险数据质量评估是实施定性风险分析过程的工具与技术（隶属于"数据分析"大类）。风险数据是拟用于定性风险分析的各种资料。风险数据质量评估是指评估这些风险数据是否可靠，以确保基于可靠的风险数据去做进一步的定性风险分析。通过评估，如果发现风险数据的质量不可靠，那就要去收集质量更好的风险数据。如果风险数据的质量较好，就接着使用"风险概率和影响评估"这个工具与技术，对单个项目风险的主要风险参数（概率和影响）进行定性评估。

其他风险参数评估也是实施定性风险分析过程的工具与技术（隶属于"数据分析"大类）。其他风险参数评估是指对除了"概率"和"影响"这两个主要风险参数之外的其他风险参数进行评估。其他风险参数包括：紧迫性、邻近性、潜伏期、可管理性、可控性、可监测性、连通性、战略影响力和密切度。

2. 共性

（1）都是实施定性风险分析过程"数据分析"技术组下的子技术。

（2）都是要为风险排序做准备。

3. 联系

通常，先做风险数据质量评估，再做风险概率和影响评估，最后做其他风险参数评估。

4. 区别

评估内容不同。风险数据质量评估是评估风险数据的质量，而其他风险参数评估是评估其他风险参数。

5. 参阅《PMBOK®指南》第 6 版中的页码

423—424，714

概率和影响矩阵 VS 层级图

1. 概念

概率和影响矩阵是项目风险管理知识领域实施定性风险分析过程的工具与技术。它是把风险发生的可能性和后果映射起来的二维表格。通常，把经定义的各种概率列在表格的第一列，把经定义的各种后果列在表格的最后一行，并把概率和后果的乘积放置于行列交叉的相应位置。然后，根据组织的风险承受力、风险临界值和其他相关因素，按乘积大小把风险分成严重风险、中等风险和轻微风险。对于项目上的每一个风险，都要套用概率和影响矩阵来进行风险分级，了解它究竟是严重、中等还是轻微风险。

层级图也是项目风险管理知识领域实施定性风险分析过程的工具与技术（隶属于"数据表现"大类）。它是基于三个风险参数，如概率、后果和紧迫性，对风险进行分级。例如，把风险分成"可承受"和"不可承受"两个级别，或者分成"严重""中等"和"轻微"三个级别。究竟用哪三个风险参数，可以根据实际需要来确定。请注意：《PMBOK®指南》项目资源管理知识领域规划资源管理过程中的层级图（隶属于"数据表现"大类），是指传统的组织结构图，它与风险管理中的层级图完全不同。

2. 共性

（1）都是实施定性风险分析过程的工具与技术（隶属于"数据表现"大类）。

（2）都用于对项目风险进行分级。

3. 联系

（1）在层级图中，通常也用"概率"和"影响"这两个主要风险参数，另外再补充一个其他风险参数。

（2）实际上，也可以把概率和影响矩阵看成一种更简单的层级图，因为它也要对风险划分"层级"。

4. 区别

（1）如果只考虑风险发生的可能性（概率）和后果（影响）这两个风险参数，就可以用概率和影响矩阵；如果需要考虑三个风险参数，则只能用层级图（如气泡图）。

（2）概率和影响矩阵中的风险参数是固定不变的，仅限于概率和影响。层级图中的风险参数则是可以调整的，不局限于特定的哪三个。

5. 参阅《PMBOK®指南》第 6 版中的页码

408，425—426，709

赶工 VS 快速跟进

1. 概念

赶工是用于进度压缩的一种方法，是指在确保工作范围不变的前提下，通过增加资源来缩短活动工期，进而缩短项目工期。诸如进行加班、增加人员、增加资金等，都是赶工的例子。赶工只适用于那些通过增加资源就能缩短工期且位于关键路径上的活动。如果有多项活动满足这两个条件，就应该首先选择赶工单位成本最低的活动进行赶工，然后依次对后面的活动进行赶工。究竟要对多少活动进行赶工，取决于具体需要。赶工会导致活动直接成本的增加。因为赶工会导致整个项目工期的缩短，所以也就会导致项目间接成本（如需分摊的总部管理费）的减少。理想的赶工能够同时达到项目总工期缩短和项目总成本降低的目的。

快速跟进也是用于进度压缩的一种方法，是指把关键路径上本应按先后顺序进行的活动调整为至少是部分活动并行开展，以便缩短项目工期。可以通过添加两个活动之间的时间提前量来实现快速跟进，例如，把本来的 FS（完成到开始）关系修改为 FS−3 天的关系，即带 3 天提前量的完成到开始的关系，也就是说，紧后活动可以在紧前活动结束前 3 天就开始。也可以通过修改两个活动之间的逻辑关系的类型来实现快速跟进，例如，把本来的 FS（完成到开始）关系修改为 SS（开始到开始）关系，即两个活动同时开始。快速跟进可能导致返工的风险。在做出快速跟进的决定之前，必须进行风险分析。快速跟进只能针对具有选择性逻辑关系（软逻辑关系）的两个活动。

2. 共性

（1）都是制订进度计划过程所用的进度压缩技术，都是要对项目进度计划初稿进行优化，即：在不缩减项目范围的前提下缩短项目工期。

（2）也都是控制进度过程所用的进度压缩技术，用于解决进度落后。

（3）都只能针对关键路径上的活动，都可能增加关键路径的数量。

3. 联系

可以同时在关键路径上使用，即：针对两个活动，既赶工又快速跟进。

4. 区别

（1）赶工不会改变活动之间的逻辑关系。快速跟进则会改变活动之间的逻辑关系，即添加时间提前量或改变逻辑关系类型，如把"完成到开始"改为"开始到开始"关系。

（2）赶工会增加直接成本但不会提高项目工作的复杂性。快速跟进会提高项目工作的复杂性和返工风险。

（3）一次赶工，针对单个活动（赶工单位成本最低者）。一次快速跟进，则会涉及两个活动。

（4）二者的适用情况不同。如果增加资源所导致的成本增加在可接受的范围内，就选择赶工。如果项目风险较低，且活动之间是软逻辑关系（可修改的逻辑关系），就选择快速跟进。

5. 参阅《PMBOK®指南》第 6 版中的页码

215，702，704

个人和团队评估 VS 多标准决策分析

1. 概念

个人和团队评估是项目资源管理中建设团队过程的工具与技术。它是指采用各种方法，如态度调查、细节评估、结构化面谈、能力测试和焦点小组讨论，来充分了解团队成员的优势和劣势、愿望和行为方式、喜好和厌恶等，以便更有针对性地开展团队建设活动。例如，对于性格很内向、喜欢安静的人，也许就不适宜安排唱卡拉 OK 或拓展训练作为团队建设活动。在项目团队中开展个人和团队评估，有利于增强团队成员之间的理解和信任，有利于提高团队绩效和项目绩效。

多标准决策分析是项目资源管理中获取资源过程的工具与技术（隶属于"决策"大类）。它是指制定出用来选择项目团队成员的多种标准，并用这些标准去选择团队成员，以便把最合适的人拉入项目团队。如果各标准的重要性不同，就应该对各标准赋予不同的权重。应该用各种标准对团队成员候选人进行打分，选择加权汇总得分较高者加入项目团队。用于选择的标准可包括可用性、成本（工资）、工作经验、工作能力、相关知识、工作技能、工作态度和国际因素等。

注意：《PMBOK®指南》也在其他一些过程，如项目范围管理中的收集需求和定义范围过程、项目整合管理中的实施整体变更控制过程，提到了多标准决策分析。此处不讨论这些过程中的其他多标准决策分析。

2. 共性

（1）都是项目资源管理中使用的工具与技术。

（2）都需要使用多种标准来考察和了解项目团队成员。

3. 联系

在选择项目团队成员期间所做的多标准决策分析的结果，可以成为后续开展个人和团队评估的重要基础。

4. 区别

（1）多标准决策分析是用于选择最合适的人员加入项目团队的方法，个人和团队评估则是使用多种不同的工具来了解现有团队成员的优势劣势、喜好厌恶等，以便开展有针对性的团队建设活动。

（2）多标准决策分析关注采用诸如可用性、成本、经验、能力、知识、技能、态度及国际因素等多种标准来选择团队成员。个人和团队评估关注采用诸如态度调查、焦点小组讨论等多种不同的方法（工具）来了解现有团队成员。如果只用某一种方法，就往往无法全面了解团队成员。

（3）多标准决策分析，只需要在选择团队成员时开展。个人和团队评估，则需要在项目团队存续期间定期或不定期开展，因为团队成员的态度、愿望或喜好可能随时间推移而改变。

5. 参阅《PMBOK®指南》第 6 版中的页码

332，342，707

个人和团队评估 VS 团队绩效评价

1. 概念

个人和团队评估是项目资源管理中建设团队过程的工具与技术。它是指采用各种方法，如态度调查、细节评估、结构化面谈、能力测试和焦点小组讨论，来充分了解团队成员的优势和劣势、愿望和行为方式、喜好和厌恶等，以便更有针对性地开展团队建设活动。例如，对于性格很内向、喜欢安静的人，也许就不适宜安排唱卡拉 OK 或拓展训练作为团队建设活动。在项目团队中开展个人和团队评估，有利于增强团队成员之间的理解和信任，有利于提高团队绩效和项目绩效。

团队绩效评价是项目资源管理中建设团队过程的输出、管理团队过程的输入。随着团队建设活动的开展，应该定期或不定期地对团队建设的效果（团队绩效）进行正式或非正式的评价。团队绩效评价就是用于记录团队绩效评价的过程和结果的文件。可以基于项目的范围、进度、成本和质量绩效来评价团队绩效，高效的项目团队必须是以项目目标为导向的，而且能够实现项目目标。也可以从团队本身的情况来评价团队绩效，例如，可以考察团队成员个人技能的改进情况、整个团队的工作能力的改进情况、团队成员离职率的下降情况，以及团队凝聚力的加强情况。通过评价团队绩效，可以识别出在建设团队过程中的不足，进而采取改进措施。

2. 共性

（1）都是为了提高团队绩效和项目绩效。

（2）都是项目资源管理知识领域建设团队过程中的重要概念。

3. 联系

个人和团队评估是工具，而团队绩效评价是输出。在建设团队过程中，借助个人和团队评估及一些其他的工具（如集中办公、虚拟团队），来生成团队绩效评价这个项目文件。

4. 区别

（1）属性不同。个人和团队评估是项目资源管理中建设团队过程的工具与技术；团队绩效评价是建设团队过程的输出、管理团队过程的输入。

（2）功能不同。个人和团队评估是一个动作，是去实实在在地评估项目团队成员的喜好等；而团队绩效评价是对团队建设绩效的评价结果，是一个项目文件，其中主要描述项目团队的当前状态。

5. 参阅《PMBOK®指南》第 6 版中的页码

342，343

工料合同 VS 成本补偿合同

1. 概念

工料合同是由买方根据合同中规定的各种材料、设备、用品和人工的单价，以及合同执行中实际使用的材料、设备、用品和人工的数量，计算出应该向卖方支付的款项，并给予付款的一种合同类型。这是一种由买方和卖方分担成本风险的合同。买方承担材料、设备、用品和人工的用量的风险，卖方承担材料、设备、用品和人工的单价的风险（因为单价由卖方在投标时申报）。如果项目工作的性质基本清楚，但很难事先估计或确定工作量，而且工作的规模不大，就可以采用工料合同。

成本补偿合同是由买方对卖方从事项目工作的全部实际成本给予实报实销，并外加一笔费用（利润）的一种合同类型。应该在合同中明确规定哪些成本可以报销，以及如何确定付给卖方的费用。在成本补偿合同下，买方的成本风险最大，要承担全部的成本风险，而卖方不承担任何成本风险。如果项目工作的范围很不清楚，买方又急于开始项目工作，就只能与卖方签订成本补偿合同。成本补偿合同可分为成本加固定费用合同（费用完全固定）、成本加激励费用合同（按一定的方法来计算费用），以及成本加奖励费用合同（由买方主观决定费用）。

2. 共性

（1）都是常用的合同类型。

（2）合同总价都是开放的，即：在合同工作全部完成之前，无法准确地知道合同的最终结算价款。

3. 联系

这两种合同类型可以在同一个合同中混合使用，即：一部分工作是工料合同，另一部分是成本补偿合同。例如，在培训公司与培训师的讲课服务合同中，课酬是工料合同（按实际讲课的小时数和小时单价付款），差旅费则是成本补偿合同（按实报销）。

4. 区别

（1）在工料合同下，买方和卖方分担成本风险。在成本补偿合同下，买方承担全部成本风险。

（2）工料合同适用于工作性质清楚、工作量无法估算、须快速签合同，而且工作规模不大的情况。例如，请人检修机器、请咨询专家提供咨询服务，都可以用工料合同。成本补偿合同适用于工作性质和工作量都无法确定的情况。

（3）如果工作性质和工作量都能够确定，就用总价合同；如果都不能确定，就用成本补偿合同；介于两者之间的，则用工料合同。

5. 参阅《PMBOK®指南》第6版中的页码

472，702，716

工作包 VS 进度活动

1. 概念

工作包是工作分解结构（WBS）的每条分支上的底层要素，除非该要素已被特别标注为规划包（可以用特定颜色或符号来标注）。因为工作分解结构是以可交付成果为导向的层级结构，所以工作包就是项目中最小的可交付成果。

进度活动是要列入详细进度计划的最低层次的活动。通过定义活动过程，把工作分解结构中的每一个工作包都分解成相应的进度活动。同属于一个工作包的全部进度活动都完成了，该工作包也就同时完成了。任何一个工作包都要分解成至少两个进度活动。就像人体细胞是人体的基本构成单位，活动也是项目的基本构成单位。例如，基于一个房屋装修项目的 WBS（见图 1），其中的一个工作包"1.2.2.2 客厅"，可以分解成以下进度活动：检查墙面，封固墙面，找平处理，粉刷墙漆。

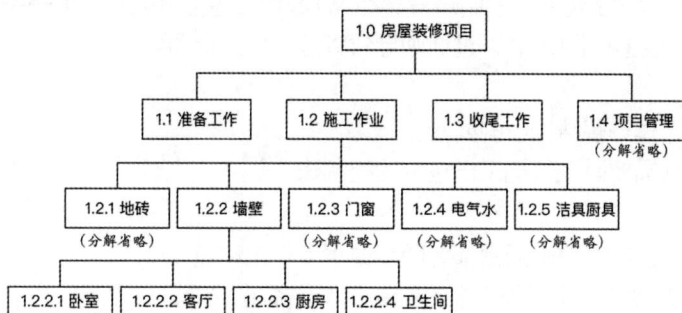

图 1　房屋装修项目 WBS 示例图

2. 共性

（1）都是对项目工作进行逐层向下分解得到的。

（2）都需要消耗一定的资源才能完成，如时间、资金。

3. 联系

（1）进度活动是从工作包进一步分解出来的。对于近期就要完成的工作包，应该立即分解成进度活动；对于远期才要完成的工作包，应该先做粗略分解，以后再分解成进度活动。

（2）只有完成了全部的进度活动，才能完成相应的工作包。

4. 区别

（1）工作包是可交付成果，而进度活动不是可交付成果，进度活动是为完成可交付成果所需开展的具体工作。

（2）工作包用名词或形容词加名词表示，如"客厅"或"粉刷好的客厅"，而进度活动用动词加名词表示，如"粉刷墙漆"。

5. 参阅《PMBOK®指南》第 6 版中的页码

157，183，698，717

工作包 VS 控制账户

1. 概念

工作包是工作分解结构中每条分支上的底层要素，除非该要素已被特别标注为规划包（可以用特定颜色或符号来标注）。工作包是永久的底层要素，规划包是临时的底层要素。因为工作分解结构是以可交付成果为导向的层级结构，所以工作包就是项目中最小的可交付成果。工作包的主要作用是，作为进一步识别进度活动、准确估算成本、制定质量测量指标的重要依据。

控制账户是工作分解结构中某个层次上的要素，一个控制账户可以包括几个工作包或规划包。控制账户是项目经理的管理控制点，项目经理会针对控制账户检查和考核项目的执行情况，报告项目绩效，例如，计算挣值管理中的各种指标。对低于控制账户的要素的绩效，项目经理不直接关心，而是由那些要素的负责人关心。通常，在项目管理计划中指定哪些 WBS 要素是控制账户。在 WBS 中设置控制账户，要遵循适当的原则，过高不能有效地监控项目进展，过低则导致管理工作过于烦琐。

2. 共性

（1）都是工作分解结构中的要素。

（2）在特殊需要时，可把工作包定为控制账户。

3. 联系

（1）每一个控制账户中通常都有两个或更多个工作包。

（2）隶属于同一个控制账户中的所有工作包都完成了，该控制账户就同时完成了。

（3）隶属于同一个控制账户中的所有工作包的总和必须等于该控制账户，否则就是范围遗漏或工作蔓延。

4. 区别

（1）它们是工作分解结构不同层次的要素。工作包是每条分支的最底层的要素，而控制账户通常是高于工作包的要素。

（2）工作包总是工作分解结构底层的要素（没有子要素的要素），而控制账户不仅可以是工作分解结构任一层次上的要素，而且在项目执行和监控期间可以变化。如果项目经理只想对项目进行粗管，他就会把较高层次的 WBS 要素定为控制账户。如果他想要细管，他就会把较低层次的 WBS 要素（甚至工作包）定为控制账户。当项目遇到危机时，他可以把控制账户暂时下移；等情况正常后，再把控制账户恢复为较高层次要素。

（3）通常，控制账户高于规划包，规划包又高于工作包。

（4）工作包不能再往下分成更小的可交付成果，控制账户可以往下分解成更小的可交付成果。

5. 参阅《PMBOK®指南》第 6 版中的页码

157，161，701，717

工作分解结构 VS 范围基准

1. 概念

工作分解结构是以可交付成果为导向的、对项目工作的层级分解，即把项目分解成较小的、便于管理的组成部分。在工作分解结构中必须且只能包括为完成项目所需的全部工作，既不能遗漏必要的工作，又不能多列冗余的工作。虽然工作分解结构的第二层可以是项目阶段，但是工作分解结构中的所有其他要素都必须是可交付成果，而不能是活动。例如，对于"练习英语听力"这个工作，在工作分解结构中不能写成"练习听力"这个活动，而必须写成"听写稿"这个可交付成果。"听写稿"就是"练习听力"活动必须取得的结果。随后，还要在 WBS 词典和质量计划中写明对听写稿的数量和质量的要求。

范围基准是经过批准的项目范围说明书、工作分解结构和相应的 WBS 词典的综合，是项目基准的重要组成部分。项目范围说明书界定项目的范围边界，工作分解结构规定边界之内有哪些项目工作，WBS 词典则对工作分解结构中的每一个要素进行解释。经过批准的范围基准代表着主要项目相关方对于项目将来要做成什么样子的基本共识。范围基准与进度基准、成本基准一起，共同构成项目基准。

2. 共性

（1）狭义上的范围基准就是工作分解结构。

（2）工作分解结构是广义上的范围基准的核心组成部分。

3. 联系

首先编制项目范围说明书，然后编制工作分解结构，再后编制 WBS 词典，最后把这三个文件整合在一起报高级管理层审批，形成范围基准。

4. 区别

（1）工作分解结构，在成为范围基准的组成部分之前，是有待批准的项目文件，而范围基准则一定是已经被高级管理层批准的。

（2）工作分解结构只是范围基准的组成部分之一。范围基准是经过批准的项目范围说明书、工作分解结构和 WBS 词典的综合。

5. 参阅《PMBOK®指南》第 6 版中的页码

161—162，715，717

工作绩效报告 VS 最终报告

1. 概念

工作绩效报告是汇编工作绩效信息而得到的项目绩效综合报告（如项目季度进展报告）和专题报告（如项目质量专题报告）。它是监控过程组中的监控项目工作过程的输出，要发送给主要项目相关方，以便他们了解项目情况、做出相关决定、采取相关行动。应该根据特定项目相关方的具体需求，确定工作绩效报告的编制时间和应该包括的内容。工作绩效报告中，应该包括知识管理 DIKW 模型中的信息、知识和智慧，三方面的内容缺一不可。例如，截至某时点，项目的进度偏差为–20 000 元，进度落后的原因是劳动效率低下，这是信息。我们决定采取赶工的办法来赶上进度，这是知识（如何解决当前的问题）。我们建议以后必须加强对项目员工的培训，以防止进度再次落后，这是智慧（如何防止未来再次出现问题）。

最终报告是在整个项目或某个项目阶段结束时编制的，关于项目或阶段的最终绩效的综合报告。这里仅讨论整个项目的最终报告。最终报告的主要内容包括：项目概述，项目目标实现情况，项目验收情况，问题和风险管理情况，效益和商业需求实现情况，以及主要的经验教训。

2. 共性

（1）都是对以往工作的总结。

（2）都需要发送给主要的相关方，供他们了解项目绩效情况。

（3）最终都会是组织过程资产的内容。

3. 联系

（1）编制最终报告时，需要查阅或参考以往的工作绩效报告。

（2）最终报告其实是最后一份工作绩效报告。

4. 区别

（1）工作绩效报告需要在监控过程组的监控项目工作过程中定期编制。最终报告只在收尾过程组的结束项目或阶段过程中编制一次。

（2）工作绩效报告既可以只叙述当期的绩效，也可以叙述自开工至当前累计的绩效。最终报告要叙述自开工至完工的累计绩效。

（3）工作绩效报告可以是综合或专题报告。最终报告通常都是综合报告。

（4）工作绩效报告的作用不局限于总结经验教训，还包括引起关注、引导问题解决。最终报告的作用仅限于总结经验教训，以便以后的项目做得更好。

5. 参阅《PMBOK®指南》第 6 版中的页码

26，112，127，717

工作绩效数据 VS 工作绩效信息

1. 概念

工作绩效数据是一边执行项目，一边收集起来的，没有经过任何加工和整理的第一手原始资料，能够最真实地反映项目执行的实际情况。例如，活动的实际开始日期和完成日期，实际的资源消耗情况，现场拍摄的照片，现场录音录像资料，都是工作绩效数据。在开展项目监控时，需要把工作绩效数据与项目计划中的相关要求做比较，以便发现和分析偏差，并解决不可接受的大偏差。

工作绩效信息是在监控过程中，把工作绩效数据与项目计划中的相关要求做比较的结果，以及结合相关背景而对结果的进一步分析和解释。例如，某个项目进展到某一时点时总共花了 100 000 元，这个数据就是工作绩效数据；把它与计划成本值 80 000 元（挣值）对比，发现成本超支了 20 000 元并分析出成本超支的原因，这个超支数及其原因就是工作绩效信息。

可以借助知识管理中的 DIKW（Data，Information，Knowledge，Wisdom）模型，来更好地理解工作绩效数据、工作绩效信息和工作绩效报告之间的关系。工作绩效数据就是 DIKW 模型中的 Data（数据），描述了"是什么"。工作绩效信息就是 DIKW 模型中的 Information（信息），反映了"数据的背景及数据之间的关系"。在工作绩效报告中，则要在概述工作绩效信息的基础上，针对信息中反映出来的实际问题提出解决方案［相当于 DIKW 模型中的 Knowledge（知识）］，并进一步阐述将来应该如何防止类似问题的再次发生、应该如何改进［相当于 DIKW 模型中的 Wisdom（智慧）］。

2. 共性

（1）都与知识管理中的 DIKW 模型有密切关系。

（2）都是编制工作绩效报告的重要依据。

3. 联系

工作绩效数据是用以生成工作绩效信息的基础。只有通过分析和处理工作绩效数据，才能获得相应的工作绩效信息。

4. 区别

（1）工作绩效数据是脱离了相关背景而客观存在的、没有经过加工整理的原始资料，其本身没有任何意义。工作绩效信息则是结合相关背景，把工作绩效数据与相关计划要求综合起来分析所得出的结果，可以说明项目工作的绩效好坏及其原因。

（2）工作绩效数据是执行过程组中的指导与管理项目工作过程的输出。而工作绩效信息则是监控过程组中除监控项目工作过程和实施整体变更控制过程以外的全部监控过程的输出。

（3）工作绩效数据是监控过程组中除监控项目工作过程和实施整体变更控制过程以外的全部监控过程的输入。工作绩效信息只是监控过程组中监控项目工作过程的输入。

5. 参阅《PMBOK®指南》第 6 版中的页码

26，95，109，717

工作绩效信息 VS 工作绩效报告

1. 概念

编制出项目计划以后，项目进入执行阶段，严格按计划开展项目执行。一边执行，一边收集可真实反映项目执行情况的工作绩效数据。然后，通过监控过程组的控制范围、确认范围、控制进度、控制成本、控制质量、控制资源、监督沟通、监督风险、控制采购和监督相关方参与等过程，把工作绩效数据与项目计划中的相关要求做比较，发现偏差，分析偏差。所发现的偏差及分析出的偏离计划的程度和原因，联合构成了工作绩效信息。

工作绩效报告是汇编工作绩效信息而得到的项目绩效综合报告（如项目季度进展报告）和专题报告（如项目质量专题报告）。它是监控过程组中的监控项目工作过程的输出，要发送给主要项目相关方，以便他们了解项目情况、做出相关决定、采取相关行动。应该根据特定项目相关方的具体需求，确定工作绩效报告的编制时间和应该包括的内容。工作绩效报告中，应该包括知识管理 DIKW 模型中的信息、知识和智慧，三方面的内容缺一不可。例如，截至某时点，项目的进度偏差为 20 000 元，进度落后的原因是劳动效率低下，这是信息。我们决定采取赶工的办法来赶上进度，这是知识（如何解决当前的问题）。我们建议以后必须加强对项目员工的培训，以防止进度再次落后，这是智慧（如何防止未来再次出现问题）。

2. 共性

（1）都产生于监控过程组，都是工作绩效的表现方式，都可据此提出变更请求。

（2）都要进一步用于监督和控制以后的项目工作。

3. 联系

（1）工作绩效数据、工作绩效信息和工作绩效报告三者之间的关系为：工作绩效数据是工作绩效信息的基础；而工作绩效信息是工作绩效报告的基础。

（2）经过高度概括和提炼的工作绩效信息，是工作绩效报告的重要组成部分。

4. 区别

（1）工作绩效信息只供项目团队内部使用，以便团队成员了解项目情况，做出相关决策。除了供项目团队使用外，工作绩效报告的更重要的用途是：用于项目管理团队与外部主要相关方的沟通，以便外部相关方了解项目情况，关注某个问题，采取某种行动。

（2）通常，在项目监控中，要经常形成工作绩效信息（如每周或每两周），但往往要间隔较长时间才定期（如每季度）编制工作绩效报告。工作绩效报告也可以针对特定的需要而不定期专门编制，如为配合领导对项目的检查，或者报告项目上所发生的意外事故。

（3）工作绩效信息通常比较详细，便于项目团队充分了解项目执行情况。工作绩效报告可简可繁，取决于报告对象的需求。

5. 参阅《PMBOK®指南》第 6 版中的页码

26，109，112，717

供方选择分析 VS 供方选择标准

1. 概念

供方选择分析是指在规划采购管理过程中，通过分析和比较，确定最合适的一种或几种建议书的评价方法。常用的评价方法有：最低成本、仅凭资质、基于质量或技术方案、基于质量和成本、独有来源、固定预算。例如，"最低成本"是指仅用建议书中的报价来评价建议书，选择最低报价者中标；"固定预算"是指从报价和技术方案两个方面来评价建议书，选择不超过固定预算的最佳技术方案者中标。用于某单次采购的评估方法，需要写入招标文件，让潜在卖方知晓。

供方选择标准是买方用于评价潜在卖方的建议书的具体标准，如打分或评级的标准。标准可以是主观的，如卖方的能力、拥有的相关经验；也可以是客观的，如产品成本、生命周期成本。对于标准化产品或服务的采购，报价通常是最重要甚至是唯一的标准。对于非标准化产品或服务的采购，则还要有其他多种标准，如技术方案的先进性。

2. 共性

开展供方选择分析，确定供方选择标准，都是规划采购管理过程的重要工作。

3. 联系

（1）通过供方选择分析，确定了建议书评价方法之后，再确定具体的供方选择标准。

（2）最低成本、仅凭资质、独有来源，这三种评价方法，其本身也就是供方选择标准。

（3）基于质量或技术方案、基于质量和成本、固定预算，这三种方法，则需要细化出相应的供方选择标准。例如，对基于质量和成本，则需要在供方选择标准中，写清楚技术方案和报价的权重。

4. 区别

（1）供方选择分析是规划采购管理过程的工具与技术，供方选择标准则是规划采购管理过程的输出，是采购文档的一种。

（2）供方选择分析是要确定用于评价建议书并选择卖方的总体方法，供方选择标准则是用于评价建议书并选择卖方的具体标准，具体标准是为应用总体方法而制定的。

5. 参阅《PMBOK®指南》第6版中的页码

473—474，478—479，715

沟通工件 VS 沟通活动

1. 概念

沟通工件是人工编制或机器生成的任何类型的信息载体，如电子邮件、项目微博、项目报告、视频文件、音频文件。英文 Artefacts 的原意是"人造物"，包括人类创造的任何东西。沟通工件，当然也就是人们为了传递信息而创造的任何东西。例如，项目经理为了让相关方了解项目的进展情况，就需要编制一份作为沟通工件的"工作绩效报告"。

沟通活动是为了达成沟通目标而开展的活动。例如，召开会议，进行演讲。可以按照多维度对沟通活动进行分类。例如，根据沟通对象归属不同分为内部沟通、外部沟通；根据沟通活动是否沟通管理计划中定义的分为正式沟通、非正式沟通；根据相关方相对于项目团队的位置分为向上沟通、向下沟通、横向沟通。

2. 共性

（1）都是开展沟通所必不可少的。

（2）有些情况下，两者无法截然分开，而是融合在一起的。例如，在口头沟通中，边思考边说话。思考，得到一个想法，这是创造沟通工件；把这个想法说出来，这是开展沟通活动。

3. 联系

任何沟通工件，都必须通过沟通活动来传递，才能实现沟通的目标。沟通就要创造沟通工件，开展沟通活动。

4. 区别

（1）沟通工件是有形或无形的人造物，而沟通活动是实际开展的沟通行动。

（2）沟通工件是信息的载体，而沟通活动是对信息载体的传递。

5. 参阅《PMBOK®指南》第6版中的页码

361，362，375

沟通管理计划 VS 相关方参与计划

1. 概念

沟通管理计划既是项目管理人员与其他相关方之间的沟通计划，也是关于将如何监控沟通的效率和效果、将如何更新沟通管理计划的计划。前者相当于实体性计划（借用法律中的实体法的说法，如民法），后者相当于程序性计划（借用法律中的程序法的说法，如民事诉讼法）。沟通管理计划是关于沟通的实体性计划和程序性计划的综合。其中的实体部分，应该写清楚将要在什么时间、以什么方式、用什么渠道与什么人沟通什么信息等内容；程序部分需要规定将在什么时间、以什么方式、按什么程序来监控沟通的效率和效果，将如何提出针对沟通的变更请求，以及将如何更新沟通管理计划。

相关方参与计划既是关于项目管理人员与其他相关方打交道的策略和方法以便引导他们合理参与项目的实体性计划，又是关于将如何管理相关方变化、将如何监控相关方参与情况，以及将如何更新相关方参与计划的程序性计划。相关方参与计划是关于相关方管理的实体性计划和程序性计划的综合。其中的实体部分，应该写明将要在什么时间、以什么方式与什么相关方打交道，以便引导他们合理参与项目；程序部分需要规定将在什么时间、以什么方式、按什么程序来监控相关方的变化，相关方参与项目的情况，将如何提出针对相关方管理的变更请求，以及将如何更新相关方参与计划。

2. 共性

（1）都是项目管理计划的组成部分，都是实体性计划和程序性计划的综合。

（2）都要依据识别相关方过程的输出"相关方登记册"来编制。相关方登记册中的部分内容要整合到沟通管理计划，全部内容都要收进相关方参与计划。

（3）都是管理相关方参与过程的输入。

3. 联系

（1）因为沟通是与相关方打交道的重要手段，所以沟通管理计划中的一些内容会同时写入相关方参与计划。

（2）它们可以相互交叉引用。例如，在相关方参与计划中写明"关于……请见沟通管理计划的……部分"。

4. 区别

（1）目的不同。沟通管理计划旨在策划将如何让相关方了解项目情况，以及将如何让相关方交流各自的信息或意见，相关方参与计划旨在策划将如何引导相关方合理参与项目，以便相关方实际参与项目的程度符合项目所需要的程度。

（2）内容不同。虽然沟通管理计划的一些内容会同时出现在相关方参与计划中，但相关方参与计划的内容不局限于这些，还有沟通管理计划之外的许多内容。

（3）敏感性不同。相关方参与计划中通常会有一些很敏感，不适合公开发布的内容，例如，对相关方的管理措施可能需要保密。沟通管理计划中通常没有需要特别保密的信息。

5. 参阅《PMBOK®指南》第6版中的页码

377，522，700，716

沟通技能 VS 沟通技术

1. 概念

沟通技能是管理沟通、管理相关方参与、监督相关方参与这三个过程的工具与技术。它是一个人与其他人进行沟通的能力，其中包括（但不限于）沟通胜任力、反馈、非口头技能和演示技能。沟通胜任力是一个人针对特定的人物或事物，或在某种特定场景中的沟通能力。一个平时沟通能力很强的人，也可能在某种特定场景中缺乏沟通胜任力。反馈是指提供或收集反馈的能力。非口头技能是指运用形体语言来传递信息的能力。演示技能是指借助演示资料（如实物、图片、PPT、视频等）进行口头陈述的能力。

沟通技术是项目沟通管理中规划沟通管理和管理沟通过程的工具与技术。它是用于在项目相关方之间传递信息的各种工具、技术或软件，如会议、文件、网站、查询系统等。在规划沟通管理过程中，需要选择适当的沟通技术；在管理沟通过程中需要使用选定的沟通技术实际开展沟通。例如，对于何人何事应该采用何种沟通技术。在决定该采用何种沟通技术时，需要考虑诸多因素，例如对信息需求的紧急程度、沟通技术的可用性和易用性、项目环境，以及信息的敏感性和保密性。

2. 共性

（1）都对项目的成功沟通非常重要，不可或缺。

（2）都是管理沟通过程的工具与技术。

3. 联系

（1）一个人使用特定沟通技术的能力，是其沟通技能的重要组成部分。例如，某人擅长使用 Microsoft PowerPoint 软件（沟通技术）来进行口头演讲，就代表他有很好的演示技能（沟通技能的一种）。

（2）沟通技能的发挥，往往离不开沟通技术的使用。如果不使用特定的沟通技术，你就无法发挥相应的沟通技能。

4. 区别

（1）沟通技能是能力，而沟通技术其实是工具和载体。沟通技能相当于金庸武侠小说《射雕英雄传》中洪七公所掌握的"打狗棒法"，而沟通技术则相当于"打狗棒"。

（2）沟通技能是人所具有的沟通能力，而沟通技术是客观存在的工具、技术或软件。不同的人会有不同的沟通技能，不同的人可以使用相似或相同的沟通技术。

（3）沟通技能是管理沟通、管理相关方参与、监督相关方参与这三个过程的工具与技术，而沟通技术是规划沟通管理和管理沟通过程的工具与技术。

5. 参阅《PMBOK®指南》第 6 版中的页码

383，384，700

沟通技术 VS 沟通方法

1. 概念

沟通技术是项目沟通管理中规划沟通管理和管理沟通过程的工具与技术。它是用于在项目相关方之间传递信息的各种工具、技术或软件，如会议、文件、网站、查询系统等。在规划沟通管理过程中，需要选择适当的沟通技术；在管理沟通过程中需要使用选定的沟通技术实际开展沟通。例如，对于何人何事应该采用何种沟通技术。在决定该采用何种沟通技术时，需要考虑诸多因素。例如，对信息需求的紧急程度、沟通技术的可用性和易用性、项目环境，以及信息的敏感性和保密性。

沟通方法也是项目沟通管理中规划沟通管理过程和管理沟通过程的工具与技术。它是用于在项目相关方之间共享信息的各种方法。常见的沟通方法有三种，即交互式沟通、推式沟通和拉式沟通。交互式沟通双向（两人之间）或多向（多人之间）互动的信息沟通，是参与者快速达成共识的最有效的方法，如面对面会议、电话沟通。推式沟通是将信息主动发送给需要接收这些信息的特定人，如给特定的人发送邮件、备忘录、项目绩效报告等。拉式沟通是指把信息放在某个固定的地方，要求项目相关方自主到该地方查看信息，如在公告栏贴公告、把信息上传到网站上。

2. 共性

（1）都是规划沟通管理过程和管理沟通过程的工具与技术。

（2）都要根据具体情况做出合适的选择，并把所做的选择写入沟通管理计划。

（3）存在一定程度的交叉。例如，会议既是沟通技术，又是沟通方法（属于交互式沟通）。

3. 联系

（1）沟通技术和沟通方法必须联合使用。例如，给特定相关方发送电子邮件，就是使用电子邮件沟通技术来开展推式沟通。

（2）无论是哪种沟通方法，都需要借助适当的沟通技术来实现。

（3）无论是哪种沟通技术，都需要有沟通方法的配合。

（4）沟通技术与沟通方法综合起来，就是沟通风格（Communications Style）。

4. 区别

（1）选择沟通技术和沟通方法，要考虑不同的因素。选择沟通技术要考虑的因素包括：信息需求的紧急性，沟通技术的可用性和易用性，项目环境、信息的敏感性和保密性。选择沟通方法要考虑的因素包括：是否需要很快达成共识，信息数量的多少，信息接收者的多少，沟通成本的高低。

（2）沟通技术是根据信息的载体和传递媒介的不同来划分的，而沟通方法是根据信息发送者和接收者之间的互动方式的不同来划分的。

（3）需要注意：随着电子网络信息推送技术的发展，推式沟通越来越容易了，这也很容易造成沟通过度，即：让很多人收到很多垃圾信息。

5. 参阅《PMBOK®指南》第6版中的页码

370—371，374—375，700

沟通模型 VS 沟通方法

1. 概念

沟通模型是描述沟通过程中涉及的各要素及其相互关系的系统，是项目沟通管理中规划沟通管理过程的工具与技术。它是适用于任何沟通的通用模型，是由信息发出者、信息、媒介、噪声、信息接收者和反馈等诸多要素构成的一个循环。首先，信息发出者对想要发出的信息进行编码，并通过一定的媒介发送给信息接收者；其次，信息接收者对收到的信息进行解码，并把收悉和理解情况反馈给信息发出者。在规划沟通管理过程中，需要基于沟通模型来确定特定项目沟通的信息发出者、信息接收者、传递媒介和反馈要求等。在管理沟通过程中，需要借助沟通模型来实际开展沟通。

沟通方法是项目沟通管理中规划沟通管理过程和管理沟通过程的工具与技术。它是用于在项目相关方之间共享信息的各种方法。常见的沟通方法有三种，即交互式沟通、推式沟通和拉式沟通。交互式沟通双向（两人之间）或多向（多人之间）互动的信息沟通，是参与者快速达成共识的最有效的方法，如面对面会议、电话沟通。推式沟通是将信息主动发送给需要接收这些信息的特定人，如给特定的人发送邮件、备忘录、项目绩效报告等。推式沟通适用于需要发送的信息及信息接收者都比较少的情况。拉式沟通是指把信息放在某个固定的地方，要求项目相关方自主到该地方查看信息，如在公告栏贴公告、把信息上传到网站上。拉式沟通适用于信息量很大或信息接收者很多的情况。

2. 共性

（1）都是规划沟通管理过程的工具与技术。

（2）虽然《PMBOK®指南》中没有把沟通模型列作管理沟通过程的工具与技术，但实际上在管理沟通过程中也要用到沟通模型。沟通模型和沟通方法，都是管理沟通过程要使用的工具与技术。

3. 联系

无论采用什么沟通方法、沟通技术，都离不开通用的沟通模型。也就是说，在任何沟通中，都需要使用通用的沟通模型。

4. 区别

（1）在《PMBOK®指南》中，沟通方法是规划沟通管理过程、管理沟通过程的工具与技术，而沟通模型只是规划沟通管理的工具与技术。当然，在实际工作中，管理沟通过程，也需要用沟通模型。

（2）只有一个通用的沟通模型，而沟通方法则有三种，即交互式、推式和拉式沟通。

（3）也请注意"沟通种类""沟通模式""沟通渠道"这些术语。沟通种类是指用各种标准对沟通所做的分类，例如，把沟通分成内部沟通与外部沟通、纵向沟通与横向沟通、口头沟通与书面沟通。沟通模式包括全通道模式（任何人之间都可以沟通）、链式模式（只有上下级之间可以沟通）、轮式模式（所有人都只能分别与某一个人沟通）等。沟通渠道是指用于传递信息的通道。在全通道模式下，沟通渠道的数量＝$N(N-1)/2$，其中 N 是团队成员或相关方的数量。

5. 参阅《PMBOK®指南》第6版中的页码

371—373，374—375，700

沟通模型 VS 沟通渠道

1. 概念

沟通模型是描述沟通过程中涉及的各要素及其相互关系的系统，是项目沟通管理中规划沟通管理过程和管理沟通过程的工具与技术。它是适用于任何沟通的通用模型，是由信息发出者、信息、媒介、噪声、信息接收者和反馈等诸多要素构成的一个循环。首先，信息发出者对想要发出的信息进行编码，并通过一定的媒介发送给信息接收者；其次，信息接收者对收到的信息进行解码，并把收悉和理解情况反馈给信息发出者。在规划沟通管理过程中，需要基于沟通模型来确定特定项目沟通的信息发出者、信息接收者、传递媒介和反馈要求等。在管理沟通过程中，需要借助沟通模型来实际开展沟通。

沟通渠道是指信息传递的通道。潜在沟通渠道的多少取决于相关方或团队成员的数量，以及所采用的沟通网络类型。沟通网络类型是指信息流动的模式。有三种常见的网络类型：链式、轮式和全通道式（见图1）。链式严格遵守正式的命令系统，只有上下级之间的纵向沟通，没有横向沟通。轮式网络严格以某个领导者为沟通的核心，一切沟通都围绕他进行。全通道网络则允许全体成员之间进行自由沟通，任何人都可以与任何人沟通。在全通道网络下，相关方或团队成员之间的沟通渠道数量由以下公式计算：沟通渠道数量=$N(N-1)/2$，其中 N 为相关方或团队成员的人数。团队成员越多、需要沟通的相关方越多，沟通渠道就越多，沟通管理难度也就越大。

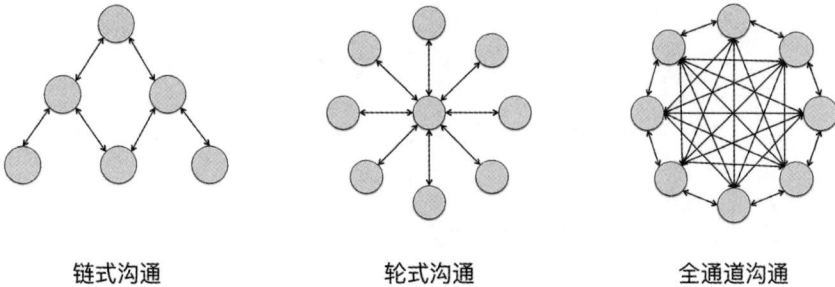

链式沟通　　　　　　　轮式沟通　　　　　　　全通道沟通

图1　三种沟通网络类型

2. 共性

没有特别值得关注的共性。

3. 联系

在任何沟通渠道中开展沟通，都需要使用通用的沟通模型。

4. 区别

（1）只有一个通用的沟通模型，沟通渠道有确立的沟通渠道和潜在的沟通渠道之分，前者是已经确定，必须要走的那些渠道，后者是全部可能要走的渠道（其中也包括"确定的沟通渠道"）。

（2）在《PMBOK®指南》中，沟通模型是规划沟通管理过程、管理沟通过程的工具与技术；在实际工作中，管理相关方参与时，也需要用沟通模型。确立的沟通渠道是规划沟通管理过程、管理沟通过程、监督沟通过程、规划相关方参与过程、相关方参与过程、监督相关方参与过程的输入（隶属于事业环境因素大类）。在规划沟通管理过程中进行"沟通需求分析"时，需要计算"潜在的沟通渠道"的数量，以防止遗漏某些渠道。

（3）沟通模型与沟通网络类型（链式、轮式和全通道式）无关，而沟通渠道的数量直接取决于所采用的沟通网络类型。

5. 参阅《PMBOK®指南》第 6 版中的页码

370，371—373，700

沟通需求分析 VS 沟通风格评估

1. 概念

沟通需求分析是确定项目相关方在整个项目生命周期中对信息的需求，包括需要什么信息、什么时候需要、喜欢什么格式、有什么特别需要注意的地方等。在沟通需求分析中，应该计算相关方之间潜在沟通渠道的数量。潜在沟通渠道越多，沟通就越复杂，就越容易发生沟通不充分的情况。潜在沟通渠道的多少取决于相关方的数量及沟通网络类型。

沟通风格评估是对项目相关方所喜欢的沟通方法和沟通技术进行评估，以便采用他们喜欢的沟通方法和沟通技术与他们进行沟通。通常，不同的人所喜欢的沟通方法或沟通技术会有所不同。例如，有些人喜欢你把信息推送给他（推式沟通方法），有些人喜欢自己到某个地方去看信息（拉式沟通方法）；有些人喜欢你给他打电话（电子口头沟通技术），有些人喜欢你给他发短信（电子书面沟通技术）。对于当前不支持项目的相关方，尤其要注意用他们喜欢的沟通方法和沟通技术与他们沟通。

2. 共性

（1）都是规划沟通管理过程的工具与技术（沟通风格评估隶属于"人际关系与团队技能"大类）。

（2）都是要了解项目相关方对沟通的真实需求。

3. 联系

（1）两者会相互影响。沟通需求分析得出的结论，例如相关方喜欢的信息格式，可以作为沟通风格评估的基础；沟通风格评估得出的结论，例如相关方喜欢交互式沟通，也可以作为沟通需求分析的基础。例如，对客户开展沟通需求分析，得知客户希望每一个项目里程碑达成后都举办一次氛围轻松的庆祝活动。接着开展沟通风格评估，得知这个来自美国的客户偏爱在高档酒店举办自助餐式的鸡尾酒会。

（2）在实际工作中，两者无法截然分开，往往交织在一起开展。

4. 区别

（1）沟通需求分析侧重分析相关方所需要的信息的类型和格式，以及何时需要。沟通风格评估侧重分析相关方喜欢哪种沟通风格（方式）。前者回答"What（什么）"，后者回答"How（如何）"。

（2）相关方的大部分沟通需求是显性的，可以在沟通需求分析中通过调研等方式直接获知。相关方的沟通风格偏好则往往是隐性的，也许只能在沟通风格评估中通过专家判断来做出大概的判断。

5. 参阅《PMBOK®指南》第6版中的页码

369—370，375，700

关系权力 VS 参考权力

1. 概念

关系权力是指在某人参与人际交往的过程中，向别人显示自己有某种特别的人际关系，从而使别人愿意服从自己。例如，寓言故事中的"狐假虎威"，狐狸就向其他小动物行使了关系权力。再如，我告诉你"我认识某位权威的专家，可以把你的作品推荐给他"，这也是在对你行使关系权力。

参考权力（参照权力）是指别人愿意以你为榜样，愿意向你看齐，愿意以你为参照物，而给你带来的权力。这种权力通常与一个人的性格魅力、做事时的专注力或坚强的毅力等有关，也就是通常所说的"榜样的力量"。例如，文体明星对于追星族就拥有参考权力。

2. 共性

（1）都能让别人按权力行使者的意愿去行动。

（2）都与权力行使者的职位没有直接关系。

3. 联系

参考权力较大的人，往往也会有较大的关系权力。你的名声越大（参考权力），你就越容易认识层次更高的人（有更大的关系权力）。关系权力，其实就是你的"朋友圈"的影响力。

4. 区别

（1）关系权力依附于与别人的关系，关系没有了，权力也没有了，不受权力行使者直接控制。而参考权力依附于权力行使者自身的影响力，是自己可以主动控制和创造的关系权力是权力行使者的外在影响力，参考权力则是行使者的内在影响力。

（2）关系权力，需要权力行使者主动向别人显示自己有某种特殊的人际关系。而参考权力，权力行使者只需要被动地等别人来与自己认同。

（3）关系权力的影响范围较小，权力行使者通常会知道自己的影响范围。而参考权力的影响范围较大，权力行使者可能不知道自己的影响范围，即不知道究竟是哪些人正在以自己为榜样。

5. 参阅《PMBOK®指南》第 6 版中的页码

63

管理 VS 领导

1. 概念

项目经理应该既是领导者，又是管理者。"领导"和"管理"这两个概念经常可以互换使用，但又有一些不同。

领导主要是对人而言。领导者利用自己的影响力，去启发和激励团队成员实现项目目标。领导者需要创建愿景，传达愿景，带领大家朝愿景努力。

管理既可对人而言，也可对事而言。对人而言，管理者利用自己的职权，去约束和控制团队成员，以实现项目目标。对事而言，管理者通过规划、组织和协调，把困难的事情做成功。

2. 共性

（1）都是为了实现项目目标。

（2）存在大量交叉，经常可以互换使用。

3. 联系

（1）二者相辅相成，领导能力强的项目经理，更容易做好管理；同样，管理能力强的项目经理，更容易做好领导。

（2）领导者和管理者，通常同时聚集于同一个人身上，即：一个人既是领导者，又是管理者。

4. 区别

（1）领导强调启发和激励别人，管理强调约束和控制别人；领导关注做正确的事，管理关注正确地做事；领导关注长期目标的实现，管理关注短期目标的实现。

（2）领导只对人不对事，管理既可对人也可对事。

（3）领导主要依靠人身权利（如专家权力、参考权力和魅力权力）和人际互动权力（如关系权力、迎合权力和愧疚权力），管理主要依靠职位权力（如惩罚权力和加压权力）。

（4）优秀的领导者不一定是优秀的管理者，反之亦然。

（5）在传统的项目上，项目经理应该主要是管理者。在敏捷的项目上，项目经理应该主要是领导者。

（6）好的管理者能够培养出听话的成员，好的领导者能够培养出具有创造力的成员。

5. 参阅《PMBOK®指南》第 6 版中的页码

64

管理沟通 VS 监督沟通

1. 概念

管理沟通是项目沟通管理中的一个执行过程。它是按沟通管理计划来生成、收集、分发、储存、检索及最终处置项目信息。通俗地说，就是要按沟通管理计划来实实在在地开展沟通，就是要在正确的时间以正确的方式向正确的人发送正确的信息。也就是按照沟通管理计划开展项目相关方之间有效率且有效果的沟通。有效率的沟通是指在合理的时间内用合理的成本向相关方提供所需信息。有效果的沟通是指给正确的人发送正确的信息，以便信息能够起到正确的作用。效率是指用多大的代价，效果是指发挥的效用。管理沟通不局限于发布相关信息，还要设法确保信息被正确地生成、接收和理解，并促进相关方展开进一步讨论。

监督沟通是项目沟通管理中的一个监控过程。它是按沟通管理计划和相关方参与计划的要求来监控沟通的开展情况（包括效率和效果），提出必要的变更请求（包括修改沟通管理计划的建议和对沟通执行的纠偏建议）。例如，需要监控该做的沟通是否都做了、沟通的效率和效果是否符合要求。

在项目沟通管理中，首先通过规划沟通管理过程，为以后开展有效率和有效果的沟通编制沟通管理计划；其次通过管理沟通过程，来实际开展有效率和有效果的沟通；最后通过监督沟通过程，来监控沟通执行的效率和效果。

2. 共性

（1）都需要根据沟通管理计划来开展。

（2）都是项目沟通管理中的过程。

3. 联系

（1）管理沟通过程的输出"项目沟通记录"，是监督沟通过程的输入。"项目沟通记录"是对实际已经开展的沟通的信息记录，如已经召开的项目会议。在监督沟通过程中，需要监控在管理沟通过程中实际开展的"项目沟通"的效率和效果，如会议的效率和效果。

（2）监督沟通过程所生成的变更请求，会引发重新开展规划沟通管理过程或管理沟通过程。例如，在监督沟通过程中发现某个该做的沟通没有做，就需要重新开展管理沟通过程来补做。

4. 区别

（1）两者的作用不同。管理沟通是要实实在在地开展有效率和有效果的沟通。监督沟通则是要检查沟通的效率和效果，一旦发现问题，就需要提出变更请求。

（2）管理沟通是属于执行过程组，而监督沟通属于监控过程组。

5. 参阅《PMBOK®指南》第6版中的页码

379，388，706，707

管理相关方参与 VS 监督相关方参与

1. 概念

管理相关方参与是项目执行过程组的一个过程，是项目管理团队按照相关方参与计划中的规定，应用沟通方法、人际关系与团队技能及其他管理技能，实实在在地与相关方打交道，引导他们合理参与项目。如果相关方当前参与程度低于所需参与程度，就必须在管理相关方参与过程中采取措施来提升当前参与程度。如果相关方当前参与程度与所需参与程度相符，就必须采取措施来维持这种状况。

监督相关方参与是项目监控过程组的一个过程，是项目管理团队按照相关方参与计划中的规定，来监督相关方实际参与项目的程度，以及各相关方之间的关系，并提出必要的变更请求，以确保相关方参与项目的程度符合相关方参与计划中的要求。变更请求可以是关于纠正相关方管理的执行偏差、预防相关方参与程度不足或更新相关方参与计划的建议。

2. 共性

（1）都是为了确保相关方实际参与项目的程度符合所需的参与程度。

（2）都可能对相关方管理工作提出变更请求。

3. 联系

（1）管理相关方参与过程的输出"问题日志"是监督相关方参与过程的输入。

（2）在项目管理实践中，管理相关方参与和监督相关方参与这两个过程，往往无法截然分开。

4. 区别

（1）管理相关方参与是项目执行过程组的一个过程，监督相关方参与是项目监控过程组的一个过程。

（2）管理相关方参与，是基于对什么做法有利于提升和维持相关方参与程度的预期，而采取这些做法来提升和维持相关方的参与程度。监督相关方参与，是基于对相关方实际参与程度与所需参与程度之间的差距的回顾，而采取措施把相关方的实际参与程度拉回到所需参与程度。

5. 参阅《PMBOK®指南》第 6 版中的页码

523，530，706，707

管理质量 VS 控制质量

1. 概念

管理质量是项目执行过程组的一个过程，是把质量管理计划和质量测量指标的内容细化成可执行的质量管理活动，并加以执行，以及编制质量报告，确保在项目上切实落实组织的质量政策。虽然管理质量过程的工作不局限于质量保证，但主要是质量保证。

控制质量是项目监控过程组的一个过程，是指检查实际的质量绩效，发现和分析质量偏差，提出必要的变更请求。其主要工作包括：检查具体的工作过程的质量，并记录检查结果；检查已完成的可交付成果是否符合质量要求（技术上是否正确），并记录检查结果；检查已批准的变更请求是否实施到位，并记录检查结果；基于前述检查结果和相关计划，整理出工作绩效信息，并提出变更请求。

2. 共性

（1）都需要依据在规划质量管理过程中形成的质量管理计划和质量测量指标。

（2）都可能提出变更请求。

3. 联系

（1）在管理质量过程中所形成的项目文件（如测试与评估文件），要成为控制质量过程的输入。

（2）控制质量过程所得到的质量控制测量结果，要成为管理质量过程的输入。

4. 区别

（1）规划质量管理过程是通过事先编制计划来预防质量缺陷，管理质量过程是通过事中执行计划来做出合格质量，控制质量过程是通过事后检查执行情况来核实质量是否符合要求。

（2）在规划质量管理过程中编制出质量管理计划和质量测量指标，在管理质量过程中把这些计划和指标可操作化为"测试与评估文件"，然后在控制质量过程中使用这些文件去检查质量。

（3）在规划质量管理过程和管理质量过程中发生的质量成本都属于一致性成本中的预防成本。在控制质量过程中发生的质量成本，既有属于一致性成本的评估成本，又有属于不一致性成本的失败成本（如果质量不合格，就有失败成本）。

（4）管理质量是所有人的共同职责，即：任何人都必须在做事的同时开展管理质量过程，切实把质量做合格。控制质量通常由工作实际执行者以外的、来自质量控制部门的人开展。

（5）管理质量过程所提的变更请求，是针对整个质量管理体系（其中包括质量管理计划、质量测量指标等）的。控制质量过程所提的变更请求，是针对一个一个的具体质量缺陷的。

（6）管理质量过程要从全局和系统着眼编制质量报告。控制质量过程则只从局部和个体着眼编制工作绩效信息。例如，在工作绩效信息中只需指出导致某个具体质量缺陷的特殊原因，而在质量报告中必须挖掘出导致某类质量缺陷的系统原因。

5. 参阅《PMBOK®指南》第6版中的页码

288，298，701，706

过时风险 VS 新风险

1. 概念

过时风险，也称"已关闭风险"，是指在项目以前阶段存在，但现在不再存在的风险，包括已经确定要发生的事件，已经确定不会发生的事件，实际已经发生且已完结的事件，万一发生对项目目标不再有影响的事件。例如，在上个月的风险登记册中记录了这个风险：张三可能无法按时加入项目团队；现在，张三已经按时加入，在新的风险登记册中就要把这个风险标记为"已过时"或"已关闭"。

新风险就是指在项目推进过程中新识别出的风险或新出现的风险。有些新风险是早已存在的，只是原先没有识别出来。有些新风险是原本不存在，现在才出现的。新风险，需要补充到风险登记册中。

2. 共性

（1）都是监督风险过程的输出"风险登记册（更新）"中应该记录的内容。

（2）都只针对单个项目风险，不针对整体项目风险。

（3）都可以是对实现项目目标的威胁或机会。

3. 联系

（1）以前阶段的新风险，可能会演化为当前阶段的过时风险；当前阶段的新风险，可能会演化为以后阶段的过时风险。

（2）随着项目的推进，越来越多的风险会演化为过时风险。

4. 区别

（1）过时风险是曾经存在但现已不再存在的风险，新风险是新发现或新出现的风险。

（2）过时风险通常在监督风险过程中通过风险审查（风险再评估）加以确定。新风险主要是在识别风险过程中识别，也可以在监督风险过程中附带识别。

5. 参阅《PMBOK®指南》第6版中的页码

457

合格卖方清单 VS 选定的卖方

1. 概念

合格卖方清单是买方列出的一份有资格、有能力提供拟采购产品或服务的潜在卖方的名单。买方可以从自己已有的或行业协会设立的供应商数据库中选择潜在卖方，也可以通过网络搜索来选择潜在卖方，把他们列入合格卖方清单。买方还可以发布信息邀请书，根据所获取的信息来选择潜在卖方，或者发布资格预审文件，通过资格预审来选择潜在卖方。买方将来只向已列入合格卖方清单的潜在卖方发布招标文件。

选定的卖方是其建议书、投标书或报价书已被买方接受的潜在卖方，也就是平常所说的"中标人"。选定的卖方是投标人在合同生命周期中由潜在卖方转变为卖方的一个过渡状态。在合同生命周期中，潜在卖方在递交了投标书之后就成为"投标人"，其投标书经买方评审并被买方接受后就成为"中标人"，被买方正式授予合同后就成为"卖方"。向选定的卖方正式授予合同，可能需要买方的高级管理层的批准。

2. 共性

都是针对某个单次采购的。虽然在组织过程资产中，有整个组织层面上的合格卖方清单，但在开展具体采购时还需要专门整理出本次采购的合格卖方清单。

3. 联系

买方只会对合格卖方清单内的潜在卖方发售或发布招标文件，所以选定的卖方一定是合格卖方清单中的某个潜在卖方。

4. 区别

（1）虽然《PMBOK®指南》未明确说明，但可以认为合格卖方清单是规划采购管理过程的输出。而选定的卖方是实施采购过程的输出。

（2）合格卖方清单是买方内部产生的文件，而选定的卖方是买方对潜在卖方的投标书进行评审并与其进行合同谈判的结果。

（3）合格卖方清单所列的只是有资格、有能力提供拟采购产品或服务的厂商。选定的卖方是将实际提供拟采购产品或服务的厂商。

（4）在单次采购中，一份合格卖方清单所列的潜在卖方会有多个（一般要求三个以上）。在大多数单次采购中，选定的卖方只有一个。

5. 参阅《PMBOK®指南》第6版中的页码

475，488

核查表 VS 核对单

1. 概念

核查表，也叫计数表，是七大基本质量管理工具之一，是用于按质量问题的类型来收集数据的一种表格（见表1）。在检查质量的过程中，每发现一个特定的质量问题，就立即在表格的相应位置画一条斜杠加以记录（按中国人的习惯，则是画出"正"字中的一横或一竖）。全部检查完毕后，就可以知道每种质量问题出现的总次数。用核查表收集的数据，随后可以用直方图或帕累托图来显示。

表1 核查表示例

问题类型	检查记录	问题总次数
错别字	////	4
漏字	/////	5
多余字	//	2

核对单在《PMBOK®指南》多个地方出现，其本质都一样，只是用于不同的场景。这里只讨论质量管理中的核对单，即"质量核对单"。它是专用于检查质量的一份清单。首先，在管理质量过程中编制出空白的质量核对单（属于"测试与评估文件"的一种）。其中要逐个列出需要核对的事项，并在每个事项的前方或后方预留出用来打钩或打叉的位置。其次，应该在控制质量过程中用质量核对单去检查质量。对于已经按要求达成的事项，就在相应事项的前方或后方预留位置打钩。对于还没有按要求达成的事项就打叉。质量核对单有助于确保各种重要事项不被遗漏。常见的旅行核对单就是一种生活用质量核对单，以便出行前一一核对重要的物件是否都已带好（见表2）。

表2 核对单示例

序　号	核对条目	已经（打钩）或尚未（打叉）备妥
1	护照	
2	酒店预订确认单	
3	车辆预订确认单	
4	1 000 美元钞票	
5	电源转接头	
6	手机	

2. 共性

（1）都是控制质量过程的工具（隶属于"数据收集"大类），都可用于检查项目管理过程的质量，以及可交付成果的质量。

（2）都采用表格的形式。

3. 联系

没有特别值得关注的联系。

4. 区别

（1）核查表仅仅是控制质量过程的工具，核对单是管理质量、控制质量、制订项目管理计划，以及识别风险过程的工具。

（2）核查表用于收集定量的数据，随后可借助直方图、帕累托图等技术对这些数据进行展示和分析。质量核对单只用于回答"是（打钩）"或"否（打叉）"的问题。如果对某个事项的答案是"否"，就必须尽快补做或重做这个事项。

5. 参阅《PMBOK®指南》第6版中的页码

292，302，414，700

核对单 VS 提示清单

1. 概念

核对单在《PMBOK®指南》多个地方出现，其本质都一样，只是用于不同的场景。这里只讨论风险管理中的核对单，即"风险核对单"。它是识别风险过程的工具与技术（隶属于"数据收集"大类），是专用于识别风险的一份清单。首先，要根据历史资料，编制出一份风险核对单，列出在过去同类项目上存在的各种风险。然后，针对本项目的情况，逐一判断每个风险在本项目上是否存在。如果存在，就打钩；如果不存在，就打叉。

提示清单是识别风险过程的工具与技术。提示清单是用于识别风险的出发点，有助于识别出更具体的风险。可以用特别编制的风险分解结构的底层作为提示清单，也可以采用所在组织或行业的某种通用管理框架作为提示清单。例如，根据通用的"人机料法环"框架，进一步识别与人员、机器、材料、方法、环境有关的风险。

2. 共性

（1）都属于定性而非定量的"清单"。

（2）都可以来自组织过程资产，或者都可以来自所在行业，或者都可以是本项目特别编制的。

（3）都有助于更全面地识别项目风险，防止遗漏。

3. 联系

（1）提示清单相当于高层级的核对单。

（2）可以从提示清单出发，编制风险核对单。

4. 区别

（1）核对单更具体，提示清单更概括。例如，在识别风险中，核对单上可能会出现"某个核心技术人员可能离职"这样的具体风险，而提示清单则只列出诸如"人员风险""环境风险""法律风险"等风险类别。

（2）核对单是用来逐项检查并打钩或打叉的，而提示清单是用来作为识别风险的出发点的，以便给人们提供启发。

5. 参阅《PMBOK®指南》第6版中的页码

414，416

核实 VS 确认

1. 概念

核实是指通过检查和提供客观证据，评估项目可交付成果是否满足规定的规格要求，例如，是否符合技术规范、法律规定和质量检测标准等。核实通常是由项目团队开展的一项内部检查和控制工作。如果在检查中发现可交付成果不符合规格要求，就要提出变更请求（缺陷补救建议）。

确认是通过检查和提供客观证据，验证项目可交付成果是否能够满足项目相关方（特别是客户）的特定需求，即可交付成果是否具有项目相关方所需的实用价值。确认通常是由项目团队以外的项目相关方（特别是发起人和客户）对可交付成果的正式验收，项目团队需提供配合。如果在检查中发现可交付成果不能通过验收，就要提出变更请求（缺陷补救建议）。

2. 共性

都要对可交付成果开展实地检查，取得相关的客观证据。

3. 联系

通常，先由项目团队做内部"核实"，再邀请发起人和客户来做外部"确认"。例如，某个可交付成果一旦完成，就要由项目团队通过控制质量过程来核实其是否符合技术要求；如果符合，再由发起人和客户通过确认范围过程来正式验收。

4. 区别

（1）核实旨在保证可交付成果符合技术要求（技术上正确），确认旨在保证可交付成果符合发起人和客户的特定需要（有实用价值），从而能够通过验收。虽然最好同时具备技术正确和实用价值，但是也要注意：技术上正确的东西不一定有用，技术上不完全正确的东西不一定就没有用，不一定就不能通过验收。

（2）核实是由项目团队内部开展的，而确认则是由项目团队以外的发起人和客户开展的（项目团队需提供协助）。

（3）任何可交付成果都要经过核实，但有些中间的可交付成果可能不必由发起人和客户来确认。

5. 参阅《PMBOK®指南》第6版中的页码

166，303，717

核实的可交付成果 VS 验收的可交付成果

1. 概念

核实的可交付成果是已经完成并经实地检查被证实为质量合格的中间、阶段或最终可交付成果。它是控制质量过程的输出，是确认范围过程的输入。

验收的可交付成果是已经完成并经实地检查被确认为符合验收标准，从而被主要项目相关方（特别是发起人和客户）正式接受的中间、阶段或最终可交付成果。它是确认范围过程的输出，结束项目或阶段过程的输入。

2. 共性

（1）都是已经完成的并经实地检查的可交付成果。

（2）都可以是中间、阶段或最终可交付成果。

3. 联系

（1）一个可交付成果完成后，必须及时通过控制质量过程来检查质量是否合格；如果质量合格，再及时通过确认范围过程来检查是否符合验收标准。核实的可交付成果就是质量合格的可交付成果。验收的可交付成果就是符合验收标准的可交付成果。

（2）只有质量合格的可交付成果，才能交由确认范围过程进行验收。

（3）控制质量过程和确认范围过程通常先后进行，但有时也可以同时进行。如果同时进行，那么核实的可交付成果和验收的可交付成果就会同时得到。

4. 区别

（1）核实的可交付成果只是质量合格的可交付成果。而验收的可交付成果不仅是质量合格的，而且是符合范围、进度和成本等方面的验收标准的。核实的可交付成果仅为技术上正确。验收的可交付成果则不仅技术上正确，而且能够满足主要相关方的需求。

（2）某个已经完成的可交付成果，要先成为核实的可交付成果，后成为验收的可交付成果，最后才能通过结束项目或阶段过程移交给客户。

（3）由项目团队自行检查可交付成果的质量，得出核实的可交付成果。由项目团队以外的主要相关方（特别是发起人和客户）检查可交付成果是否符合验收标准，得出验收的可交付成果。

（4）无论是中间、阶段还是最终的可交付成果，都必须经过控制质量过程的检查。虽然阶段和最终的可交付成果必须经过确认范围过程的检查，而某些中间的可交付成果不必经过确认范围过程的检查。

5. 参阅《PMBOK®指南》第6版中的页码

166，305，698，717

横道图 VS 逻辑横道图

1. 概念

横道图，也叫甘特图或条形图。在横道图中，把项目活动列于图的左侧，把日期列于图的顶端，把与项目活动和日期相对应的各条横道列于活动的右侧和日期的下方。其中，横道的长度代表活动的持续时间。横道图，如图 1 所示。

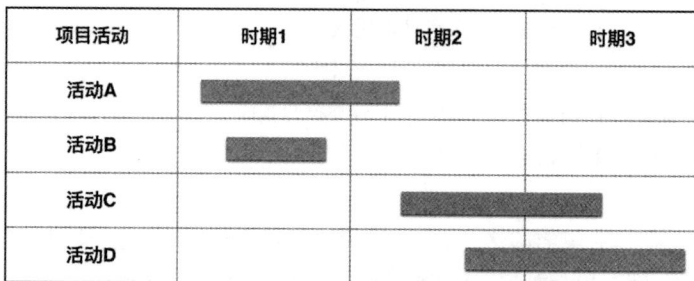

项目活动	时期1	时期2	时期3
活动A			
活动B			
活动C			
活动D			

图 1　横道图示例

逻辑横道图是添加了用于表示活动之间的逻辑关系的箭线（带箭头的线条）的新型横道图。它是进度网络图的一种类型。逻辑横道图，如图 2 所示。

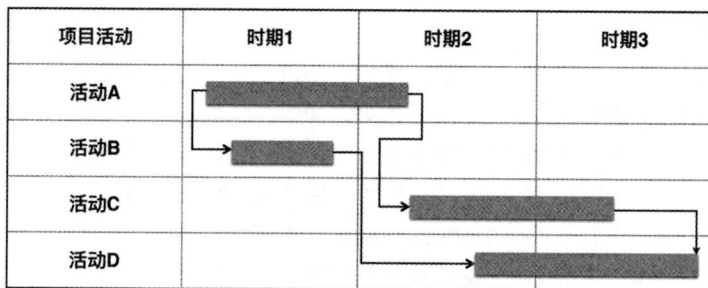

项目活动	时期1	时期2	时期3
活动A			
活动B			
活动C			
活动D			

图 2　逻辑横道图示例

2. 共性

（1）都包括活动名称、日期、持续时间、横道等要素。

（2）都可以展现对项目活动的进度安排。

3. 联系

在横道图上添加用于表示活动之间逻辑关系的箭线，就得到逻辑横道图。

4. 区别

（1）横道图中没有活动之间的逻辑关系，不属于进度网络图。逻辑横道图中有活动之间的逻辑关系，属于进度网络图的一种。

（2）横道图常用于表现概括性进度计划，逻辑横道图常用于表现详细进度计划。

5. 参阅《PMBOK®指南》第 6 版中的页码

217—219，699

活动清单 VS 活动属性

1. 概念

活动清单是定义活动过程的输出。在定义活动过程中，把工作分解结构中的每一个工作包都分解成一系列的进度活动。活动清单就是罗列并简单描述全部进度活动的一份清单。活动清单通常应该包括活动标识、活动名称和活动简述这三项内容。

活动属性也是定义活动过程的输出。它是对活动清单中的每一个进度活动进行更详细的说明。例如，可以补充说明其紧前活动、紧后活动、提前量、滞后量、资源需求、制约因素和假设条件等。

2. 共性

（1）都是定义活动过程的输出，都是排列活动顺序、估算活动持续时间、制定进度计划和估算活动资源这4个过程的输入。

（2）都会列出活动标识、活动名称，都会对进度活动进行描述（只是详细程度不同）。

3. 联系

（1）先有活动清单，再根据活动清单来编制活动属性，以便对活动清单中的活动做进一步的描述。

（2）活动属性与活动清单之间的联系，类似工作分解结构词典与工作分解结构，估算依据与持续时间估算、成本估算或资源需求，前者是对后者的补充说明。

（3）在实际工作中，这两份文件可以合二为一。

4. 区别

活动清单是把项目要开展的活动一个一个地罗列出来，并配以很简单的描述。活动属性则重在对活动清单中的活动进行更详细的描述。

5. 参阅《PMBOK®指南》第6版中的页码

185，186，698

活动清单 VS 里程碑清单

1. 概念

活动清单是定义活动过程的输出。在定义活动过程中，把工作分解结构中的每一个工作包都分解成一系列的进度活动。活动清单就是罗列和简单描述全部进度活动的一份清单。活动清单通常应该包括活动标识、活动名称和活动简述这三项内容。活动的详细描述则包括在定义活动过程的另一个输出"活动属性"中。

里程碑清单也是定义活动过程的输出，用于罗列项目中的全部里程碑。里程碑清单通常应该包括里程碑标识、里程碑名称和里程碑描述等内容。在里程碑描述中应该指明某个里程碑是强制性的还是选择性的。强制性里程碑是项目发起人或其他主要相关方事先强加的，或者因某个客观条件而必须如此的。选择性里程碑是由项目管理团队根据经验自行确定的。

2. 共性

都是定义活动过程的输出。

3. 联系

（1）里程碑总是与某个或一系列进度活动的开始或完成相连的。项目中第一个进度活动的开始就是项目的第一个里程碑，最后一个进度活动的完成就是项目的最后一个里程碑。还可以把项目开始之后完成之前的某个或某些活动的完成设定为中间的项目里程碑。

（2）活动清单中的活动必须服务于里程碑清单中的里程碑的实现。

4. 主要区别

（1）在活动清单中列出全部进度活动，在里程碑清单中列出全部里程碑。

（2）活动清单的可修改性较大，而里程碑清单的可修改性较小，特别是强制性里程碑一般不能修改。

（3）项目团队以外的相关方一般不关心活动清单，但会关心里程碑清单。

（4）活动清单中的"活动"，默认是"进度活动"，但也可以是"概括性活动"（需要特别标明）。里程碑清单中的"里程碑"，默认是"整个项目层面的"，包括整个项目的开始、项目阶段的完成、整个项目的完成，以及关键的外部接口（如重要的外购设备的到货时间）。

5. 参阅《PMBOK®指南》第 6 版中的页码

185，186，698

基于质量和成本 VS 固定预算

1. 概念

基于质量和成本是买方用于评估潜在卖方提交的建议书的一种方法。首先，规定技术方案（质量）和投标报价（成本）的权重，以及打分的规则和标准；然后，按这些规则和标准，对各建议书进行评价和打分；最后，选择加权汇总得分最高的建议书中标。

固定预算也是用于评估潜在卖方提交的建议书的一种方法。首先，排除掉报价超过买方的固定预算的全部建议书；然后，对剩余的建议书进行技术方案评价和打分；最后，选择技术方案得分最高者中标。

2. 共性

（1）都是采购过程中可能使用的，用以评估潜在卖方提交的建议书的方法。

（2）都需要在规划采购管理过程中规定，并写到招标文件中，让潜在卖方知晓。

（3）都需要考虑建议书中的技术方案和投标报价。

3. 联系

可以把"固定预算"看成特殊的"基于质量和成本"。前者的特殊性在于：先从报价（成本）的角度把全部建议书分成"合格"（报价不超过固定预算）和"不合格"（报价超过固定预算）两类，再从合格的建议书中选择技术方案（质量）最优者中标。

4. 区别

（1）使用基于质量和成本法时，必须同时评估建议书的技术方案和报价，技术方案和报价在评估中的重要程度（权重）可能相同或不同；而固定预算法则先把卖方的报价与固定预算比较，然后对报价等于或低于固定预算的建议书，评估其技术方案。

（2）基于质量和成本法的使用场景比较灵活，而固定预算法的使用场景仅限于预算绝对不能突破的情形。

5. 参阅《PMBOK®指南》第6版中的页码

474

基于质量或技术方案得分 VS 基于质量和成本

1. 概念

基于质量或技术方案得分，是用于评估潜在卖方提交的建议书的一种方法。首先，对建议书中的技术方案进行评价和打分；其次，排出各建议书的技术方案得分的高低顺序；最后，从得分最高的建议书开始，依次与潜在卖方谈判其报价是否可接受，从技术方案得分较高的建议书中，选择报价可接受的一家。

基于质量和成本也是买方用于评估潜在卖方提交的建议书的一种方法。首先，规定技术方案（质量）和投标报价（成本）的权重，以及打分的规则和标准；然后，按这些规则和标准，对各建议书进行评价和打分；最后，选择加权汇总得分最高的建议书中标。

2. 共性

（1）都是采购过程中可能使用的，用以评估潜在卖方提交的建议书的方法。

（2）都需要在规划采购管理过程中规定，并写到招标文件中，让潜在卖方知晓。

（3）都需要考虑建议书的技术方案和报价。

3. 联系

可以把"基于质量或技术方案得分"看成特殊的"基于质量和成本"。其特殊性在于：先评价技术方案，排出技术方案优劣顺序；然后评价技术方案最优者的报价是否可接受。如果可接受，就向其授标；如果不可接受，再评价技术方案次优者的报价是否可接受……

4. 区别

（1）相比较而言，在评估潜在卖方的建议书时，基于质量或技术方案得分法更重视技术方案。

（2）基于质量或技术方案得分法，先评估技术方案，再评估报价，以便选择报价可接受的最优技术方案。报价只要可接受即可，不一定是最低的。基于质量和成本法，必须同时评估技术方案和报价，以便选择加权汇总得分最高的建议书。

5. 参阅《PMBOK®指南》第 6 版中的页码

474

基于质量或技术方案得分 VS 固定预算

1. 概念

基于质量或技术方案得分，是用于评估潜在卖方提交的建议书的一种方法。首先，对建议书中的技术方案进行评价和打分；其次，排出各建议书的技术方案得分的高低顺序；最后，从得分最高的建议书开始，依次与潜在卖方谈判其报价是否可接受，从技术方案得分较高的建议书中，选择报价可接受的一家。

固定预算也是用于评估潜在卖方提交的建议书的一种方法。首先，排除掉报价超过买方的固定预算的全部建议书；然后，对剩余的建议书进行技术方案评价和打分；最后，选择技术方案得分最高者中标。

2. 共性

（1）都是买方在采购过程中，用于评估潜在卖方的建议书的方法。

（2）都需要在规划采购管理过程中做出规定，并写到招标文件中，让潜在卖方知晓。

（3）都需要考虑建议书中的技术方案和报价。

3. 联系

在使用"基于质量或技术方案得分"时，可以联合使用"固定预算"，即：在排出技术方案的优劣顺序之后，选择不超过固定预算的最优技术方案中标。在这种情形下，这两种方法就没有实质性区别。

4. 区别

（1）基于质量或技术方案得分法，不需要买方事先确定固定的采购预算；而固定预算法，则需要买方事先确定固定的、不得突破的采购预算。

（2）基于质量或技术方案得分法，选择的最终卖方的价格，可能不是最初提交的报价，而是在最初报价的基础上，经谈判协商后的价格；而固定预算法，选择的最终卖方的价格，是卖方最初提交的报价。

（3）基于质量或技术方案得分法，先评估技术方案，然后再谈价格；而固定预算法，则先比较报价与固定预算，然后再评估技术方案。

5. 参阅《PMBOK®指南》第6版中的页码

474

技术绩效分析 VS 储备分析

1. 概念

技术绩效分析是监督风险过程的工具与技术（隶属于"数据分析"大类），是把项目执行期间所取得的技术绩效与项目计划相比较，发现和分析已经出现的技术绩效偏差，并预测未来的技术绩效偏差，从而确定该如何调整风险应对策略和措施。例如，到未来的某个时点，项目能否实现计划要实现的功能？如果能，这些功能又能否达到所要求的质量？技术绩效分析实际上是针对范围和质量绩效的偏差和趋势分析。

储备分析是估算活动持续时间、估算成本、制定预算、控制成本和监督风险这些过程的工具与技术（隶属于"数据分析"大类）。在规划过程，储备分析主要是根据项目的风险来预留相应的储备时间和资金；而在监控过程，主要是检查剩余风险与剩余储备时间或资金之间的匹配程度，如果不匹配则要对储备时间或资金做相应的调整。这里仅讨论监督风险过程中的储备分析。在监督风险过程中，需要通过储备分析来判断项目的储备时间或资金是否仍然合理；如果不合理，就要提出变更请求。

2. 共性

（1）都是监督风险过程的工具与技术（隶属于"数据分析"大类）。

（2）都会涉及对过去的项目绩效偏差的分析，以及对未来的项目绩效的预测。

3. 联系

做技术绩效分析，可能会发现新的风险；发现了新的风险，就需要再去做储备分析了解剩余的储备时间和资金是否与剩余的风险相匹配。

4. 区别

（1）分析的对象不同。技术绩效分析的对象是包括范围绩效和质量绩效在内的技术绩效。储备分析的对象是项目的进度绩效和成本绩效。

（2）分析的侧重点不同。技术绩效分析，虽然也会预测未来的绩效，但主要是分析过去的实际绩效与计划绩效的偏差。储备分析，虽然也要对过去的实际绩效进行分析，但主要是要预测未来所需的储备时间和资金。

5. 参阅《PMBOK®指南》第 6 版中的页码

456，713

绩效审查 VS 根本原因分析

1. 概念

绩效审查是控制进度、控制质量、控制资源和控制采购过程的工具与技术。它是指测量项目工作的实际绩效，把实际绩效与项目计划做比较，并进一步分析绩效情况，提出必要的变更请求。绩效审查可以采用多种具体的技术来实现，如关键路径法、偏差分析、趋势分析、挣值管理等。绩效审查有助于了解实际工作绩效与计划的偏差情况，为后续的项目绩效预测或提出变更请求提供依据。在《PMBOK®指南》中，未能把绩效审查、偏差分析、趋势分析等概念明确地区分开来。可以理解为，这些概念之间存在相当大的交叉。一般情况下，绩效审查是比偏差分析、趋势分析更大的概念。

根本原因分析是监控项目工作、管理质量、控制质量、识别风险、规划相关方参与和监督相关方参与过程的工具与技术。它是指借助鱼骨图和 5Why 分析（连着追问 5 个"为什么"）等方法，挖掘导致某个或某类问题、偏差、缺陷或风险的根本原因，以便根据识别出的根本原因做出必要的变更。例如，在控制质量过程中，针对某一个具体的质量缺陷去挖掘根本原因（通常是特殊原因，如某个人员的过错）；在管理质量过程中，则针对某一类质量缺陷去挖掘根本原因（通常是系统原因，即系统中的固有的某个原因导致了频繁发生同类质量缺陷）。

2. 共性

（1）都是控制质量过程的工具与技术（隶属于"数据分析"大类）。

（2）都可以用来分析导致问题、偏差或缺陷的原因。

3. 联系

（1）在控制质量过程中，绩效审查的结果是决定是否需要开展根本原因分析的关键因素。

（2）在控制质量过程中，先通过绩效审查分析实际质量绩效偏离计划要求的程度和原因，再用根本原因分析找出导致某个具体质量缺陷的根本原因。

4. 区别

（1）绩效审查是在监控过程组使用的一种数据分析技术，属于事后审查；而根本原因分析不仅可用于监控过程组，也可用于规划和执行过程组，即：可以是事前、事中或事后分析。

（2）绩效审查通常只需要在面上开展，就事论事；而根本原因分析则更注重深入下去，且很可能要上纲上线。

（3）绩效审查的主要目的是查明项目绩效的好坏情况，而根本原因分析的主要目的是要挖掘出导致项目绩效如此之好或坏的根本原因。

5. 参阅《PMBOK®指南》第 6 版中的页码

303，708，714

绩效审查 VS 审计

1. 概念

绩效审查是一种数据分析技术，在多个项目管理过程中应用，包括控制进度、控制质量、控制资源和控制采购。审计也在多个项目管理过程中应用，包括监督风险、管理质量和控制采购过程。下面以采购管理为背景，介绍这两个术语。

绩效审查是由买方根据自身的需要来考核卖方履行合同的绩效，以便全面评价卖方的履约能力，从而决定卖方以后是否有资格继续承接类似的工作。绩效审查的结果可能导致买方修改作为组织过程资产的组成部分的"合格卖方清单"，即将本合同的卖方添加进去或从中删去。绩效审查的结果通常是买方编制卖方绩效评估文件的重要依据之一。

审计是对从规划采购管理到控制采购的全部采购管理过程进行的结构化审查，主要目的是总结本次采购管理的经验教训，以便本项目以后的采购管理或后续其他项目的采购管理做得更好。审计的结果要归入组织过程资产，以便为本项目以后的采购工作或本组织后续其他项目的采购工作提供参考。

2. 共性

（1）都要审查和评价卖方的工作绩效，其结果都是组织过程资产的组成部分，都能为未来的采购工作提供经验教训。

（2）都是由买方独立开展的工作，卖方的参与都不是不可或缺的（当然，根据需要，可以对卖方相关人员进行访谈）。

（3）都要采用结构化的审查方法，其具体的工作方法由买方依据组织的相关规定加以确定，也可以在项目管理计划中予以事先明确。

（4）都是控制采购过程中的工作。

3. 联系

（1）绩效审查的开展情况和结果，将是审计的对象。

（2）审计所总结出的经验教训，可用于改进以后其他采购中的绩效审查。

4. 区别

（1）目的不同。绩效审查旨在评价卖方的整体工作能力，从而决定卖方以后是否有资格继续承接类似的工作；审计旨在总结经验教训，为其他采购工作提供参考。

（2）影响不同。因绩效审查的结果需要写入卖方绩效评估文件，所以会对本合同的执行（如费用支付、是否需要提前终止等）有重要影响。因开展审计时，本合同的执行已基本完成，所以审计的结果不会对本合同的执行造成任何影响。

（3）主持者不同。绩效审查通常由项目团队中的采购管理员主持，相关项目团队成员和组织中招标采购部门的相关人员参与。审计通常由组织中的招标采购部门的负责人主持，该部门的相关人员和相关项目团队成员参与。

5. 参阅《PMBOK®指南》第6版中的页码

498，708，709

加权里程碑法 VS 固定公式法

1. 概念

加权里程碑法是用来计算独立型活动的挣值的一种方法。首先，在项目进度计划中规定为完成工作包或控制账户所需的多个进度里程碑，并根据每个里程碑的大小赋予各里程碑相应的权重。其次，随着项目的进展，在相应里程碑实现时，按事先规定的权重计算挣值。例如某个工作包的总计划价值为 1 000 元，有三个大小不一的里程碑。第一个里程碑的权重为 20%，第二个为 30%，第三个为 50%。在第一个里程碑实现时，挣值=1 000×20%=200（元）。

固定公式法也是用来计算独立型活动的挣值的一种方法，可以把它理解成简化的加权里程碑法。它只设两个里程碑，即：活动开始为第一个里程碑，活动结束为第二个里程碑。这两个里程碑可以有相同或不同的权重，如 50/50 规则——在活动开始时计算已完成 50%的工作，等活动结束时再计算另外的 50%；40/60 规则，30/70 规则，20/80 规则，10/90 规则，甚至 0/100 规则。其中，50/50 规则最常用。从保守的角度讲，一般不会使用"60/40"这类前重后轻的规则。

2. 共性

（1）都可用于计算独立型活动的挣值。

（2）都按事先确定的进度里程碑及其权重来估算挣值，而不是基于对活动完成情况的准确测量。如果基于对活动完成情况的准确测量来计算挣值，那就是完成百分比法——基于准确测量的完成情况，计算出活动完成的准确百分比，并据此计算挣值。

3. 联系

固定公式法其实是更加简化的加权里程碑法。

4. 区别

（1）采用加权里程碑法，可以对活动的完成情况设置两个以上的进度里程碑。而在固定公式法中，只能设置"活动开始"和"活动结束"两个里程碑。

（2）顺便说一下，对于依附型活动，应该采用分摊型投入法来计算挣值。也就是说，独立型活动完成了百分之多少，依附型活动也就相应完成了同样的百分之多少。对于支持型活动，则用人力投入量法来计算挣值，即：只要相应的日历时间过了，应该在该时间内完成的全部支持型活动也就被认为已全部完成，默认没有任何进度提前或落后。

5. 参阅《PMBOK®指南》第 6 版中的页码

182，239

假设情景分析 VS 假设条件和制约因素分析

1. 概念

假设情景分析是制订进度计划和控制进度两个过程的工具（隶属于"数据分析"大类）。它是指通过假设某种有利或不利情景的出现，来考察项目进度计划会受到什么样的影响。例如，假设某关键器件的交货延迟3天，会对项目进度产生怎样的影响；假设某个工作包所涉及的技术问题不能如期解决，又会对项目进度产生怎样的影响。在制订进度计划时，可以通过假设情景分析，来优化进度计划。在控制进度过程中，可以通过假设情景分析，来寻找解决进度落后的最佳方法。

假设条件和制约因素分析是识别风险和规划相关方参与两个过程的工具（隶属于"数据分析"大类）。如果分析显示某个假设条件成立的可能性不大，就应该去掉这个假设条件，并相应列出一个风险。例如，去掉"张三在6月1日按计划到岗"这个假设条件，列出"张三也许不能在6月1日按计划到岗"这个风险。类似地，如果发现某个制约因素可以解除，那么也就识别出了一个作为机会的风险。如果分析显示假设条件或制约因素已经发生变化，或者可以促使其改变，那么就应该相应调整对相关方的管理策略和措施。例如，已经确定的项目建设地点，是一个制约因素，可能直接影响当地或附近居民对项目的态度。如果可以重新选择建设地点，那么居民的态度就可能发生明显的改变，从而对他们的管理策略和措施也需要相应调整。

2. 共性

都涉及对不确定性事件进行分析，从而都有利于识别和应对风险。

3. 联系

通过假设条件和制约因素分析而识别出来的风险，可以成为假设情景分析中的一种假设情景，即：假设该风险发生，将对项目进度计划产生怎样的影响。

4. 区别

（1）在《PMBOK®指南》中，假设情景分析仅针对项目进度计划的可行性，而假设条件和制约因素分析不仅针对项目进度计划所依据的假设条件和制约因素，而且针对项目范围、成本、质量、资源、采购等计划所依据的假设条件和制约因素。

（2）假设情景分析是分析万一某个有利或不利情景出现，项目进度计划将受到怎样的影响；而假设条件和制约因素分析则是分析某种必要的前提条件不能按预期就位的可能性和后果，以及某种客观存在的制约因素可以被解除的可能性和后果。

（3）假设情景分析可以综合考虑多种因素（情景），这些因素（情景）之间通常有较大的牵连。假设条件和制约因素分析是针对单个假设条件或制约因素逐一开展分析，各假设条件或制约因素之间可能没有显著的相关性。

（4）假设情景分析是制订进度计划和控制进度过程的技术。假设条件和制约因素分析是识别风险和规划相关方参与过程的技术。

5. 参阅《PMBOK®指南》第6版中的页码

213，227，415，521，717

假设条件 VS 单个项目风险

1. 概念

假设条件是指无须验证即可视为正确、真实或确定的各种前提条件，相当于数学练习"已知……求证……"中的"已知"。如果假设条件错了，那后面的一切都会跟着错。应该在项目章程中记录一些高层级的假设条件，在专门的假设日志中记录较为详细的假设条件。项目经理应该设法利用假设条件来保护自己。例如，假设资金按时到位，假设掌握某种核心技术的某个人员到项目上工作。可以把必须由公司高级管理人员搞定的各种条件都列作假设条件。如果因假设条件没有到位而导致项目未能在规定的范围、进度、成本和质量之下完工，项目经理的责任就可以相应减轻。

单个项目风险是指一旦发生，会对项目的范围、进度、成本和质量目标的至少一个方面产生积极或消极影响的不确定事件。正面的机会和负面的威胁都是风险。机会和威胁本来就密不可分，相当于一枚硬币的正反两面。风险总是与未来相连的，总是与目标相连的，总是与不确定性相连的。任何并非同时与未来、目标和不确定性相连的事件，都不是项目风险。例如，"李四可能会离职"，是一个不确定性事件，但如果李四的离职对项目目标的实现没有任何影响，那么它就不是项目风险。在风险管理中，人们通常更关注对威胁的管理。下文仅讨论作为威胁的风险。

2. 共性

（1）都有一定的不确定性。即便是假设条件，也存在不成立的可能性。

（2）在启动过程组，既需要识别高层级假设条件，又需要识别高层级单个项目风险。

（3）都是编制项目计划时要考虑的重要因素，都要在规划、执行和监控过程中被审查和更新。

3. 联系

（1）在识别风险时需要分析假设条件不成立的可能性。如果通过分析，发现某个假设条件的不确定性比较大，就应该把它改成风险，并从假设日志中去掉，列入风险登记册。例如，把作为假设条件的"张三到项目团队中工作"，改为作为风险的"张三不能到项目团队中工作"。

（2）某单个项目风险，涉及的假设条件越多，其发生的可能性就越大。任何一个假设条件不成立，该风险就会发生。例如，某足球队还存在理论上的出线可能性，就意味着需要多个假设条件同时成立。只要任何一个假设条件不成立，球队不能出线的风险就会发生。

4. 区别

（1）不确定性大小不同。假设条件的不确定性非常小，以至于可以忽略不计。风险则具有相对较高的不确定性。

（2）对项目的作用不同。假设条件的成立，对项目有积极的作用。消极风险的发生，对项目有消极的影响。

（3）可管控程度不同。假设条件往往是项目团队不能控制但又必须具备的外部客观或主观条件。例如，假设天气正常，假设高级管理人员支持项目。单个项目风险（未知未知风险除外）大多是可以由项目团队加以预防、管理和控制的。

5. 参阅《PMBOK®指南》第 6 版中的页码

81，397，409—411，698

注：第 698 页的"假设"，其实就是"假设条件"，只是译文不一致。

价值工程 VS 价值分析

1. 概念

首先需要说明,"价值工程"与"价值分析"这两个词,经常是等同的,可以替换使用。它们都是为了提高产品或作业的性价比(性能除以成本所得到的商)而开展的创造性活动。如果一定要把价值工程与价值分析区分开来,那就是它们适用于不同的产品阶段。价值工程适用于产品设计定型之前,价值分析适用于产品设计定型之后。

价值工程是在产品开发设计阶段进行的功能与成本革新活动。价值工程涉及价值、功能和生命周期成本三个基本要素。价值是指性价比,是功能与生命周期成本的比值;功能主要指产品的使用功能;生命周期成本包括产品的生产成本和使用成本。在产品开发设计阶段,可以通过同时改变产品的功能和生命周期成本,来提高性价比。

价值分析是指,在产品开始大规模生产后,由于生产成本或利润压力,通过降低生产成本以提高产品价值的革新活动。应用价值分析时,产品功能已经确定,只能通过降低生产成本来提高性价比。与价值工程相比,价值分析方法只能设法降低生产成本,不能改变产品功能,所以灵活性较小。

2. 共性

(1)两者都能提升项目产品的性价比。

(2)它们都需要综合考虑项目成本、质量、进度和范围之间的关系。

(3)它们都是在定义项目的范围时,所使用的产品分析技术。

3. 联系

(1)可以在应用价值工程之后继续应用价值分析,来最大限度地提高产品或作业的性价比。

(2)在编制项目计划时,可以应用价值工程来综合考虑产品范围和成本;而后,在项目执行和监控中再使用价值分析来控制成本。

4. 区别

(1)在产品范围确定之前使用价值工程,在产品范围确定之后使用价值分析。

(2)在价值工程中,用于计算性价比的分子(功能)和分母(成本)可以同时改变,以求结果最大。在价值分析中,则是在确保分子(功能)不变的前提下降低分母(成本),以求结果最大。

5. 参阅《PMBOK®指南》第6版中的页码

153

监控项目工作 VS 实施整体变更控制

1. 概念

监控项目工作是项目整合管理知识领域中的一个监控过程。它要结合项目管理计划、项目文件和协议中的要求，汇编产生于各个基层监控过程的工作绩效信息，形成工作绩效报告，并提出必要的变更请求。相对于控制范围、确认范围、控制进度、控制成本、控制质量、控制资源、监督沟通、监督风险、控制采购和监督相关方参与等基层监控过程，监控项目工作过程是更高的、在整个项目层面上的监控。各基层监控过程的输出都是监控项目工作过程的输入。

实施整体变更控制也是项目整合管理知识领域中的一个监控过程。它要根据项目管理计划、项目文件和工作绩效报告，对所有已经提出的变更请求进行审查，做出批准、否决或悬置的决定。审批变更请求时，必须全面考虑所建议的变更（采取预防措施、纠正措施或缺陷补救措施，或修改计划）可能给项目各方面带来的综合影响，确保只有从总体和全局有利于项目的变更才能被批准，防止因局部利益而损害全局利益。无论是在哪个项目管理过程中提出的哪种变更请求，都必须报给实施整体变更控制过程审批。

2. 共性

（1）都属于监控过程组，都属于整合管理知识领域。

（2）都要从整个项目的全局出发考虑问题。

3. 联系

（1）监控项目工作过程所提出的变更请求，要提交给实施整体变更控制过程审批。

（2）实施整体变更控制过程所得到"批准的变更请求"，要交给指导与管理项目工作过程执行；同时要通过控制质量过程来检查已批准的变更请求的执行情况，检查的结果要记录在质量控制测量结果中；已批准的变更请求的执行情况，又要通过监控项目工作过程写入工作绩效报告。

4. 区别

（1）作用不同。监控项目工作过程旨在监控项目绩效，提出必要的变更请求。而实施整体变更控制过程则旨在综合评审变更可能对项目的综合影响，对已提出的变更请求做出审批决定。

（2）不具有或具有唯一性。监控项目工作过程只是会提出变更请求的 24 个项目管理过程之一。而实施整体变更控制过程则是用于审批变更请求的唯一过程。

（3）参与者不同。通常，监控项目工作过程是由项目经理带领项目管理团队来开展的，而实施整体变更控制过程的参与者则不局限于项目经理及其项目管理团队，还包括需要参与变更评审的其他重要相关方。特别是，对于会影响项目目标的重大变更，必须由变更控制委员会通过实施整体变更控制过程来做出审批决定。变更控制委员会是由主要项目相关方的代表所组成的一个正式委员会，专门对重大变更进行审批。

5. 参阅《PMBOK®指南》第 6 版中的页码

105，113，707，708

检查 VS 绩效审查

1. 概念

在《PMBOK®指南》中，检查是确认范围、控制质量、控制采购过程的工具。绩效审查是一种数据分析技术，在控制进度、控制质量、控制资源、控制采购过程中应用。这里仅讨论控制采购过程中的检查和绩效审查。

检查是由买方根据合同规定来核实卖方的工作过程或工作结果（可交付成果）符合合同要求的程度，以便决定是否该向卖方付款，是否该向卖方提出纠偏要求或缺陷补救要求，是否该向卖方提出索赔要求。检查也包括对卖方合同范围内的项目工作及其可交付成果的质量检查（控制质量）和范围验收（确认范围）工作。

绩效审查是由买方根据自身的需要来考核卖方履行合同的绩效，以便全面评价卖方的履约能力，从而决定卖方以后是否有资格继续承接类似的工作。绩效审查的结果可能导致买方修改作为组织过程资产的组成部分的"合格卖方清单"，即将本合同的卖方添加进去或从中删去。绩效审查的结果通常是买方编制卖方绩效评估文件的重要依据之一。

2. 共性

（1）都是控制采购过程的工具与技术，都是买方对卖方工作情况的考核工作。

（2）都需要依据合同规定、买方自己收集的卖方工作绩效数据和卖方提交的工作绩效报告。

（3）它们的结果都需要写入工作绩效信息，并进一步写入"卖方绩效评估文件"。

3. 联系

（1）卖方报送给买方的工作绩效报告，可由买方同时用于"检查"和"绩效审查"。

（2）买方在检查中发现的情况，可能引发开展绩效审查。例如，买方在检查中发现卖方的多个工作过程不符合合同要求，就可能要进一步开展绩效审查，从整体上分析卖方的工作能力或商业信誉。

4. 区别

（1）目的不同。检查旨在核实卖方的工作是否符合合同要求，决定是否该给予付款，是否该要求卖方纠偏或补救缺陷，是否该要求卖方赔偿损失。而绩效审查旨在评价卖方的整体工作能力，决定卖方以后是否有资格继续承接类似的工作。

（2）依据不同。检查必须按合同规定的时间、方式和标准来开展。买方不能超越合同规定开展检查。绩效审查的依据则非常灵活，完全取决于买方自己的需要。买方可以在自己认为必要的任何时间，用自己喜欢的任何方式（只要不干扰卖方的工作），按自己认为合适的任何标准，来开展绩效审查。

（3）参与者不同。检查由买方开展，卖方必须参与和配合。取决于合同规定，买方招标采购部门的工作人员可以参与或不参与检查。绩效审查则由买方独立开展，卖方不必参与。买方招标采购部门的工作人员通常要参与绩效审查。

5. 参阅《PMBOK®指南》第6版中的页码

498，705，708

建设团队 VS 管理团队

1. 概念

建设团队是项目资源管理中的执行过程之一。它是指开展各种各样的团队建设活动来提高团队成员个人的工作能力和团队整体的工作能力，降低团队成员的离职率，提高团队的凝聚力，并最终提高项目绩效。团队建设活动既可以是随同日常工作开展的活动，如项目状态审查会议上的 5 分钟团队建设活动，也可以是在工作场所之外专门开展的活动，如拓展训练。应该特别注意在各种日常工作中融入团队建设的内容，把需要多人协同开展的各种工作都作为团队建设活动，例如大家在一起编制工作分解结构、大家在一起解决问题、大家在一起开会，都必须要达到一定的团队建设的效果。

管理团队也是项目资源管理中的执行过程之一。它是指了解团队成员的工作态度和工作表现，对不符合要求的工作态度和工作表现提出纠正要求（变更请求）。应该及时发现并解决团队中的冲突，应该根据项目绩效来反思团队成员的表现，应该把了解到的情况反馈给团队成员。从表面看，这个过程很像监控过程。在《PMBOK®指南》中之所以把它列为执行过程，主要就是为了强调项目经理在管理项目团队时绝不能居高临下，绝不能把自己置于旁观者的位置，简单地去监督团队成员的态度和表现，而必须实实在在地把自己作为项目团队的一员，认认真真地与其他团队成员打交道。

2. 共性

（1）都是项目资源管理知识领域的执行过程。

（2）都是为了提高团队绩效和项目绩效。

3. 联系

（1）建设团队过程的输出"团队绩效评价"是管理团队过程的输入之一。

（2）在实际工作中，两者无法截然分开，通常是一边建设团队，一边管理团队。《PMBOK®指南》中把它们分开，仅仅是为了便于解释。

4. 区别

（1）建设团队过程相对在前，是前瞻式、推动式的管理过程。它是基于对哪些活动有利于团队建设的预测，来开展这些活动，推动团队的发展。管理团队过程相对在后，是回顾式、拉动式的管理过程。它是基于对团队成员工作态度和工作表现的回顾，来发现不足之处，把他们的态度和表现拉回到所要求的水平（拉动团队的发展）。

（2）建设团队过程的主要输出是团队绩效评价——用来记录团队建设效果的文件。管理团队过程的主要输出是变更请求——关于如何解决团队成员的工作态度和表现的问题的建议。

5. 参阅《PMBOK®指南》第 6 版中的页码

336，345，703，706

渐进明细 VS 范围蔓延

1. 概念

渐进明细是指随着时间的推移、信息的增加和情况的明朗，而对项目计划进行逐渐细化。也就是说，先编制粗略的、高层级的项目计划，再定期或不定期地随时间推移来编制越来越详细的项目计划。例如，对项目的目标、项目产品的功能和项目的范围，都需要逐渐细化。渐进明细往往要借助滚动式规划的方法来实现，即：对近期就要开展的工作编制详细的计划，而对远期才要开展的工作则先编制粗略的计划，以后再随时间推移来逐渐细化。

范围蔓延是指未经过项目变更控制程序的项目范围的逐渐扩大。每一次范围蔓延的幅度可能很小，以至于人们意识不到范围正在或已经发生变化。这种幅度很小、一点一点的范围蔓延，如果不加以控制，就会积累成实质性的范围扩大，从而给项目带来极为不利的影响，如项目产品不符合原定要求、工期严重拖延、成本严重超支。项目管理团队必须特别注意防止发生范围蔓延。

例如，上街买衣服。在家里做好了买一件衣服的计划，然后在逛街的过程中逐渐确定衣服的款式、颜色等，这就是渐进明细。如果在促销员的不断诱惑下，超出原计划地购买了 3 件衣服，这就是范围蔓延。女士上街买衣服，特别容易发生范围蔓延——失去控制的范围逐渐扩大。

2. 共性

（1）范围蔓延是针对项目范围而言的，渐进明细中也包括对项目范围的逐渐细化，即：从项目章程到项目范围说明书，再到工作分解结构和工作分解结构词典。

（2）都可能导致项目变更。一旦发现已经发生的范围蔓延，就要采取纠偏措施予以纠正。在对项目计划进行逐渐细化时，可能发现原定计划需要修改。

3. 联系

如果不对项目范围的渐进明细进行有效控制，那么渐进明细就可能演变成范围蔓延。一旦超出了项目范围边界，就不再是正常的渐进明细，而是范围蔓延。

4. 区别

（1）渐进明细是项目的特点之一，是任何项目都需要经历的正常状态，是人们要追求的。而范围蔓延是范围变更失控的表现，是非正常状态，是需要预防和控制的。

（2）渐进明细必须在项目的范围边界之内进行，绝对不能超出范围边界；而范围蔓延是超出项目范围边界的、失去控制的范围变更。

（3）渐进明细具有预见性，是按事先规定的时间间隔来进行的；而范围蔓延具有隐蔽性，往往是不容易发现的小幅度范围扩大。

（4）渐进明细可以针对项目的成本、进度、范围、质量、风险等多方面；而范围蔓延仅仅针对项目范围。

5. 参阅《PMBOK®指南》第 6 版中的页码

168，185，565，710，715

交叠 VS 迭代

1. 概念

在项目生命周期中，项目阶段之间的关系可以是顺序、交叠或迭代关系。顺序关系是指前一个阶段完成后，才开始后一个阶段。交叠关系是指在前一个阶段还未结束时就开始后一个阶段，两个阶段部分并行开展。并行开展两个阶段的工作，不仅会导致在交叠期间需要更多的资源，而且可能导致返工的风险。例如，设计还没有全部完成，就开始施工，就可能导致施工返工。

迭代关系就是循环关系，且每一次循环的水平会更高。迭代关系指两个阶段执行基本相同的项目活动，但后一个阶段的项目活动会在更高的水平上进行。每一次迭代都会开发出功能更加完善的产品原型（初级产品），直到最终开发出能满足需求的成品。例如，秘书帮领导写发言稿，就需要用迭代的方法。秘书先根据领导的最初意见写出第一个草稿（原型），交给领导评审。这是第一次迭代。领导提出意见后，秘书再写第二个草稿，并交给领导评审。这是第二次迭代。依次进行，直到写出令领导满意的稿子。

2. 共性

无论是交叠或迭代关系，每个项目阶段的结束都会提出阶段可交付成果，都需要通过一定的阶段评审和验收。

3. 联系

如果后一个迭代期在前一个迭代期还未完成时就开始，那么两个迭代期之间也就是交叠关系。

4. 区别

（1）交叠关系是两个项目阶段在执行顺序上相互交叉、部分并行。迭代关系是指同性质的工作在不同项目阶段不断重复进行。

（2）在交叠关系中，前后两个阶段的工作通常是完全不同的，如设计阶段的设计工作与建造阶段的建造工作。而在迭代关系中，前后两个阶段的工作性质相同，但后一个阶段的工作有更大的深度。伴随迭代而来的是增量，即工作深度的增加、产品功能的完善。

（3）在交叠关系中，各阶段的工作不同，故所需的成员工种也不同，如设计阶段只需要设计人员，建造阶段只需要建造人员。而在迭代关系中，每个迭代期都要开发出综合性的原型，故都需要全部的工种，如同时需要设计人员、建造人员和测试人员。

（4）交叠是为了缩短项目工期，很可能提高返工的风险。迭代是为了渐进明细，通过开发原型来降低成品不被客户接受的风险。

5. 参阅《PMBOK®指南》第 6 版中的页码

19

焦点小组 VS 名义小组技术

1. 概念

焦点小组是一种一对多的群体访谈方式，由主持人组织一组被调查者（组成焦点小组），针对提出的问题，展开互动式讨论，得出有价值的集体一致意见。焦点小组成员均为同一领域的主题专家，都熟悉与会议主题密切相关的特定领域。例如，收集需求时，应该由用户的代表组成焦点小组，了解他们对所讨论的产品的期望和要求。焦点小组会议必须由训练有素的主持人主持，由他引导大家展开讨论并逐渐达成一致意见。同时，还需要一位训练有素的记录员，由他记录讨论过程，并在会议结束之后整理出会议纪要，概括出大家的一致意见。

名义小组技术是一种特殊的、更加结构化的头脑风暴法。名义小组是指没有经过正式建设的小组。有两种常见的做法。第一种做法的步骤是：① 宣布会议主题和规则；② 把参会者分成多个名义小组（每组有约 5 名成员），按小组在规定时间内开展讨论；③ 名义小组自动解散，所有成员重新归为一个大组，开展头脑风暴；④ 得到头脑风暴的结果（最有价值的一些创意）。第二种做法的步骤是：① 宣布会议主题和规则；② 由每个成员花几分钟静思并写下自己所想到的所有主意；③ 主持人依次请每个成员提出一个主意，分多轮进行直到每个成员说完自己的所有主意；④大家对主意进行讨论，以便对每个主意的理解基本一致；⑤ 由全体成员投票，选出最有价值的一些主意。

2. 共性

（1）都是群体研讨会，都需要训练有素的主持人。

（2）都是收集需求过程的工具与技术，最终都是要获得集体的意见（不关注成员各自的意见）。

3. 联系

（1）用焦点小组收集到的相关方需求或专家意见（可能是存在的问题或解决问题的建议），可以作为专门的议题，提交给更大的群体用名义小组技术进行讨论。

（2）用名义小组技术得到的结果，也可以提交给焦点小组进行更深入的讨论。

4. 区别

（1）参加焦点小组的专家来自同一领域，专家人数较少（6~10 人）。参加名义小组技术的专家不必来自同一个领域，专家人数较多（总人数无严格限制，但划分后的名义小组要控制在约 5 名成员）。

（2）焦点小组的程序比较单一，可以仅通过互动式讨论来达成集体意见。而名义小组技术通常要采用多步骤的程序，见前文概念部分。

（3）在《PMBOK®指南》中，焦点小组是数据收集技术的子技术，名义小组技术是人际关系与团队技能的子技术（列为数据收集技术，也许更合理）。

5. 参阅《PMBOK®指南》第 6 版中的页码

142，144—145，704，707

解决方案需求 VS 项目需求

1. 概念

解决方案需求是为同时满足业务需求和相关方需求，项目产品必须具备的功能和非功能特性。它要回答的问题是：项目团队要开发的产品应该具有什么样的功能，以及应该具有什么样的其他特性以确保这些功能得以实现？解决方案需求又可分为功能需求和非功能需求。前者是项目产品必须具备的功能，如手机必须能够打电话；后者是用来支持功能需求的，是项目产品正常运行所需的条件，如手机正常工作所需的温度和湿度范围、手机不易摔坏等。只有在非功能特性的支持下，项目产品才能发挥既定的功能。解决方案需求也就是产品需求，决定项目的产品范围。

项目需求是为了完成符合解决方案需求的项目产品而必须执行的项目工作，以及开展这些工作所需的条件。项目需求主要包括所需开展的项目工作（狭义的项目范围）及这些工作的质量、进度和成本要求。

各种需求之间的关系，如图1所示。

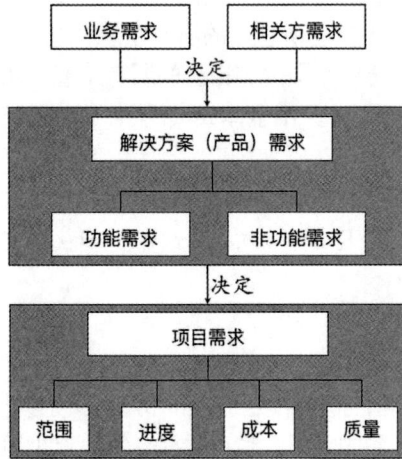

图1　各种需求之间的关系

2. 共性

（1）都是为了满足业务需求和相关方需求。

（2）共同决定广义上的项目范围。

3. 联系

（1）解决方案需求在很大程度上决定着项目需求。例如，采用何种质量验收标准和方法（属于项目需求）取决于要实现何种产品功能（属于解决方案需求）。

（2）只有实现了项目需求，才能实现解决方案需求，即：只有做了该做的事情，才能实现项目产品应有的功能。

4. 区别

（1）解决方案需求针对产品范围，而项目需求针对项目范围（狭义）。

（2）识别解决方案需求的主要依据是业务需求和相关方需求。而识别项目需求的主要依据是相关方需求和解决方案需求。

（3）识别解决方案需求时，重点考虑要做出什么项目产品，即做事的结果。识别项目需求时，重点考虑要做哪些事情及该如何做，即做事的过程。

5. 参阅《PMBOK®指南》第6版中的页码

148

紧迫性 VS 邻近性

1. 概念

紧迫性，是指风险的紧迫性，是为有效应对风险，而必须采取应对措施的时间段。如果过了这个时间段，应对效果就会很差甚至完全无效。时间短，就说明紧迫性高，反之亦然。

邻近性，是指风险的邻近性，是风险在多长时间后会影响一项或多项项目目标。时间短，就说明邻近性高，反之亦然。

还有一个类似的概念，潜伏期，是指从风险发生到影响显现之间的时间段。潜伏期可长可短。

假设团队成员必须去一个有传染病传播的疫区办事。进入疫区，团队成员就面临被传染得病的风险。好在可以事先打疫苗加以预防。团队成员计划在当前日期 75 天后进入疫区，而打疫苗需要 30 天才能产生抗体，所以最晚必须在第 45 天打疫苗。这个 45 天就是风险的紧迫性，即：必须在 45 天内打疫苗。这个病被染上之后，通常需要 60 天才发病，这个 60 天就是风险的潜伏期。一旦发病了，团队成员就无法工作，就会影响项目目标。从当前日期开始计算，这个风险最早可能在 135 天（75 天+60 天）后对项目目标产生影响。这个 135 天就是风险的邻近性。如图 1 所示。

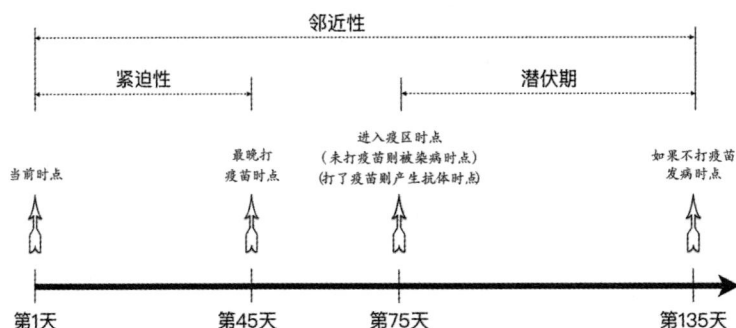

图 1　风险的紧迫性、潜伏期和邻近性示例

2. 共性

（1）都属于在实施定性风险分析过程中需要评审的其他风险参数（除了风险的概率和影响之外的其他风险特征）。

（2）都用时间段表示，都与风险的紧急程度有关。邻近性和紧迫性越高，则表示风险越紧急。

3. 联系

（1）一般而言，邻近性高的风险，紧迫性也高；邻近性低的风险，紧迫性也低。但也不是绝对的。从图 1 可看出，邻近性=紧迫性+潜伏期+措施生效时间。如果潜伏期或措施生效周期很长，则可能出现紧迫性很高但是邻近性不高的情况。例如，不良生活习惯（抽烟、熬夜等）导致慢性病的风险，可能要到中老年才发病（潜伏期很长），发病之后又要过较长时间才会影响工作（邻近性很低）；但又必须尽快改变不良生活习惯（紧

112

迫性很高）。

（2）紧迫性高的风险，如果及时有效应对，其邻近性可能大大降低。

4. 区别

紧迫性与有效应对风险相关联，也就是说，紧迫性高的风险，必须及时采取风险应对措施，否则风险应对措施会降效或无效。而邻近性与风险后果的实际发生或到来相关联，也就是说，邻近性高的风险，其后果近在眼前，邻近性低的风险，风险后果的发生或出现，尚须时日。

5. 参阅《PMBOK®指南》第 6 版中的页码

424

进度管理计划 VS 项目进度计划

1. 概念

进度管理计划是关于如何编制项目进度计划及如何监控项目进度绩效的程序性计划。也就是说，进度管理计划要规定将如何开展项目进度管理知识领域中的定义活动、排列活动顺序、估算活动持续时间、制订进度计划及控制进度过程。进度管理计划的主要内容包括：进度计划编制方法、工期的计量单位、工期估算所需的准确性、考察进度绩效的方法、允许出现的最大进度绩效偏差（控制临界值）等。它是项目管理计划的组成部分。

项目进度计划是采用进度管理计划中规定的方法和程序，经过定义活动、排列活动顺序、估算活动资源（资源管理知识领域）、估算活动持续时间和制订进度计划这些过程而得到的实体性进度计划。它规定具体的项目活动应该何时开始、何时结束、由何人进行等。项目进度计划通常包括三种：里程碑进度计划、概括性进度计划、详细进度计划。

2. 共性

（1）进度管理计划是项目管理计划的组成部分。经过高级管理层审批的里程碑进度计划和概括性进度计划，就是进度基准，也是项目管理计划的组成部分。

（2）都是控制进度过程的输入。

3. 联系

（1）必须根据进度管理计划来编制、更新和修改项目进度计划。

（2）随着项目进度计划的编制，可能需要更新进度管理计划。

4. 区别

（1）内容不同。进度管理计划是程序性计划（可以类比法律中的刑事诉讼法），是一套关于如何制订、更新和修改项目进度计划，如何监控项目进度绩效的制度或办法。而项目进度计划则是实体性计划（可以类比法律中的刑法），是依据进度管理计划的规定，通过汇编活动清单、活动属性、活动逻辑关系、活动资源需求、活动持续时间等而得出的，关于活动开展时间和里程碑实现时间的计划。

（2）目的不同。进度管理计划用来指导进度管理工作，而项目进度计划则用来安排具体项目活动应该在何时按何顺序实施。进度管理计划通常仅供项目管理团队成员使用，不供一线项目活动执行人员使用。

（3）呈现形式不同。进度管理计划主要以文字表示，以少量图表配合。项目进度计划主要以图形表示，以文字说明配合。项目进度计划中的里程碑进度计划常以里程碑图来表示，概括性进度计划常以横道图来表示，详细进度计划常以网络图来表示。

（4）可修改性不同。进度管理计划作为项目管理计划的组成部分，是经过领导审批的，一般不会轻易改变。虽然项目进度计划中的里程碑进度计划和概括性进度计划也不会轻易改变，但是其中的详细进度计划必须随项目的进展而动态更新甚至修改。

5. 参阅《PMBOK®指南》第 6 版中的页码

181—182，217—219，711，715

进度活动 VS 概括性活动

1. 概念

进度活动是要列入详细进度计划的最低层次的活动。通过定义活动过程，把工作分解结构中的每一个工作包都分解成相应的进度活动。同属于一个工作包的全部进度活动都完成了，该工作包也就同时完成了。任何一个工作包都要分解成至少两个进度活动。

概括性活动，也叫汇总活动（Hammock Activity），是由两个或更多的进度活动所组成的更大活动。任何一个工作包都要通过一个或多个概括性活动来完成，即：这个或这些概括性活动完成了，相应的工作包也就同时完成了。概括性活动要列入概括性进度计划，也要列入详细进度计划。

例如，为了完成"问卷调查表"这个工作包，就需要完成"设计问卷调查表"这个概括性活动和以下进度活动：起草问卷调查表、修改问卷调查表、定稿问卷调查表。

2. 共性

（1）都是为完成工作包所必需的项目活动。

（2）都要列入项目的详细进度计划。

3. 联系

（1）先从工作包分解出概括性活动，再从概括性活动分解出进度活动。

（2）只有完成了全部进度活动，才能完成相应的概括性活动；只有完成了全部概括性活动，才能完成相应的工作包。

4. 区别

（1）进度活动是层次最低的具体的项目活动，概括性活动是比进度活动更高层次的项目活动。一个概括性活动由至少两个进度活动组成，这些进度活动都完成了，该概括性活动也就完成了。

（2）进度活动必须在详细进度计划中列出，但不出现在概括性进度计划中。概括性活动要同时出现在详细进度计划和概括性进度计划中。

（3）在开展定义活动过程时，对于将在远期才开展的工作包，可以暂时只把它分解到概括性活动的层次，以后再用滚动式规划的方法分解出更多的进度活动。

（4）进度活动主要供项目团队成员开展项目工作用（从细节入手），概括性活动则主要供项目相关方了解项目进度计划或进度绩效的总体情况（从大局着眼）。

5. 参阅《PMBOK®指南》第6版中的页码

183，194，698，716

进度模型 VS 项目进度计划

1. 概念

把进度数据（如活动名称、持续时间、逻辑关系）输入进度计划编制软件，就得到进度模型。也就是说，进度模型是填有进度数据的进度计划编制软件。

项目进度计划是采用进度管理计划中规定的方法和程序，经过定义活动、排列活动顺序、估算活动持续时间和制订进度计划这些过程而得到的实体性进度计划。它规定具体的项目活动应该何时开始、何时结束、由何人进行等。项目进度计划通常包括里程碑进度计划、概括性进度计划和详细进度计划。

2. 共性

（1）有时，进度模型和进度计划具有等同的含义，可以替换使用。

（2）都需要随着项目进展而动态更新。例如，每两周更新一次。更新是指随着项目进展，不断地用实际进度数据替代计划进度数据，得到新的进度模型和进度计划。例如，某活动的计划持续时间为 5 天，而实际上只用 4 天就完成了，在该活动完成之时，就必须把进度模型中该活动的持续时间改为 4 天，从而基于该进度模型所得的项目进度计划也会自动更新。

3. 联系

通常需要按以下步骤编制进度计划：

（1）选择进度计划编制方法，如关键路径法。

（2）选择进度计划编制软件，如 Microsoft Project，来实施已选定的编制方法。

（3）获取进度数据，如活动名称、持续时间、逻辑关系等。进度数据是为编制进度计划所需的各种数据。

（4）把进度数据输入进度计划编制软件，得到进度模型。

（5）点击软件中的不同菜单项，用进度模型生成各种进度计划，如里程碑进度计划、概括性进度计划、详细进度计划、最早开始进度计划、最晚开始进度计划、资源限制型进度计划、目标进度计划、逻辑横道图进度计划、节点图进度计划等。

（6）点击软件中的不同菜单项，用进度模型生成其他进度资料，如资源柱状图。

4. 区别

（1）进度模型是填有全部进度数据的进度计划编制软件。进度计划则是通过点击软件中的特定菜单项，基于一些特定的进度数据、按特定的规则所生成的多种版本的进度计划。

（2）从同一个进度模型中可以生成多个不同版本的进度计划。

5. 参阅《PMBOK®指南》第 6 版中的页码

176，182，217—219，711，715

进度偏差 VS 成本偏差

1. 概念

进度偏差（SV）是截至项目执行的某时点实际发生的进度提前或落后情况。在挣值管理中，计算公式为：进度偏差（SV）=挣值（EV）–计划价值（PV），计算结果代表多做或少做了多少钱的工作。在挣得进度管理中，计算公式为：进度偏差（SV）=挣得进度（ES）–实际时间（AT），计算结果代表进度提前或落后了多少时间（如天）。

成本偏差（CV）是截至项目执行的某时点实际发生的成本节约或超支数，计算公式为：成本偏差（CV）=挣值（EV）–实际成本（AC）。

2. 共性

（1）都是挣值管理中用于衡量项目绩效的概念，都与挣值（EV）有关。

（2）都是大于 0 表示绩效好，小于 0 表示绩效不好。

（3）它们的计算必须基于同样的时间点和同样的项目范围。例如，都是基于 2018 年 12 月 31 日的数据来计算，都是针对某个控制账户来计算。

3. 联系

（1）在挣值管理中，计算进度偏差和成本偏差都是以挣值为基础的。

（2）通常要同时计算，综合考察项目截至某时点的进度绩效和成本绩效。如果只计算某一个指标，就会导致片面性。

4. 区别

（1）进度偏差用于考察进度绩效，成本偏差用于考察成本绩效。

（2）进度偏差既可以在挣值管理中计算，也可以在挣得进度管理中计算。成本偏差不需要在挣得进度管理中计算。

5. 参阅《PMBOK®指南》第 6 版中的页码

233，262，702，715

进度网络分析 VS 关键路径法

1. 概念

进度网络分析是指综合应用各种具体的进度网络分析技术，来制订项目进度计划，例如关键路径法、资源优化技术和建模技术。可以把"进度网络分析"理解为"各种具体的进度网络分析技术的统称"。

关键路径法是在不考虑资源限制的情况下，基于给定的活动工期和逻辑关系，先从项目的第一项活动开始，沿每条网络路径顺推，计算出每个活动的最早开始时间和最早完成时间，以及整个项目的完成时间；再从项目的完成时间出发沿每条网络路径逆推，计算出每个活动的最晚完成时间和最晚开始时间。在进度网络图中，总工期值最长的那条或那几条路径就是关键路径，即不能有任何延误的路径。如果关键路径有任何延误，项目就不能按期完工。

2. 共性

（1）都是制订进度计划过程的工具与技术。

（2）关键路径法是最基本的进度网络分析技术。

3. 联系

（1）必须先用关键路径法编制出理论上可行的进度计划（因为没有考虑资源限制，所以只是理论上可行），才能用其他技术（如资源优化、进度压缩）进一步开展进度网络分析，编制出实际上可行且最优的进度计划。

（2）它们之间是"单个"与"综合"的关系。关键路径法是一种单一的进度网络分析技术，而进度网络分析则是各种进度网络分析技术的综合，其中包括关键路径法。

4. 区别

（1）关键路径法除了是制订进度计划过程的工具与技术，同时还是控制进度过程的工具与技术，而进度网络分析只是制订进度计划过程的工具与技术。

（2）关键路径法是一种单一的进度网络分析技术，而进度网络分析则是各种进度网络分析技术的综合。

（3）注意：在《PMBOK®指南》制订进度计划过程中，把"进度网络分析"这个统称与"关键路径法"等具体技术并列，并不合理。

5. 参阅《PMBOK®指南》第 6 版中的页码

209，210—211，702，715

精确度 VS 准确度

1. 概念

在项目质量管理中，精确度是指多次做同一件事（例如多次进行质量测量），所取得的结果之间的接近程度。接近程度越高，精确度也就越高。在项目成本管理中，成本估算的精确度则是根据活动和项目规模设定的成本计量单位取整的程度，例如：精确到千元，是指取整到千元，而对千元以下的数字进行四舍五入。

在项目质量管理中，准确度是指实际取得的质量绩效与目标绩效之间的差异程度，或者是指质量的实际测量值与真实值之间的差异程度。差异程度越小，准确度也就越高。在项目成本管理中，成本估算的准确度则是指成本估算值与实际值之间的差异程度，例如准确度为±10%的成本估算，是指将来的实际成本必须落在成本估算的±10%的区间内，不得突破这个区间。

下文仅讨论项目质量管理中的精确度和准确度。图1显示了精确度和准确度的四种不同组合。在质量管理中，既要有一定的精确度，又要有一定的准确度。

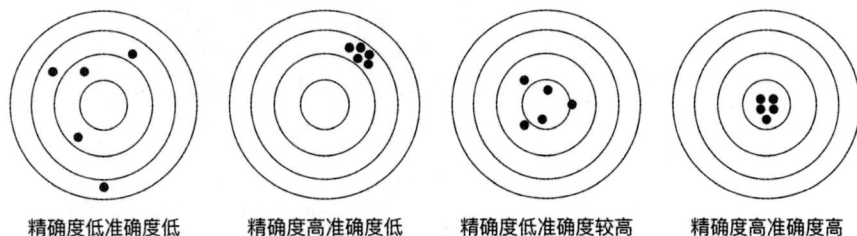

| 精确度低准确度低 | 精确度高准确度低 | 精确度低准确度较高 | 精确度高准确度高 |

图1　精确度和准确度的不同组合

2. 共性

（1）都是项目质量管理中的要求，既要达到较高的精确度，又要达到较高的准确度。

（2）从质量测量的角度讲，都基于统计的独立性原则，即：多次测试之间相互独立，互不影响。

3. 联系

如图1所示，假设是士兵打靶。打中中心，分值最高；打中中心以外圆环，分值依次降低；脱靶则为零分。从理论上说，六发子弹都打中中心是最好成绩（图1最右边）。图1最左边，精确度低，准确度也低。图1左二，虽然准确度不高，但精确度高；可能是因为瞄准器校准问题。图1右二，虽然都在中心附近，但存在一定的波动，水平不稳定。只有兼具较高的精确度和准确度，做事的结果才具有较大的意义。

4. 区别

（1）精确度是各结果之间的接近度，准确度是单个结果与目标要求之间的接近度。

（2）精确的未必准确，准确的也未必精确。

（3）精确度与准确度的区别，如图2所示。

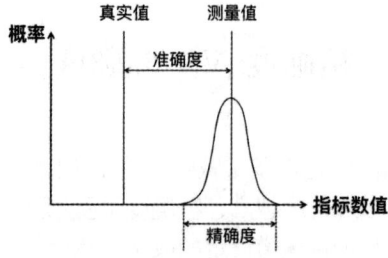

图 2　精确度与准确度的区别

5.　参阅《PMBOK®指南》第 6 版中的页码

182，238

净现值 VS 内部报酬率

1. 概念

现值是未来的一笔钱在"现在"这个时点的价值，例如，一年后的 100 元只值今天的 90 元，这个"90 元"就是 100 元在今天的现值。更通俗地讲，一年后的 100 元与今天的 90 元，在价值上完全相等。计算现值，需要用贴现率对未来的钱进行打折。例如，用 10%的年贴现率，就可以计算出一年后的 100 元的现值是 90 元。净现值就是收入的现值减去支出的现值所得到的差额。因为收入和支出都往往不止一笔，所以又需要计算累计净现值。从理论上讲，任何累计净现值大于零的项目都有利可图。

内部报酬率是项目的累计净现值刚好为零时的贴现率。它代表着一个项目的盈利空间的大小，或抵抗风险的能力的大小。内部报酬率越高，就代表用来失误的空间越大，反之就越小。就像你参加考试，60 分及格，你的真实水平是 90 分，那么就算失误掉 30 分你仍然能及格。这个 30 分换算成比率，就是你的内部报酬率。如果你的真实水平只有 65 分，那么你的失误空间就只有 5 分，稍微失误就会不及格。

2. 共性

（1）都是在项目启动过程中用于评价项目的商业可行性的重要经济指标。都考虑了货币的时间价值。

（2）都基于同样的基础数据，即：对项目投资和收入的分年度预测数据。

（3）都基于同样的产品生命周期，即：计算的时间段完全一样。

（4）都是衡量盈利能力的经济指标，都是越大越好。

3. 联系

（1）计算内部报酬率和计算累计净现值是紧密相连的，因为内部报酬率就是累计净现值为零时的贴现率。

（2）计算内部报酬率需要通过计算累计净现值来实现。即：不断用假设的贴现率去计算累计净现值，直到计算出的累计净现值为零。

4. 区别

（1）累计净现值是考虑了货币的时间价值之后的预计投资效益。内部报酬率则只是在内部用于考核项目抗风险能力大小的一个指标。

（2）各备选项目基于累计净现值的排序结果，可能与基于内部报酬率的排序结果不完全相同。如果二者出现矛盾，则还要根据其他指标来综合判断，决定具体选哪个项目上马。

5. 参阅《PMBOK®指南》第 6 版中的页码

233

纠正措施 VS 缺陷补救

1. 概念

纠正措施是针对实际已经发生且已超过控制临界值的项目绩效不利偏差而采取的措施，以便把项目绩效拉回到项目计划的要求上来。纠正措施可以用来解决范围、进度、成本和质量等方面的过大不利偏差。通常，有两种纠正措施，即：立即纠正措施（Immediate Corrective Action）和彻底纠正措施（Basic Corrective Action）。立即纠正措施是指立即将出现偏差的工作矫正到正确的轨道上；彻底纠正措施则要在彻底弄清工作绩效偏差产生的根本原因的基础上，再针对根本原因制定有效的解决办法。《PMBOK®指南》中所述的纠正措施显然是彻底纠正措施。为了使纠正措施能彻底解决偏差，所有的纠正措施建议必须以变更请求的形式提出，并经全面的综合评审后才能被批准或否决。

缺陷补救是针对实际已经出现的项目可交付成果的功能缺陷（缺失所需的功能，或已有功能未达到技术要求）而采取的措施，以便使可交付成果的功能符合项目的范围和质量要求。范围要求是指必须有哪些功能，质量要求是指功能必须满足哪些技术参数。在软件开发行业，缺陷又常被称为 BUG，缺陷补救就是 BUG 修复。必须在深入分析缺陷产生的根本原因的基础上，再提出缺陷补救建议。缺陷补救建议必须以变更请求的形式提出，并经全面的综合评审后才能被批准或否决。

2. 共性

（1）都要以变更请求的方式提出，并经综合评审后才能被批准或否决。

（2）都是事后采取的被动措施。

（3）都是为了确保项目目标（包括项目范围、进度、成本和质量要求）的实现。

3. 联系

纠正措施针对项目活动执行过程中的偏差，缺陷补救则针对可交付成果的功能缺陷。如果纠正措施做得好，就很可能不需要缺陷补救；如果纠正措施做得不到位，那么就几乎必然要进行缺陷补救。

4. 区别

（1）对象不同。纠正措施可以针对项目范围、进度、成本、质量、风险等方面的工作绩效，而缺陷补救则只针对项目范围和质量问题所导致的可交付成果功能缺陷。纠正措施针对项目活动（做事的过程），而缺陷补救针对活动的结果（可交付成果）。

（2）问题的严重程度不同。在质量控制图中，如果质量偏差突破了控制界限或出现了七点规则的情况，但并未突破规格界限，那就只需要采取纠正措施。一旦质量偏差突破规格界限，就意味着出现了产品质量缺陷，那就必须进行缺陷补救。

（3）可辨识度不同。缺陷补救所针对的问题往往是很明显的，就像火灾已经发生，大家都能清楚地看到。而纠正措施所针对的问题，就具有较大的隐蔽性，必须仔细分析才能发现。就像在火灾尚未发生时，只有通过认真检查和分析，才能发现各种火灾隐患。

5. 参阅《PMBOK®指南》第 6 版中的页码

96，701，702

矩阵图 VS 优先矩阵

1. 概念

矩阵图有多种不同的形式，这里仅讨论最常用的倒 L 形矩阵图。它是用来把各种原因与各种问题进行一一配对联系的一种表格。通常，在第一行列出各种原因，在第一列列出各种问题，并在行列交叉的位置展示原因和问题之间的关系类型和强弱。应该事先定义用于表示关系类型和强弱的符号和数字，例如，可用正负号表示"正相关"和"负相关"，用 0 表示"不相关"，用 1~5 表示关系从弱至强。在项目质量管理中，可以借助矩阵图，把可能出现的所有质量问题，以及会导致质量问题的所有原因都罗列出来，并对问题和原因进行配对联系。见表 1。

表 1　矩阵图示例

	原因 1	原因 2	原因 3	原因 4	原因 5
问题 1	0	−1	+3	+4	+5
问题 2	−2	−3	0	+3	+4
问题 3	0	+3	−2	+4	−5
问题 4	−3	−2	0	+2	+3
问题 5	0	−2	+3	+1	+4

优先矩阵是用多种标准对多个备选方案进行优先级排序的一种表格，常用于开展多标准决策分析。通常，在第一行列出各种评价标准，在第一列列出各种备选方案，并在行列交叉的位置用每一个标准对每一个方案进行打分。打分完毕后，再汇总得出每一个方案的总分，并依总分的高低对全部方案进行优先级排序。如果各标准的重要性有差别，在汇总之前，就应该先对各标准赋予相应的权重；然后再计算每一个方案的加权汇总得分，并据此排列优先级。表 2 是 5 个候选对象的优先矩阵表。

表 2　优先矩阵示例

	家庭背景	工作	收入	性格	业余爱好	总计	排序
张三	4	2	2	1	4	13	2
李四	2	2	2	2	3	11	4
王五	2	1	3	4	2	12	3
陈六	3	4	4	2	2	15	1
赵七	1	3	1	3	1	9	5

2. 共性

（1）都是规划质量管理和管理质量过程的工具与技术（矩阵图隶属于"数据表现"大类，优先矩阵隶属于"决策"大类中的"多标准决策分析"）。

（2）都用表格的形式，都需要主观打分。

3. 联系

可以针对矩阵图中的每一个问题制定多种备选的解决方案，再用优先矩阵来选择最合理的方案。

4. 区别

（1）矩阵图只分析问题和原因之间的相关性类型和强弱，而不对问题进行排序。优先矩阵不仅要评价各方案满足各标准的程度，而且最终要对备选方案进行排序。

（2）矩阵图中的原因通常没有权重。优先矩阵中的标准往往有不同的权重，越重要的标准权重就越大。

（3）矩阵图中可以不用任何数字，而只是用非数字的符号来表示关系类型和强弱。优先矩阵则一定要用数字来表示各方案在某个标准上的得分值。

5. 参阅《PMBOK®指南》第6版中的页码

283，284，707

可交付成果 VS 产品、服务或成果

1. 概念

项目是为创造独特的产品、服务或成果而进行的临时性工作。有的项目是为了形成有形的产品，例如研发新产品、建设房屋。有的项目是为了形成某种服务能力或者给客户提供某种个性化服务，例如，航空公司开辟新的客运航线、旅游服务公司提供定制旅游服务。有的项目是为了形成不能被归类于产品或服务的其他成果，例如，科研项目开发出的新知识、组织机构重组项目所形成的新型组织结构。也有的项目会同时形成有形的产品、无形的服务能力和其他的成果。例如，培训公司开设新的培训课程，就需要研制出作为有形产品的教材和教具，设计出代表无形服务能力的服务流程，并总结出作为其他成果的经验教训供以后项目借鉴。

可交付成果是在某一过程、阶段或整个项目完成时，必须产出的独特且可核实的产品、服务或成果。可交付成果必须能够满足某种需求（有人想要它），必须是项目团队能够在规定的时间和成本之内做出来的，必须可以核实其是否真的已做出来并且真的符合要求。《PMBOK®指南》中每一个项目管理过程的每一个输出（Output）都是具体的可交付成果。可交付成果移交运营使用后，才能产出所需的结果（Outcome）。

项目管理特别强调以可交付成果为导向。做项目，就是要在规定的范围、时间、成本和质量要求下，把既定的可交付成果做出来。在编制项目章程时，要规定所需取得的高层级可交付成果；在编制项目计划时，要在工作分解结构中对高层级可交付成果进行分解，列出所需取得的全部可交付成果；在项目执行中，要按计划做出实实在在的可交付成果；在项目监控中，要检查可交付成果是否符合要求；在项目收尾时，要对最终可交付成果进行最终验收并把它们移交给项目发起人或客户。

2. 共性

（1）都是指项目实施过程中或项目结束时提交出来的某种可核实的具体成果。

（2）做项目就是要形成最终的可交付成果，即：最终的产品、服务或成果。

3. 联系

（1）产品、服务或成果是可交付成果的不同的、具体的表现形式。

（2）可交付成果是所有项目产品、服务或成果的统称。

（3）项目工作的任何产出（输出）都是可交付成果，其具体表现形式可以是产品、服务或成果。

4. 区别

可交付成果是更笼统、抽象的概念，而产品、服务或成果是更狭义、具体的概念，是对可交付成果的具体分类。

5. 参阅《PMBOK®指南》第6版中的页码

4，95， 702

控制界限 VS 规格界限

1. 概念

控制界限是控制图中的重要因素，是允许出现的最大质量偏差，而不需要采取任何纠正措施。它由控制上限和控制下限构成，是用来判断生产过程是否稳定、是否受控的临界线。如果质量偏差落在控制上限和控制下限之内，且没有出现"七点规则"的情况，那么生产过程就是稳定并受控的，就不需要采取任何纠正措施。一旦质量偏差超出控制上限或控制下限，就说明生产过程已经失控，就应该开展调查并采取必需的纠正措施。即便质量偏差落在控制界限以内，但如果有连续 7 个点都在中心线（目标值）的同一边或呈同方向变化，那么就应该根据"七点规则"宣布生产过程失控，并开展调查、采取必要的纠正措施。针对重复性的生产过程，控制界限通常设在中心线两侧三个标准差的位置。

规格界限也是控制图中的重要因素，是允许出现的最大质量偏差，而不需要对可交付成果进行质量缺陷补救。规格界限由规格上限和规格下限构成，是用来判断可交付成果（如产品）是否有质量缺陷的临界线。如果质量偏差落在规格上限和规格下限之内，那么可交付成果的质量就是合格的。一旦质量偏差突破规格上限或规格下限，就表明可交付成果的质量不合格，必须进行缺陷补救。规格界限通常是技术规范中规定的、必须达到的最低要求。

2. 共性

（1）都是控制图中的重要因素。

（2）都要在规划质量管理过程中确定，并在控制质量过程中用来作为质量监控的依据。

3. 联系

（1）通常规格界限位于控制界限之外。

（2）如果过程失控（突破控制界限）长期得不到纠正，就必然会导致结果失控（突破规格界限）。

4. 区别

（1）控制界限是项目团队内部的要求，是"系统的声音"。规格界限则是客户的要求，是"客户的声音"。万一规格界限不在控制界限之内，那就意味着客户的要求超出了项目团队或生产系统的能力所及。

（2）控制界限通常是用相关数据、经统计计算得出的。规格界限通常是由客户或法规强加的。规格界限也称为公差，表示客户可接受的区间。

（3）控制界限针对生产过程。规格界限针对可交付成果。

（4）如果超出控制界限但未超出规格界限，需要采取纠偏措施。如果超出规格界限，则需要采取缺陷补救措施。

（5）控制界限用虚线表示，规格界限用实线表示。

5. 参阅《PMBOK®指南》第 6 版中的页码

274，304，701，715

控制账户 VS 规划包

1. 概念

控制账户是工作分解结构中某个层次上的要素,一个控制账户可以包括几个工作包或规划包。控制账户是项目经理的管理控制点,项目经理会针对控制账户检查和考核项目的执行情况,报告项目绩效,例如,计算挣值管理中的各种指标。对低于控制账户的要素的绩效,项目经理不直接关心,而是由那些要素的负责人关心。通常,在项目管理计划中指定哪些 WBS 要素是控制账户。在 WBS 中设置控制账户,要遵循适当的原则,过高不能有效地监控项目进展,过低则导致管理工作过于烦琐。

规划包是工作分解结构中某条分支底层的,人们对其尚未完全了解的要素,需要用特定颜色或符号来标注,以便与工作包和控制账户区分开来。规划包是这样的可交付成果:人们知道它是一个什么成果,但不知道要开展哪些具体的进度活动才能把它做出来。对某个可交付成果,如果无法明确地识别出要开展的进度活动,就应该暂时把它标注为"规划包"。等以后掌握了足够的信息,再把规划包改成"工作包",或把它进一步分解为几个更小的可交付成果,即分解成几个工作包。

2. 共性

(1)都是工作分解结构中的要素。

(2)都可以向下分解成两个或更多个工作包。

3. 联系

通常,规划包是在控制账户之下,工作包之上的 WBS 要素。两者之间的关系,如图 1 所示。

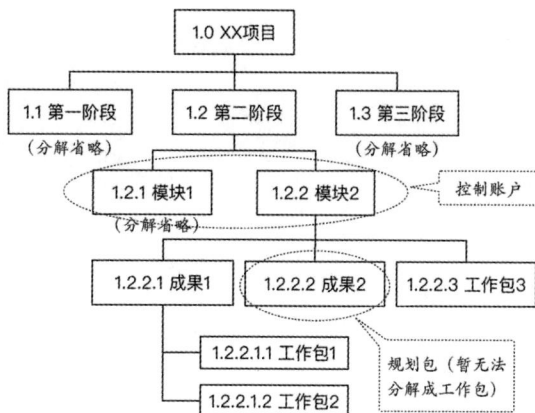

图 1　控制账户和规划包示例

4. 区别

(1)在工作分解结构中必然有控制账户,但不一定有规划包。

(2)通常,规划包是工作分解结构中低于控制账户、高于工作包的要素。

（3）控制账户是一个管理控制点，而规划包是由于信息不全暂时无法进一步分解的要素。

（4）应该监控控制账户的实施绩效，但无须监控规划包的实施绩效。规划包，只是暂时用于计划的编制，而不能付诸实施。规划包，必须等掌握了足够的信息，被分解成工作包后，才能付诸实施，并被监控。一旦分解成了工作包，那么它就不再是规划包了。

（5）规划包是工作分解结构某条分支的底层要素，但控制账户不一定是底层要素。

5. 参阅《PMBOK®指南》第 6 版中的页码

161，239，701，708

类比估算 VS 参数估算

1. 概念

类比估算是根据已经完成的类似项目、阶段或活动的实际工期、成本或资源，凭经验来主观估算即将开展的项目、阶段或活动所需的工期、成本或资源。例如，以前类似项目的实际成本是 100 万元，当前项目也差不多，所以估计也需要 100 万元。在项目的启动阶段和规划阶段早期，由于所掌握的项目信息不足，通常只能由项目发起人、高级管理者或项目经理凭经验来对项目所需的总工期、总成本或总资源进行类比估算。类比估算的准确性取决于以往项目、阶段或活动与本项目、阶段或活动之间的类似程度，估算者的经验，以及已知的本项目、阶段或活动情况。

参数估算是基于已完成项目、阶段或活动的历史数据，在一个或多个自变量与一个因变量之间建立起某种定量的统计关系，再依据这种统计关系来预测因变量的值。如果要估算项目、阶段或活动的工期、成本或资源，那么自变量就是会影响工期、成本或资源的多种因素，因变量就是项目、阶段或活动的工期、成本或资源。例如，以前的类似项目花了 100 万元，种了 1 000 棵树，当前项目要种 5 000 棵树，那么估计需要（100 万元/1 000 棵）×5 000=500 万元。回归分析是一种常用的参数估算方法。参数估算的准确性取决于自变量和因变量之间的关系强弱、历史数据的真实性、历史数据的数量多少，以及本项目或活动的参数（自变量）的数据的可靠性。

2. 共性

（1）都可用于估算项目、阶段或活动的工期、成本或资源；都是估算活动持续时间、估算成本和估算活动资源三个过程的工具与技术。

（2）都需要依据已完项目、阶段或活动的历史数据。

3. 联系

（1）可以在信息不足时，用类比估算；待获得更多数据后，再用参数估算。

（2）两者的结果，可以在一定程度上交叉验证。如果两个结果差别很大，就需要分析原因。

4. 区别

（1）通常，类比估算在项目启动阶段和规划阶段早期使用，而参数估算则在规划阶段中期（可以获得自变量的数据时）使用。

（2）类比估算是凭经验进行的主观估算，由不同的人来做，结果往往差别较大。参数估算是依据历史数据之间的统计关系而进行的客观估算。只要所依据的历史数据及所确定的自变量是一样的，任何人都可以得出完全相同的参数估算结果（因变量的值）。

（3）通常，类比估算比较方便快捷，不需要使用计算公式，准确性较低。而参数估算则相对比较费时费力，需要使用计算公式，准确性较高。

（4）PMP®考试中也可能考到作为参数估算的"学习曲线"。学习曲线是指随着生产产量的不断增加，工人每生产一个单位产品所需要的时间会呈现一定规律的下降，也就是"熟能生巧"。在参数估算中，回归分析比学习曲线更常用。

5. 参阅《PMBOK®指南》第 6 版中的页码

200，201，244，324，698，708

类比估算 VS 自下而上估算

1. 概念

类比估算是根据已经完成的类似项目、阶段或活动的实际工期、成本或资源，凭经验来主观估算即将开展的项目、阶段或活动所需的工期、成本或资源。在项目的启动阶段和规划阶段早期，由于所掌握的项目信息不足，通常只能由项目发起人、高级管理者或项目经理凭经验来对项目所需的总工期、总成本或资源进行类比估算。类比估算的准确性取决于以往项目、阶段或活动与本项目、阶段或活动之间的类似程度，估算者的经验，以及已知的本项目、阶段或活动情况。类比估算也可以看作自上而下估算。

自下而上估算与类比估算相反，是先估算每一个活动或工作包的持续时间、成本或资源，然后逐层向上汇总，直到得到整个项目的持续时间、成本或资源估算值。自下而上估算是一种更为准确的估算方式，但是估算过程也需要花更多的时间和成本。注意：对概括性活动或工作包的持续时间进行自下而上估算，需要考虑活动之间的逻辑关系，不能把各个活动的持续时间简单相加，因为可能有些活动之间存在并行开展或有提前量和滞后量的逻辑关系。

2. 共性

都可用于估算活动或项目的工期、成本和资源，都是估算活动持续时间、估算成本、估算活动资源这三个过程的工具。

3. 联系

可以在信息不足时，用类比估算；待获得更全面数据后，再用自下而上估算。

4. 区别

（1）通常，类比估算在项目启动阶段和规划阶段早期使用，而自下而上估算则在规划阶段中后期（可以获得更全面的项目信息时）使用。

（2）类比估算是凭经验进行的主观估算，由不同的人来做，结果往往差别较大。自下而上估算则是完全客观的估算，不管由谁来做，所得的结果都一样。

（3）类比估算与自下而上估算的不少特点正好相反。类比估算耗时短，能快速做出估算，但是准确性一般，通常在掌握项目信息不足时使用，主要由高级管理层、发起人或项目经理来做出估算；而自下而上估算耗时长，但是估算的准确性较高，通常在掌握了项目方方面面的详细信息后才能进行，主要由最熟悉相关活动或工作包的项目团队的成员来做，并由项目经理进行汇总和调整，得出整个项目的估算结果。

5. 参阅《PMBOK®指南》第6版中的页码

200，202，244，324，698

里程碑进度计划 VS 详细进度计划

1. 概念

里程碑进度计划是最高层次的项目进度计划，其中只列出里程碑及其计划的实现时间。里程碑是项目开始、项目结束、项目期间的阶段结束，以及项目期间的关键外部接口（如必须取得的外部审批）。里程碑是一些重要的事件或时点，持续时间为零，不消耗任何资源。

详细进度计划是最低层次（最详细）的项目进度计划，除了列出里程碑和概括性活动及其进度安排以外，还要列出每一个进度活动、各进度活动之间的逻辑关系，以及各进度活动的进度安排（何时开始何时结束）。详细进度计划通常用网络图表示，即节点图或逻辑横道图。

介于里程碑进度计划和详细进度计划之间的，则是概括性进度计划，其中要列出里程碑和概括性活动及其进度安排。概括性活动是由两个或更多进度活动所组成的更大活动。概括性进度计划通常用传统的横道图表示。

2. 共性

（1）都是项目进度计划的表现形式，都属于项目的实体性计划（不同于作为程序性计划的进度管理计划）。

（2）里程碑进度计划和概括性进度计划都需高级管理层审批。经批准后，它们共同构成项目的进度基准。

3. 联系

（1）在详细进度计划中，通常也包含概括性进度计划和里程碑进度计划的全部内容。

（2）低层次的进度计划服务于高层次的进度计划。

（3）在项目管理软件中，这三个进度计划可以包含在同一个表格中。选择隐藏全部进度活动，就能够仅显示概括性进度计划和里程碑进度计划。选择隐藏全部进度活动和概括性活动，就能仅显示里程碑进度计划。

4. 区别

（1）在启动过程组编制的项目章程中就有最初的里程碑进度计划（以后需要在规划过程组进一步明确，如添加一些里程碑，把里程碑的实现时间具体到某天）。概括性进度计划和详细进度计划则只有在规划过程组才能编制。

（2）里程碑进度计划和概括性进度计划是项目基准的组成部分，必须经高级管理层审批（其中的某些时间要求可能是高级管理层强加的）。详细进度计划是项目团队自编自用的，不需报高级管理层审批，但不能违反里程碑进度计划和概括性进度计划。

（3）在里程碑进度计划中，只需用菱形或里程碑旗等标识在适当位置标志出里程碑。概括性进度计划用传统的横道图表示，其中不显示活动之间的逻辑关系。详细进度计划用网络图表示，其中必须显示活动之间的逻辑关系。

（4）详细进度计划的变更，只要不影响项目进度基准，就不需要高级管理层审批。概括性进度计划和里程碑进度计划的变更，必须经高级管理层审批。

5. 参阅《PMBOK®指南》第6版中的页码

217—219，707

连通性 VS 密切度

1. 概念

连通性是指某单个项目风险与其他单个项目风险存在关联的程度大小。如果该风险与多个其他风险存在密切的关联，那么其连通性就高。如果该风险是孤立的，与任何其他风险都不存在关联，那么它就没有连通性。与某风险相关联的其他风险越多，该风险的连通性就越高。对连通性高的风险进行管理，就会出现"牵一发而动全身"的效果。

密切度是指某单个项目风险被多少相关方认为要紧的程度，可以看作相关方数量与被认为的要紧程度的乘积之和。例如，把要紧程度分成从 1（完全不要紧）到 5（特别要紧）的五个级别，认为某风险一般要紧（3）、较为要紧（4）和特别要紧（5）的相关方分别是 3 个、5 个和 2 个，那么该风险的密切度就是：（3×3）+（5×4）+（2×5）=39。一个风险，关注它的相关方越多，其密切度就越高。如果没有任何一个相关方关注，它就一点密切度都没有，也就可以忽略不管。

2. 共性

都属于实施定性风险分析过程要评估的其他风险参数，即：除风险概率和影响这两个主要风险参数之外的其他风险参数。

3. 联系

连通性高的风险很有可能会被更多的相关方关注，从而其密切度也会高。

4. 区别

（1）高低程度不一定呈同向变化。连通性高的风险，如果相关方都不认为要紧，其密切度就低。密切度高的风险，如果是相对孤立的，其连通性就低。

（2）联系的对象不同。连通性体现的是风险与风险之间的联系，而密切度体现的是风险与相关方之间的联系。

（3）管理的侧重点不同。从连通性这个角度进行风险管理，就要重点管理多个风险之间的相互影响，以及它们联合对整体项目风险的影响。从密切度这个角度进行风险管理，则要重点关注相关方的风险态度、风险承受力、风险偏好和沟通需求，例如可以对相关方进行安抚，以便减轻他们对于某个威胁的担忧。

5. 参阅《PMBOK®指南》第 6 版中的页码

424

良好实践 VS 最佳实践

1. 概念

良好实践是指在大多数时候适用于大多数项目的，被业界公认为有效的知识或技术。如果人们对某个知识或技术是什么，应该要如何应用，以及应用之后能够取得良好的效果，都已经达成基本共识，那么这个知识或技术就是良好实践了。良好实践，其实是通用且成熟的知识或技术，也就是原理性的知识或技术。

最佳实践是指在某种特定的场景中已经被有效应用的知识或技术。"特定的场景"可以是具体的行业、具体的组织、具体的项目特征等，"有效应用"是指应用的过程有据可查，且已经取得有据可查的良好效果。

2. 共性

（1）都是从过去的项目管理实践中提炼出来的有效实践。

（2）都可以为以后的项目管理工作提供借鉴。

3. 联系

（1）可以从众多的最佳实践中提炼出更加概括的良好实践。"提炼"是指剥离掉具体的应用场景，把所有最佳实践的共性挖掘出来。例如，项目管理五大过程组就是提炼出来的良好实践。

（2）把某种良好实践应用于某个具体的项目，又可以形成某种或某些最佳实践。例如，把项目管理五大过程组应用于某个项目，可以形成开展规划工作的某个或某些最佳实践。

4. 区别

（1）良好实践是脱离了具体的应用场景而存在的原理性知识或技术。最佳实践是在某种特定的应用场景中的有效知识或技术。最佳实践离不开具体的应用场景。

（2）良好实践一定是通用且成熟的。最佳实践则不一定通用，也不一定成熟，可能只是在某种特定的场景中有效，在其他场景中不一定同样有效。

（3）《PMBOK®指南》所描述的是项目管理的良好实践，而不是最佳实践，因为它没有描述知识或技术的应用场景。

（4）某个公司的项目管理办公室应该针对本公司特定的场景（如项目类型）开发出项目管理的最佳实践。

（5）最佳实践可以作为标杆用来做标杆对照用，良好实践则不能。

5. 参阅《PMBOK®指南》第6版中的页码

2，28，143，281

领导力 VS 影响力

1. 概念

领导力是指领导者的品质和能力。领导者只有具备了特定的品质和能力，才能让下属自觉地跟随他。领导者的主要任务是创建愿景，把愿景传达给下属，以及带领下属朝愿景努力。愿景是领导者想要实现的未来状况。虽然项目经理在整个项目生命周期中都需要具备有效的领导力，但是在项目早期具备有效的领导力特别重要。在项目早期要创建项目愿景，并与团队成员沟通项目愿景。处于领导职位的人必须具备有效的领导力，以便领导下属达成愿景。

影响力是指在没有正式权力（职位权力）的情况下，使他人服从自己的能力。例如，以身作则、采用透明的决策过程、有效使用人际关系技能，都有利于建立自己的影响力。在实际工作中，项目经理往往没有足够的正式权力，必须更多地依靠自己的影响力来领导项目团队。影响力与职位没有直接关系，而是与专家权力、参照权力、魅力权力及人际互动权力有直接关系。

2. 共性

（1）在《PMBOK®指南》中，它们都是项目经理必须具备的人际关系与团队技能。

（2）它们的目标是一致的，都是要促进团队为实现共同目标而努力。

（3）它们都需要激发起团队成员对工作的投入感和敬业度。

3. 联系

（1）成功学大师戴尔·卡耐基曾说，"领导力的核心是影响力，一个能影响他人的人才能领导他人"。一个领导者的本领，不在于他如何亲自做多少事，而在于他能发动多少人做多少事。领导力和影响力会同时体现在同一个人身上，无法截然分开。

（2）影响力可以增强领导力，领导力可以使影响力的范围更广、力度更强。两者相互支持、相互促进。

4. 区别

领导力通常与特定职位的正式权力有直接关系，即：职位越高、正式权力越大的人，通常就具有越大的领导力。而影响力则与职位和正式权力没有直接关系。即便要考察处于领导职位者的影响力的大小，也必须基于他没有来自该职位的任何正式权力的假设，来考察他让别人服从自己的能力。

5. 参阅《PMBOK®指南》第6版中的页码

350

流程图 VS 控制图

1. 概念

流程图是规划质量管理和管理质量过程的工具（隶属于"数据表现"大类）。它是流经一个系统的信息流、观点流、部件流或活动流的图示。经常可以用流程图来展现生产线上的工艺流程，或为完成一项任务所必需的管理流程，或为解决特定问题所需的一系列步骤。流程图中至少要包括：流程起止、行动、行动顺序和决策点这四大要素。通常，用椭圆形表示流程的起止，用长方形框表示行动，用箭线表示行动顺序，用菱形表示决策点。在规划质量管理过程中，可用流程图来分析生产过程的哪个环节最容易出问题。在管理质量过程中，可按流程图去保证质量。流程图，实际上也可用于控制质量过程，即：根据流程图来分析生产过程的哪个环节实际已经出问题。如图 1 所示。

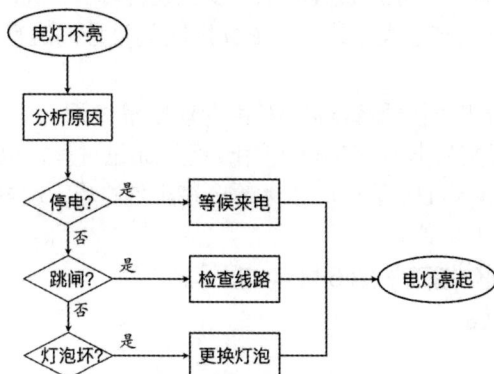

图 1　流程图示例

控制图是控制质量过程的工具（隶属于"数据表现"大类），用于监测生产过程随时间推移的变化情况，并判断生产过程是否处于受控状态。控制图中的基本要素包括：质量目标值、控制上限和下限、规格上限和下限。控制上限和下限是通过统计计算确定的、一个稳定过程的自然波动区间（如±3 西格玛）。如果质量偏差落在控制上限和下限之内，且无七点规则的情况，那么生产过程就是受控的，不需采取任何措施。规格上限和下限是技术规范或合同中规定的、可允许的质量偏差最大区间。如果质量偏差落在规格上限和下限之内，产品质量就是合格的。一旦超出规格上限或下限，产品质量就不合格，就必须进行缺陷补救。七点规则是指，如果连续 7 个测量值都落在目标值的上边或下边，或呈同方向变化，就应该认为生产过程已经失控，即便这些测量值都在控制上限和下限之内。如图 2 所示。

2. 共性

都是质量管理知识领域的基本工具。

3. 联系

先用控制图来判断生产过程是否失控了。如果已经失控，再用流程图来分析究竟是哪个环节导致了整个生产过程失控。

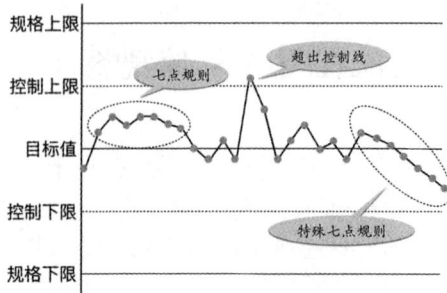

图 2　控制图示例

4. 区别

（1）控制图用于发现问题，流程图用于分析问题。

（2）流程图用于反映一个生产过程内部各步骤或各环节之间的顺序、并行或循环关系。控制图用于反映某生产过程作为一个整体随时间推移的运行情况，如每天的运行情况。

（3）流程图可用于规划质量管理过程和管理质量过程，也可用于控制质量过程（《PMBOK®指南》未直接写出）。控制图可用于控制质量过程，也可用于规划质量管理过程（《PMBOK®指南》未直接写出），因为需要在规划质量管理过程中确定目标值、控制上下限和规格上下限的位置。

5. 参阅《PMBOK®指南》第6版中的页码

284，304，704，705

逻辑数据模型 VS 系统交互图

1. 概念

逻辑数据模型是常用于数据库开发的一种可视化技术（见图1）。其详细程度介于概念数据模型（Conceptual Data Model）和实物数据模型（Physical Data Model）之间。例如，对图1的4个方框中的内容，只保留商品、日期、客户和商店，那就是概念数据模型；在图1的每个方框中再增加一些用于实现相关细节的技术信息，如字符类型、SQL语句，就得到实物数据模型。逻辑数据模型有利于防止数据不完整。如果删去任何一条逻辑关系线，就会导致最后的数据不完整。

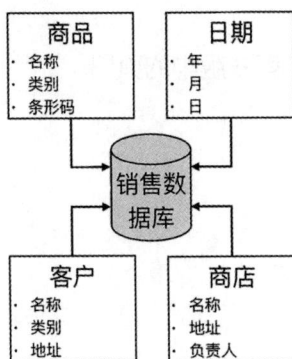

图1 逻辑数据模型示例

系统交互图是用于分析拟建系统与其他系统之间的相互关系的图形，以便了解拟建系统将要从哪个或哪几个系统获得什么输入，将要向哪个或哪几个系统输出什么成果，从而确定拟建系统必须具备什么功能。例如，将要建设信用卡付款订单处理系统。该系统需要从客户那里接收订单，需要从银行那里获取客户的信用状况。如果拒绝客户订单，就需要把拒绝情况反馈给客户。如果接受订单，就需要把接受情况反馈给客户，同时把订单发给仓库发货。可以用系统交互图把这四个系统联系起来（见图2）。

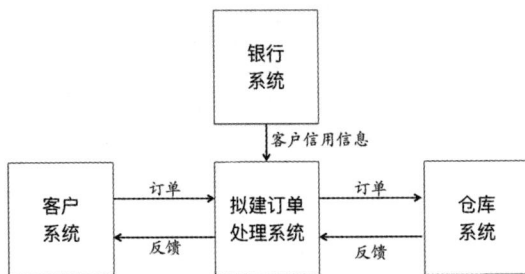

图2 系统交互图示例

2. 共性

（1）都是用于展现逻辑关系的图形。

（2）两者的图形，从表面上看，可以很相似。

3. 联系

在数据库开发项目上，可以先用系统交互图明确拟建数据库（系统）应该具备的功能，再用逻辑数据模型来明确为实现这些功能所需要的内部细节。也就是说，系统交互图是搭建逻辑数据模型的基础。

4. 区别

（1）逻辑数据模型是规划质量管理过程的工具与技术，而系统交互图是收集需求过程的工具与技术。

（2）系统交互图相当于拟建系统与其他系统之间的关系的草图，而逻辑数据模型则相当于对拟建系统的内部细节的展开。

（3）系统交互图的应用范围很广，适用于几乎任何项目；而逻辑数据模型一般只用于数据库开发项目。

5. 参阅《PMBOK®指南》第6版中的页码

146，284，700

卖方 VS 合作伙伴

1. 概念

卖方是根据经济合同向对方提供规定的产品、服务或成果，并向对方收取货币或其他等价物的一方。对方则是买方。简单来讲，卖方就是根据合同来交货收钱的一方。虽然，在项目采购管理实践中，卖方可以是承包商或供应商，但是承包商或供应商对于其下游的分包商或供应商来说，又是买方。在项目管理中，通常把项目执行组织或项目团队作为买方，而把为项目提供所需产品、服务或成果的外部组织作为卖方。《PMBOK®指南》从买方的角度来讨论项目采购管理。

合作伙伴是与项目执行组织或项目团队，就长期提供某种专业产品、服务或成果，而签订了合作协议的外部组织。简单来讲，合作伙伴就是根据合作协议而与项目执行组织或项目团队存在长期合作关系的一方。这种合作关系通常需要经过特定的认证程序方可确立。认证程序通常是由项目执行组织或项目团队制定的相关规则。例如，公司根据相关规则，与某外部组织签订了为期三年的指定供应商的合作协议，该指定供应商就成了公司的业务合作伙伴。

2. 共性

（1）都是基于双方之间的协议，一方相对于另一方的称谓。

（2）都是为项目提供所需产品、服务或成果的外部组织。

（3）都是项目的重要相关方。

3. 联系

（1）如果卖方在向买方提供产品、服务或成果的过程中建立了很好的信誉，就可能被买方认证为以后的合作伙伴。

（2）当项目执行组织或项目团队从某个合作伙伴那里实际订购产品、服务或成果时（需要专门签订订购合同），合作伙伴也就成了卖方。

4. 区别

（1）关系建立的基础不同。买卖方之间的关系的基础是买卖合同。合作伙伴之间的关系的基础是双方的长期合作协议。合同是用于明确当事人权利义务关系的，对当事人有法律约束力的协议。合作协议则不一定对当事人有法律约束力。有时，可以用合作伙伴证书（如指定供应商证书）来代表合作协议。

（2）确定卖方需要经过要约和承诺这两个环节，即：卖方随合同成立而确立。而合作伙伴的确立需要经过特定的认证程序，例如，公司根据自己的标准来选择员工出差的指定住宿酒店。

（3）买卖双方之间一定有等价物的交换，而合作伙伴之间通常不存在等价物的交换，即便需要支付业务伙伴认证费用或加盟费用，这种费用也不属于合同中的等价物。

（4）买卖双方的合同是针对某特定数量的特定产品、服务或成果而签订的，而合作伙伴合作协议则是针对特定的时间段（通常是年）来签订的。

5. 参阅《PMBOK®指南》第 6 版中的页码

460—462，715

面向 X 的设计 VS 质量改进方法

1. 概念

面向 X 的设计是管理质量过程的工具与技术，其中的 X 有两种含义，一是 Excellence（卓越）的缩写，二是可变的某种产品特性，如经济性、舒适性、安全性或可靠性。如果是前一种含义，那就是要对项目产品进行整体优化。如果是后一种含义，那就是要对项目产品的某个特定的方面进行优化。

质量改进方法是用于改进生产过程的各种方法的统称。在管理质量过程中，可以基于控制质量过程的发现，也可以基于质量审计的发现，来开展过程分析，进行过程改进。过程分析是把整个生产过程分成若干环节，逐一分析，识别出最值得改进的环节。然后，针对该环节进行过程改进。例如，某银行做一个客户体验提升项目。首先，通过控制质量过程，发现客户排队的时间较长；然后，对整个服务过程进行分析，发现可以取消的工作步骤；最后，采取实际措施，取消这个步骤，达到改进服务过程和提升客户体验的目的。

2. 共性

（1）都是管理质量过程的工具和技术。

（2）都可以提高项目产品的质量。

3. 联系

（1）要优化项目产品的整体或某个特性（面向 X 的设计），通常都需要做相应的生产过程改进（采用质量改进方法）。例如，为了提高产品的安全性，就需要改进生产过程。

（2）改进生产过程，可能会相应导致产品整体或某个特性的优化。

4. 区别

（1）面向 X 的设计是针对项目产品的，而质量改进方法是针对项目生产过程的。

（2）面向 X 的设计主要是从技术入手，主要是工程师的事情；而质量改进方法主要是从管理入手，主要是管理者的事情。例如，要提高产品的安全性，就需要采用更可靠的材料；人们经常采用 PDCA（计划—实施—检查—行动）循环去做过程改进。

5. 参阅《PMBOK®指南》第 6 版中的页码

295，296

帕金森定律 VS 学生综合征

1. 概念

帕金森定律是指工作总是会膨胀到其预定工期所能允许的程度，即：人们会不紧不慢地多做一些本不必要的事情来填满这个预定的时间段（工期）。如果给一个人安排了很充裕的时间去完成某件工作，他就会放慢节奏或增加一些并非必须做的事情，以便用掉所有的时间。

学生综合征是指学生在接到作业之后，会做一点事情，然后就把这个作业放下来，什么事情也不做，直到要交作业之前的很短时间才拼命赶工。例如，硕士研究生写论文，先为开题做一些事情，开题之后就基本不做事，直到要交论文之前的两个月才赶工。

2. 共性

（1）都是指工作总是要拖到最后才完成，而不会提前完成。

（2）都旨在提醒人们不要为工作安排较宽裕的工期，反而应该用很紧张的工期去激励人们提高工作效率。

3. 联系

在估算活动持续时间的时候，需要同时考虑到这两个现象，以便估算出合理可行的活动工期和项目工期。

4. 区别

（1）在帕金森定律中，人们会多做无关的事情来填满允许的时间段。在学生综合征中，学生不仅不会多做事情，反而会少做事情，以便在最后时刻完成作业。

（2）帕金森定律与范围蔓延有关，学生综合征与拖延症有关。

（3）针对不同的事情，可以衍生出帕金森定律的许多不同版本，例如，车辆的数量总是会增加到道路的宽度所能容许的程度（所以拓宽道路对解决交通拥堵是无效的）。学生综合征则可以延伸应用于所有容易犯拖延症的人，无论是从事什么工作的。

5. 参阅《PMBOK®指南》第 6 版中的页码

197

偏差分析 VS 绩效审查

1. 概念

偏差分析是 4 个监控过程（监控项目工作、控制范围、控制进度、控制成本）和 1 个收尾过程（结束项目和阶段）的工具与技术。在监控过程中，是指把项目的实际绩效与计划要求相比较，发现实际绩效偏离计划的程度，并分析偏离的原因，决定是否需要采取纠正措施或缺陷补救措施，是否需要修改计划。在收尾过程中，是指计算项目绩效偏差的回顾性指标，总结与项目绩效偏差有关的经验教训。

绩效审查是 4 个监控过程（控制进度、控制质量、控制资源、控制采购）的工具与技术。它是指借助各种具体的技术来测量、比较和分析项目的进度、质量、资源和采购绩效，包括：通过比较实际绩效与计划要求来发现偏差，分析偏差的程度和原因，发现和预测项目绩效的发展趋势，以及决定是否需要提出变更请求。

2. 共性

（1）都用于监控项目绩效。

（2）都涉及把实际项目绩效与项目计划做比较。

（3）都是数据分析技术组的子技术。

3. 联系

虽然在《PMBOK®指南》中并未把绩效审查列为控制范围过程和控制成本过程的工具与技术，但实际上在这两个过程中也需要开展绩效审查。如果把绩效审查看作控制范围、控制进度，控制成本，控制质量，控制资源，控制采购过程的工具与技术，那么可以说绩效审查中包含了偏差分析。

4. 区别

（1）偏差分析是监控项目工作、控制范围、控制进度、控制成本和结束项目或阶段过程的工具与技术。绩效审查是控制进度、控制质量、控制资源和控制采购过程的工具与技术。

（2）偏差分析仅仅是针对偏差的，即：发现和分析绩效偏差，并提出对不可接受的偏差的解决建议（变更请求）。绩效审查的覆盖面更大，不仅针对偏差，而且针对绩效的发展趋势。

5. 参阅《PMBOK®指南》第 6 版中的页码

111， 227，262，303，356，498，708，717

偏差分析 VS 趋势分析

1. 概念

这里仅讨论监控过程使用的偏差分析和趋势分析，不讨论收尾过程使用的同名技术。

偏差分析是在项目监控中需要开展的一项重要工作，是把项目的实际绩效与计划要求进行比较，发现偏差，确定偏差的程度并分析偏差产生的原因。一旦发现不可接受的偏差，就必须提出变更请求，包括请求纠正偏差、进行缺陷补救或修改计划。挣值管理中的计算成本偏差（CV）、进度偏差（SV）、完工偏差（VAC）、成本绩效指数（CPI）和进度绩效指数（SPI），都是偏差分析在成本管理和进度管理中的具体应用。偏差分析的结果要写入作为监控过程的输出的"工作绩效信息"。

趋势分析也是在项目监控中需要开展的一项重要工作。它是指根据过去的项目绩效来预测未来的项目绩效走势，有助于确定是否需要采取预防措施来预防不利绩效的发生。经常需要借助数学、统计和图形技术来开展趋势分析。挣值管理中的重复计算完工尚需估算（ETC）、完工估算（EAC）和完工尚需绩效指数（TCPI），都是趋势分析在成本管理中的具体应用。趋势分析的结果需要写入作为监控过程的输出的"工作绩效信息"，或者作为"进度预测"或"成本预测"单独列出。

2. 共性

（1）都是项目监控中必须开展的重要工作。

（2）都要评估项目过去的绩效情况。

（3）都可能导致变更请求。

（4）它们的分析结果都可作为项目决策的依据。

（5）都是数据分析技术的子技术。

3. 联系

通常先做偏差分析，再基于偏差分析的结果来做趋势分析。

4. 区别

（1）偏差分析是分析项目过去的绩效与计划要求的绩效的差异及原因。趋势分析则是根据项目过去的绩效数据预测项目未来的绩效趋势。

（2）偏差分析属于事后的绩效审查。趋势分析则属于事前的分析预测。

（3）偏差分析可能导致的变更请求是纠正措施和缺陷补救建议。趋势分析可能导致的变更请求则是预防措施建议。

（4）偏差分析有利于发现导致绩效偏差的特殊原因（如员工的错误）。趋势分析有利于发现导致绩效偏差的系统原因（如管理制度不合理）。

5. 参阅《PMBOK®指南》第6版中的页码

111，227，717

启动会 VS 开工会

1. 概念

启动会是在项目启动过程组，由项目发起人或其授权代表召集并主持、主要项目相关方参加的一个会议。其主要议程包括：介绍和分发已批准的项目章程，宣布项目经理的任命，项目经理发表就职演说，各相关方表态支持项目，宣布项目正式立项（启动）。

开工会是在项目规划过程组，由项目经理召集并主持、主要相关方参加的一个会议。其主要议程包括：介绍和分发项目总体计划（包括项目目标和主要工作安排），宣布已协商一致的相关方在项目中的角色和任务，相关方表态为项目成功而努力，宣布项目正式进入执行阶段。开工会相当于开工典礼。

2. 共性

（1）都是项目管理中的重要会议。

（2）通常都只开一次，都需要主要相关方参加。

（3）如果是多阶段项目（每个阶段某被视为一个子项目），那么在每个阶段都要召开启动会和开工会。

3. 联系

（1）通常，只有通过启动会正式启动项目，才可能有后续的开工会。

（2）在小型项目上，启动会和开工会可以合二为一。

4. 区别

（1）在不同过程组召开。通常，启动会在启动过程结束时召开，开工会在规划过程结束时召开。在项目管理团队和一线执行团队明显分离的大型项目上，则只有等一线团队就位后，才能在执行过程开始时召开开工会。例如，大型建设项目，只有等施工队伍进场后，才能举行开工典礼。

（2）目的不同。启动会宣布项目正式立项，任命项目经理，宣布项目进入规划阶段。开工会宣布项目计划基本编就，项目进入执行阶段。

（3）主持人不同。由项目发起人召集并主持启动会，由项目经理召集并主持开工会。为了使开工会更有影响力，项目经理往往邀请项目发起人来联合召集开工会。

（4）内容不同。启动会基于商业文件、协议等，对"要不要做某个项目"的问题做出肯定的回答；开工会基于项目管理计划，用于回答该项目应该如何做。

（5）启动会与开工会的议程有很大区别，见前文概念部分。

5. 参阅《PMBOK®指南》第6版中的页码

86，指南中未直接提及启动会。

强制性依赖关系 VS 选择性依赖关系

1. 概念

强制性依赖关系，也叫硬逻辑关系，是由工作的内在性质、相关法律规定或合同规定所确定的，绝对不能更改的活动之间的逻辑关系。例如，只有在完成编程之后，才能开始程序的测试；必须先取得开工许可证，才能正式开工建设；只有获取了准考证，考生才能实际参加考试。

选择性依赖关系，也叫软逻辑关系、首选逻辑关系或优先逻辑关系，是由项目团队成员自由选择的逻辑关系。团队成员可以根据业界的最佳实践或惯例，或者自己的喜好，或者本项目的某种实际情况，来自由安排活动之间的逻辑关系。例如，为备考 PMP®，考生可以自由选择对《PMBOK®指南》各章节的阅读顺序。

2. 共性

（1）都是活动之间的依赖关系。

（2）都可以出现在关键路径或非关键路径上。

3. 联系

如果业界关于某些活动之间的逻辑关系的最佳实践，已经被上升到具有强制力的标准甚至法规的高度，那么选择性依赖关系也就变成了强制性依赖关系。从这里也可以看出，在选择性依赖关系和强制性依赖关系之间可能存在一定的灰色地带。

4. 区别

（1）强制性依赖关系是项目团队必须遵守的，毫无选择的余地，即：只能采取某种活动排序方法。选择性依赖关系则只是项目团队最好按某个顺序做，尽管还有其他可供选择的顺序。

（2）对于呈强制性依赖关系的两个活动，你无法采用快速跟进的方法来压缩它们所在路径的持续时间。对于呈选择性依赖关系的两个活动，则可以采取快速跟进的方法来压缩所在路径的持续时间，但是会增加项目风险。

（3）在不犯错的情况下，任何人对强制性依赖关系的安排将是完全一样的。不同的人对选择性依赖关系的安排，则通常会存在差别，且可能差别很大。对选择性依赖关系的安排，可以体现出安排者的水平高低。

5. 参阅《PMBOK®指南》第6版中的页码

191，703，706

强制性依赖关系 VS 外部依赖关系

1. 概念

强制性依赖关系，也叫硬逻辑关系，是由活动的性质、相关法律规定或合同规定所确定的，绝对不能更改的活动之间的逻辑关系。例如，只有在完成编程之后，才能开始程序的测试；必须先取得开工许可证，才能正式开工建设；只有获取了准考证，考生才能实际参加考试。强制性依赖关系是相对于选择性依赖关系而言的，非强制性的依赖关系就是选择性依赖关系。

外部依赖关系，是指项目中某个活动必须依赖于项目外部的某个活动才能开展。例如，只有政府部门发放了商品房预售证，地产商才能开始销售房屋。"政府部门发放商品房预售证"是项目外部的一个活动，它与"地产商销售房屋"这个项目内部的活动之间，就是外部依赖关系。外部依赖关系是相对于内部依赖关系而言的，以便关注某个活动所依赖的其他活动是在本项目外部开展的。

2. 共性

（1）都是活动之间的依赖关系。

（2）都需要在排列活动顺序过程中加以确定。

3. 联系

外部依赖关系既可以是外部的强制性依赖关系，也可以是外部的选择性依赖关系。前者是必须具备的、不可缺少的外部条件，后者是最好具备但并非不可缺的外部条件。

4. 区别

（1）二者划分的维度不一样：强制性依赖关系是根据前后两个活动的逻辑关系有没有绝对的先后顺序这个维度来分类的，而外部依赖关系则是根据紧前活动是属于项目内部还是来自项目外部这个维度来分类的。

（2）强制性依赖关系强调项目紧前紧后这两个活动必须按照当前的先后顺序来进行，外部依赖关系则强调紧后活动要依赖于外部的某个紧前活动。

（3）除非上下文另有要求，强制性依赖关系都是针对项目内部的两个活动而言的。

5. 参阅《PMBOK®指南》第 6 版中的页码

191，192，704，706

亲和图 VS 思维导图

1. 概念

亲和图是按照创意之间的亲近关系（相似性）对大量创意进行归组的方法。可以遵循如下过程使用亲和图：① 选择一个主题，如需要解决的问题；② 通过头脑风暴，提出大量创意；③ 把每一个创意写到一张小贴纸上；④ 把相似的一些创意排列在一起；⑤ 为排列在一起的每组创意取一个简短的名称。亲和图的示例，如图 1 所示，其中的"携带不方便""操作困难""功能不易掌握"，以及更高层次的"实用性差"，都是通过亲和所得到的归组名称。

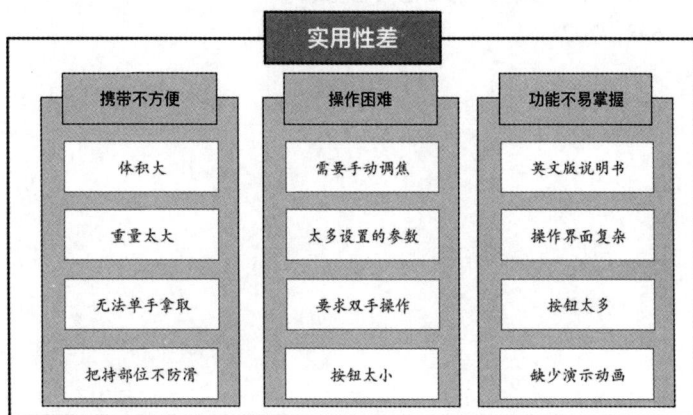

图 1　亲和图示例

思维导图是一种图形辅助思考工具。首先，通过头脑风暴等方法，收集到大量的事实、意见或构思等信息。然后，借助思维导图工具，依据它们的共性、差异和联系等，采用如图 2 所示的图形方式，把这些信息整合成一张图。

图 2　思维导图示例

2. 共性

（1）都可用于整理头脑风暴中得到的大量创意。

（2）都是进行归类分组的图形工具。

（3）都属于群体创新技术，是创造性思考问题的技术。

3. 联系

可以先用思维导图激发更多的创意，再对这些创意用亲和图进行归组。

4. 区别

（1）亲和图是根据创意之间的相似性对大量创意进行归组，属于归纳。思维导图则是从一个核心概念出发，不断分解出更多的创意，属于演绎。

（2）亲和图只考虑创意之间的相似性。思维导图除了考虑相似性以外，还可以考虑创意之间的其他关系，如先后顺序、交叉、循环。

5. 参阅《PMBOK®指南》第6版中的页码

144，284，698，707

权力 VS 影响

1. 概念

在《PMBOK®指南》识别相关方过程的"数据表现"技术组中，讨论了权力利益方格、权力影响方格和作用影响方格。这些都是用来展现"相关方分析"（识别相关方过程的技术，隶属于"数据分析"技术组）的结果的模型。此处仅讨论这些模型中的权力与影响。

权力是指相关方在其组织或项目中对项目施加影响的职权。通常，权力大小与相关方在组织或项目中职位高低有密切关系，即：职位高者权力大，职位低者权力小。注意：虽然"权力"通常不局限于"职权"，但《PMBOK®指南》在讨论权力利益方格和权力影响方格时，把权力局限在了"职权"。

影响是指相关方主动参与项目、主动对项目施加影响的程度。通常，相关方主动参与项目的程度与其在项目上的利益大小有关，即：利益大者参与程度大，利益小者参与程度小。

也顺便解释一下"作用"。作用是指相关方对项目施加影响后，能在多大程度上让项目计划或项目执行做出改变。

2. 共性

（1）都是在识别相关方过程中，进行相关方分析时，需要重点分析的内容。每个相关方或相关方群体的权力、影响和作用，都要作为评估信息写入相关方登记册。

（2）都是设计相关方归类模型和对相关方进行归类所需的关键信息，都会对制订相关方参与计划有重要影响。

3. 联系

两者通过相关方的"权力影响方格"归类模型而形成联系。在权力影响方格中把相关方分成以下四类：权力大影响大，权力大影响小，权力小影响大，权力小影响小（见图1）。对于不同类别的相关方，应该采取不同的管理策略和引导措施。

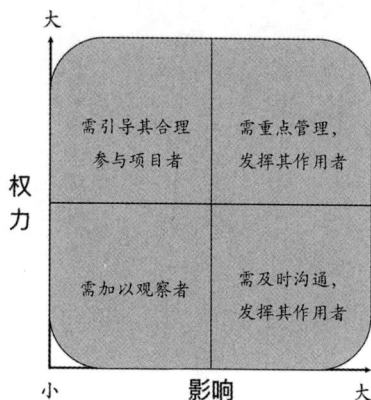

图1　权力影响方格

4. 区别

（1）权力的大小是由相关方在组织或项目中的职位决定的，是相关方的客观属性，会随着相关方的职位的变化而改变；影响则是相关方主动参与项目的程度，会随着相关方对项目的态度或看法而改变。

（2）权力大的相关方不一定影响也大（高级领导不一定关心本项目），权力小的相关方不一定影响也小（基层员工可能对本项目很热心）。即：权力大小与影响大小之间没有必然的联系。

（3）影响大的相关方不一定作用也大，影响小的相关方不一定作用也小。例如，某个人很少对项目发表意见（影响小），但一发表意见就是关键的意见（作用大）。

5. 参阅《PMBOK®指南》第 6 版中的页码

62—63，512

确认范围 VS 控制范围

1. 概念

确认范围是由发起人和客户对已经完成并被核实为质量合格的可交付成果进行正式的实质性验收。可交付成果完成之后，要立即通过控制质量过程检查质量是否合格；如果合格，紧接着就要通过确认范围过程进行实质性验收。这种对可交付成果的及时检查和验收，有利于及时发现并经济有效地解决问题，能够提高项目最终可交付成果通过最终验收的可能性。需要注意的是，确认范围过程不是要确认范围基准或范围计划，而是要对可交付成果进行实质性验收。

控制范围是监督项目的范围状态，并对不可接受的范围绩效偏差提出变更请求。控制范围就是要把在指导与管理项目工作过程中产生的关于范围的工作绩效数据，与项目范围计划（包括需求文件、需求跟踪矩阵和范围基准）相比较，发现范围绩效偏离范围计划的程度和原因，并为纠正不可接受的偏离提出必要的变更请求。变更请求可以要求把实际范围绩效拉回到计划上来，也可以要求修改范围计划。必须通过控制范围过程来及时发现并纠正范围蔓延。范围蔓延是指未经批准的范围逐渐扩大。

2. 共性

（1）都是项目监控过程组和项目范围管理知识领域中的管理过程。

（2）都会得到"工作绩效信息"这个输出。

（3）都可能提出变更请求，并把变更请求提交给实施整体变更控制过程审批。

3. 联系

要在可交付成果形成的过程中不断开展控制范围过程，以便通过有效的范围控制，来保证可交付成果符合范围基准，从而提高可交付成果在确认范围过程中被验收的可能性。

4. 区别

（1）控制范围过程是在可交付成果形成的过程中开展的，而确认范围过程是在可交付成果形成之后才开展的。

（2）控制范围是内部工作，由项目团队开展；而确认范围是外部工作，由项目发起人和客户在项目团队的组织和协助下开展。

（3）控制范围关注的是需不需要进行范围变更，而确认范围关注的是可交付成果能否通过验收。

（4）控制范围过程需要在整个项目期间持续开展，而确认范围过程只需要定期开展。

5. 参阅《PMBOK®指南》第6版中的页码

131，163，618，701，717

确认已收到 VS 反馈/响应

1. 概念

"确认已收到"，也可以叫"告知收悉"，是指信息的接收方告知发送方已收到信息。这仅仅表示已经收到信息，并不一定意味着同意或理解信息的内容。例如，在收到电子邮件时，即时向邮件发送者发出一个"回执"，以便对方知道本方已收到邮件。

"反馈/响应"是指信息的接收方对收到的信息进行解码之后，告知信息发送方自己对信息的理解及可能采取的后续行动（如果必要）。

2. 共性

（1）都是信息的接收方向发送方所做的反应动作。

（2）都有利于保证沟通的质量。

（3）对于立即就可以理解的信息，两者通常同时完成，即：在确认已收到的同时，给予反馈。

3. 联系

（1）两者可以按一定的先后顺序完成，即：先确认已收到，再给予反馈。

（2）如果两者是同时完成的，那么在"反馈"中就包含了"确认已收到"，就没必要单独"确认已收到"。

4. 区别

（1）"确认已收到"仅表明已收到信息，"反馈"则是表明对已收到的信息的理解。

（2）在收到信息时，应该立即"确认已收到"；而"反馈"则可以稍后进行。例如，在收到电子邮件时，向对方发出这个信息："来信已收到，我会尽快回复"。

（3）对有些信息，你只需要"确认已收到"；对有些信息，则不仅要"确认已收到"，还必须"反馈"。

（4）把"确认已收到"和"反馈"分开，可以提醒人们对有些信息必须"反馈"，而不能只"确认已收到"。例如，客户满意度调查，如果客户不仅做了选择题，而且还在开放式建议栏目提出了相关建议。对于"建议"部分，就必须要"反馈"，不能只"确认已收到"。

5. 参阅《PMBOK®指南》第 6 版中的页码

372

认可与奖励 VS 额外待遇

1. 概念

认可与奖励是项目资源管理中建设团队过程的工具与技术。它是指在建设团队过程中，按照事先制订的认可与奖励计划，对团队成员的优良行为和业绩给予认可和奖励。认可与奖励计划是项目资源管理计划的组成部分，在规划资源管理过程中编制。认可与奖励应该针对项目团队成员看重的需求，应该既包括物质奖励又包括精神奖励，应该在整个项目生命周期中经常开展而不只是等到项目结束时才开展。应该在规划资源管理过程中制订认可与奖励计划，在管理团队过程中评价团队成员的工作态度和业绩，并据此做出认可与奖励的决定，然后在建设团队过程中实际开展认可与奖励。

额外待遇是特殊的认可与奖励，通常是非金钱形式的，用于激励特别优秀的员工。例如，领导特意带某个员工去参加一个重要会议，领导特意把某个员工的办公桌安排在靠窗的位置，都是领导给该员工的额外待遇。额外待遇的提供不一定是公开透明的，不一定是事先计划好的，可能是由领导临时、私下给予的。虽然在《PMBOK®指南》中，只是在管理团队过程的输入"组织过程资产"中提到了"额外待遇"；但是，实际上，领导也应该在管理团队过程中做出给予额外待遇的决定，并在建设团队过程中实际给予额外待遇。

2. 共性

（1）都是用来激励团队成员的重要手段。

（2）都可以在项目生命周期的任何阶段、任何时间使用。

（3）都与组织过程资产有关。在项目团队中开展认可与奖励，给予额外待遇，都需要参考组织过程资产中的相关内容。

3. 联系

额外待遇是特殊的认可与奖励。

4. 区别

（1）认可与奖励通常要事先制订计划，然后按计划开展。额外待遇则通常不需要事先制订计划。

（2）绝大多数认可与奖励，其标准、程序和形式都是公开透明的。额外待遇则不必是公开透明的。

（3）认可与奖励的受众很广，应该包括大多数团队成员，甚至应该使每一个成员都能得到一定形式的认可与奖励。额外待遇的受众则很少，只有少数人可以得到额外待遇。如果受众太多，就不成其为额外待遇了。

（4）在《PMBOK®指南》中，"认可与奖励"是建设团队过程的工具和技术，而额外待遇只是作为管理团队过程的输入"组织过程资产"中的一项内容出现。

5. 参阅《PMBOK®指南》第 6 版中的页码

341—342，348

三点估算 VS 蒙特卡洛模拟

1. 概念

三点估算是源自计划评审技术（PERT）的一种活动持续时间或成本估算技术。以估算活动持续时间为例，它首先根据活动的最好情况、最可能情况和最差情况，估算出活动的最乐观时间（最短工期）、最可能时间（最可能工期）和最悲观时间（最长工期），然后计算出这三个时间的加权平均值，以此作为活动的期望工期。假设活动的可能持续时间是呈贝塔分布的，就用这个公式来计算期望工期：期望工期＝（乐观工期+4×最可能工期+悲观工期）／6。假设活动的可能持续时间是呈三角分布的，就用这个更简单的公式：期望工期＝（乐观工期+最可能工期+悲观工期）／3。最后，还需要计算活动工期的标准差：标准差＝（悲观工期–乐观工期）／6。根据活动的期望工期、标准差和概率正态分布图，就可以计算出在某个工期内完成该活动的概率是多少。例如，期望工期为 10 天，标准差为 1 天，那么在 9 天内完成的概率就是：50%–（68.26%／2）＝15.87%。

蒙特卡洛模拟是在计算机上模拟项目实施成千上万次，计算出各次项目实施所用的工期，再把全部的可能工期画成一张"项目可能工期累计概率分布图"。每次模拟时，都随机抽取各活动的可能工期。从所得的累计概率分布图上，可以一目了然地看出项目可能的最短工期、最长工期，以及在中间每一个可能工期之内完工的概率。

蒙特卡洛模拟也可以用来估算项目的可能成本（得到诸如《PMBOK®指南》第 433 页的累计概率分布图），其道理与用于估算项目工期一样。

2. 共性

（1）都是基于对风险的考虑的工期或成本统计分析技术。

（2）都要依据活动工期或成本的概率分布，如贝塔分布或三角分布。

（3）都可以根据计算结果，在统计概率分布图上查出在某个特定工期或成本之内完工的概率，只不过三点估算常针对进度活动，而蒙特卡洛模拟常针对整个项目。

3. 联系

三点估算用于估算活动期望工期（成本）的最乐观工期（成本）、最可能工期（成本）和最悲观工期（成本），以及相应的概率分布，也可用于对整个项目的工期（成本）进行蒙特卡洛模拟。

4. 区别

（1）三点估算常用于计算进度活动的期望工期或成本（估算活动持续时间过程和估算成本过程），而蒙特卡洛模拟主要用于制订进度计划和实施定量风险分析这两个过程，以计算整个项目的全部可能工期或成本。

（2）三点估算可以手工计算，而蒙特卡洛模拟必须借助计算机。

5. 参阅《PMBOK®指南》第 6 版中的页码

201，213—214，244—245，433，707，716

商业论证 VS 项目启动

1. 概念

商业论证是指在项目的前期准备工作阶段，对项目的商业可行性进行科学论证，编制出商业论证报告。商业论证，通常由项目发起人委托商业分析师来主持开展。商业论证的目的是把不具有商业可行性的项目排除掉，确保只有具备商业可行性的项目才能被立项。

项目启动是指对具有商业可行性的项目办理正式的立项手续，并授权项目经理动用组织资源去开展项目活动。项目启动，通常由项目发起人委托项目经理来主持开展。应该编制出项目章程，报发起人签字，作为项目正式立项的凭证。

2. 共性

（1）都是项目早期需要做的工作。

（2）都是为了定义一个项目。

（3）都由项目发起人来领导。

3. 联系

（1）只有被商业论证确认为可行的项目，才能进行项目启动。

（2）商业论证报告是进行项目启动的重要依据，不得违反。

（3）进行项目启动时，应该根据当前的情况去确认商业论证报告中的结论的合理性，因为在该报告完成之后，市场情况可能已经发生变化。如果已经不具合理性，就需要提请项目发起人修改商业论证报告。

4. 区别

（1）商业论证是在项目管理五大过程组之外的，属于项目的前期准备工作。项目启动是项目管理五大过程组中的一个过程组。

（2）商业论证的目的是筛选项目，把不可行的项目排除掉。项目启动则是办理项目的立项手续。进入启动过程组的项目，通常不会再被"砍掉"。

（3）商业论证的操办人通常是商业分析师。项目启动的操办人通常是项目经理。

（4）商业论证所形成的主要文件是"商业论证报告"。项目启动所形成的主要文件是"项目章程"。

5. 参阅《PMBOK®指南》第6版中的页码

30—32，77—78，699，710

审计 VS 检查

1. 概念

审计是项目团队外部的第三方对项目管理工作遵守相关政策的情况，以及项目管理工作的有效性的独立且结构化的审查，目的是总结经验教训，积累相关知识，以便以后的相关工作做得更好。独立的审查，是指审计人员应该不受干扰地开展工作。结构化的审查，是指按照事先规定的方法、程序和要求实施审查活动。审计是控制质量、监督风险和控制采购过程的工具，即：需要开展质量审计、风险审计和采购审计。

检查是项目团队内部或外部对项目工作过程和成果的实地检查，以确认是否符合项目计划或合同中的相关要求。检查是控制质量、确认范围和控制采购过程的工具。在控制质量过程中，检查是由项目团队核实项目工作和成果的质量是否合格。在确认范围过程中，检查是由项目发起人和客户确认可交付成果能否通过验收。某个可交付成果完成之后，要尽快由控制质量过程进行质量检查。如果质量合格，再尽快由确认范围过程来检查其是否符合验收标准。在控制采购过程中，检查是由买方核实卖方的工作过程和成果是否达到了合同要求，以便据此决定是否向其付款，是否该向卖方提出纠偏或缺陷补救要求。

2. 共性

（1）都是监控过程组使用的工具与技术。

（2）都是在相关项目活动结束之后，所开展的活动。

（3）都是按照事先规定的程序、方法进行的结构化审查。

3. 联系

（1）检查的过程和结果，是审计的对象之一。

（2）审计所总结出来的经验教训，有利于改进以后的检查。

4. 区别

（1）对象不同。审计的对象是项目管理工作及其成效，而检查的对象是项目技术工作及其成果。

（2）目的不同。审计是为了持续改进，而检查是为了考核绩效。不能基于审计的结论开展认可、奖励或处罚。检查的结论则是开展认可、奖励或处罚的主要依据。

（3）执行者不同。审计是由项目团队外部的第三方来做的，检查大多是由项目团队内部来做的（确认范围过程中的检查例外）。

（4）依据不同。审计的依据是项目执行组织和项目本身的各种规则，以及业界的最佳实践，而检查的依据只是项目本身的各种相关规则。

5. 参阅《PMBOK®指南》第6版中的页码

166，294，303，456，498，705，709

施压权力 VS 愧疚权力

1. 概念

施压权力是指某人利用职权,对下属发布指令,限制下属的选择或活动自由的能力。例如,工程部经理要求下属这个周末加班,就属于行使施压权力。在组织中,职位越高的人,往往施压权力也越大。施压权力对别人的影响,具有强制性,能很快产生直接的效果,但是,往往也容易让对方产生抗拒。

愧疚权力指某人采取某种行为,让对方产生愧疚感,从而达到让对方去做某件事的能力。例如,某人当众带头给灾区捐款,使其他人感到某种程度的愧疚,以便他们也跟着捐款。

2. 共性

（1）都能让别人按权力行使者的意愿去行动。

（2）都是权力行使者要对对方施加某种压力。

3. 联系

一般先使用愧疚权力,在愧疚权力无效的情况下,再使用施压权力。

4. 区别

（1）施压权力来源于职位,而愧疚权力来源于人际互动。

（2）愧疚权力属于用行动影响别人（以身作则）,而施压权力则通常是用口头或书面指示影响别人（口头君子）。

（3）愧疚权力没有强制性效力,而施压权力则有强制性效力。

（4）愧疚权力与参考（参照）权力（别人以你为榜样或参照物）相连,而施压权力则与奖励或惩罚权力（上级可以奖励或惩罚下级）相连。

5. 参阅《PMBOK®指南》第6版中的页码

63

实施定性风险分析 VS 实施定量风险分析

1. 概念

实施定性风险分析是对已识别出的每一个单个项目风险进行主观分析，判断各风险发生的可能性和后果及其他风险参数（如紧迫性、邻近性），然后加以综合考虑，确定各风险的严重性，对各风险进行初步排序。定性分析的结果要写入风险登记册，例如风险的可能性和后果、风险级别、风险排序、紧急风险、需进一步定量分析的风险、只需加以观察的风险、风险归类。应该定期经常开展定性风险分析，发现风险的发展趋势。虽然在《PMBOK®指南》中没有直接提及对整体项目风险的定性分析，但是实际上，实施定性风险分析过程也可用于对整体项目风险做主观的、初步的分析。

实施定量风险分析是对被定性分析确认为严重且又可量化的单个项目风险进行客观分析，然后基于这些分析的结果和其他许多数据，对整体项目风险进行定量分析，确定整个项目所需的应急储备（包括应急时间和应急资金）。定量分析的结果要写入风险报告，包括，对整体项目风险敞口的评估结果、项目详细概率分析的结果（项目可能工期的概率分布、可能成本的概率分布、在规定时间内完工的概率、在规定成本内完工的概率）、较严重的单个项目风险的优先级清单、整体项目风险的发展趋势、整体项目风险应对建议。

2. 共性

（1）都既可针对单个项目风险，又可针对整体项目风险，只是侧重点不一样。

（2）都要用到数字。定量风险分析要用到数字，定性风险分析也可能要用到数字。例如，在定性风险分析中，可以用数字表示风险的可能性和后果；定性风险分析的工具"概率和影响矩阵"可以是主要由数字组成的。

3. 联系

（1）实施定性风险分析的结果是实施定量风险分析的重要基础。

（2）实施定量风险分析之后，通常要对一些较严重的单个项目风险的初步排序（实施定性风险分析的结果）进行调整，得到更新的排序。

4. 区别

（1）任何项目都需要开展实施定性风险分析过程，但并非每个项目都需要开展实施定量风险分析过程。

（2）对已识别的任何一个单个项目风险，都要做定性分析，但并非都要做定量分析。

（3）实施定性风险分析过程主要针对单个项目风险，而实施定量风险分析过程主要针对整体项目风险。在实施定量风险分析过程中，对一些单个项目风险进行分析，也是要为分析整体项目风险做准备。

（4）定性风险分析是主观的分析，即：不同的人很可能会得出不同的分析结果。定量风险分析是客观的分析（必须建立和使用数学模型），即：只要所依据的数据是一样的，不同的人会得到相同的分析结果。

（5）定性风险分析的结果是对各单个风险的定性描述，以及对整体项目风险程度的定性描述。定量风险分析的结果是各工作包、各控制账户和整个项目需要多少应急时间和应急资金，各工作包、各控制账户和整个项目在规定的时间和预算内完工的概率是多少。

5. 参阅《PMBOK®指南》第6版中的页码

419，428，708

实验设计 VS 敏感性分析

1. 概念

实验设计是指通过做实验来考察多种变量的不同组合会对结果产生怎样的影响，以便设计出能够实现最优功能的、最合理的变量组合。例如，手机设计者可以借助实验设计来考察各种按键的不同组合会产生怎样的用户使用体验，以便设计出能让用户获得最佳体验的、最合理的按键组合。由于需要收集关于实验过程和实验结果的数据，并进行统计分析，所以实验设计属于统计方法。在实验设计中，一次可以改变多个甚至全部变量。在质量管理中，可以用实验设计的方法来确定质量标准。

这里仅讨论单因素敏感性分析，不讨论多因素敏感性分析。敏感性分析是指逐一分析单个变量，来确定单个变量的每一个单位的变化对结果的影响。在分析某个变量时，要把其他变量都固定在常数值（不允许变化）。分析完一个变量之后，再分析下一个变量，依次类推，直至全部变量都分析完毕。敏感性分析旨在确定各单个变量的变化对结果的不同影响，并据此找出对结果影响最大的一个或多个变量（最敏感的变量），加以重点管理。通常用龙卷风图来展示敏感性分析的结果。在龙卷风图中，把对结果影响最大的变量及其影响画在最上方，把对结果影响最小的变量及其影响画在最下方。如图1所示。

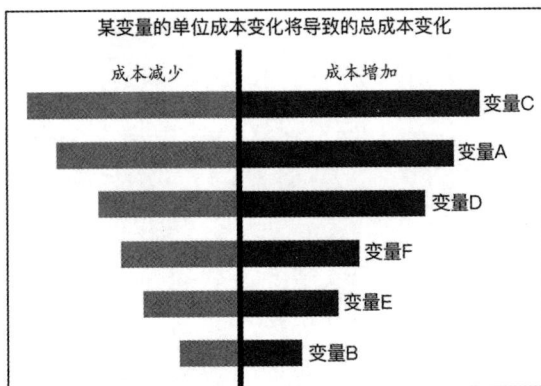

图 1　龙卷风图示例

2. 共性

都是要用定量分析方法来考察变量的变化对结果的影响。这里的"变量"相当于自变量，"结果"相当于因变量。

3. 联系

在实验设计中，如果一次只改变一个变量，那么实验设计就相当于敏感性分析。

4. 区别

（1）在实际工作中，实验设计经常用于在规划质量管理过程中确定质量标准。《PMBOK®指南》第 5 版中，实验设计是规划质量管理过程的技术，但在第 6 版中被删除，这似乎并不合理。敏感性分析是实施定量风险分析过程的"数据分析"中的子技术。

（2）在《PMBOK®指南》中没有规定用某种图形来展示实验设计的结果，但规定了用龙卷风图来展示敏感性分析的结果。

（3）在实验设计中，一次可以改变多个甚至全部变量。在敏感性分析中，一次只能改变一个变量，其他变量都必须固定不变。

5. 参阅《PMBOK®指南》第 6 版中的页码

290，434，715

属性抽样 VS 变量抽样

1. 概念

属性抽样是指在对产品质量进行抽样检查时，把每个抽样样本的检查结果都定性为非此即彼，例如，要么"是"要么"不是"，要么"合格"要么"不合格"，不留任何中间地带。完成对全部样本的检查之后，就可以得出诸如"合格率"或"通过率"的结果。然后，再根据该结果来决定接受或拒绝样本所在批次的产品。举例说明：某商场为了吸引更多客人，决定通过抽样调查来确定来商场的人员中儿童所占的比例，以便决定是否增加商场的儿童游乐设施。他们规定年龄不超过 14 周岁（含 14 岁）者均为儿童，即：来商场者要么是儿童，要么是成人。调研结果表明来商场的儿童占比 40%。

变量抽样是指在对产品质量进行抽样检查时，只客观记录定量的测量结果，以及该结果在相应连续量表上所处的位置，而不对每个样本下一个非此即彼的检查结论。例如，对考生的成绩进行抽样检查。某个考生的成绩是 59 分，相应的连续量表是 0—100 分（可能的最低分是 0 分，可能的最高分是 100 分），但是我们不说这个成绩是合格或不合格的。

通常，职业资格认证考试（如 PMP®考试）是属性检查（由于不是抽样检查，所以就不能说是"属性抽样"），因为考试结果是"通过"或"不通过"，二者必居其一。而英语水平考试（如托福考试）则是变量检查，因为考试机构只会告诉考生你的成绩是多少分，而不会给考生下一个"通过"或"不通过"的结论。

2. 共性

（1）都是统计抽样的具体应用。

（2）都可用于检查可交付成果的质量。

3. 联系

（1）变量抽样的结果是属性抽样判断合格与否的基础。

（2）如果对变量抽样的结果画一条非此即彼（如通过或不通过）的区分线，那么变量抽样也就变成了属性抽样。

4. 区别

（1）属性抽样的结果是定性的、非此即彼的。变量抽样的结果是定量的，表明测量结果在一个连续量表上的位置。前者相当于体育运动中的跳高比赛，裁判只关心你跳过没有，不关心你是超过杆多高跳过去的；后者相当于跳远比赛，裁判关心你实际跳了多远，而不说多远算合格。

（2）属性抽样的结果在统计学上呈离散的统计分布。变量抽样的结果在统计学上呈连续的统计分布。

5. 参阅《PMBOK®指南》第 6 版中的页码

274，675，698

数据分析 VS 数据表现

1. 概念

数据分析是一个技术组，是用于分析所收集的数据的 27 种具体技术的统称，例如，备选方案分析、其他风险参数评估、假设条件和制约因素分析、质量成本、建议书评价、成本效益分析、决策树分析、文件分析、迭代燃尽图、挣值分析、影响图、绩效审查、过程分析等。总共有 32 个过程使用"数据分析"这个技术组，但各过程使用的具体技术不一定相同。

数据表现也是一个技术组，是用于展现数据之间的关系的 15 种具体技术的统称，包括：亲和图、因果图、控制图、流程图、层级图、直方图、逻辑数据模型、矩阵图、散点图、思维导图、RACI 图、概率和影响矩阵、相关方参与评估矩阵、相关方映射图、面向文本的格式。总共有 11 个过程使用"数据表现"这个技术组，但各过程使用的具体技术不一定相同。

2. 共性

（1）都要基于收集的数据，都是为了更好地理解数据的含义。

（2）都包含多种具体的单个技术。

（3）都在多个项目管理过程中使用。

3. 联系

（1）通常，先用"数据收集"技术收集数据，再用"数据分析"技术分析数据，最后用"数据表现"技术展现数据。

（2）有些具体的数据分析技术也可同时用于展现数据，反之亦然。

4. 区别

（1）数据分析可以是客观地分析或主观地分析，数据表现则是客观地表现数据分析的结果。

（2）数据分析中的具体技术，大多数都有"分析"字样，或隐含"分析"字样，例如，"质量成本"，其实应该是"质量成本分析"。数据表现中的具体技术，都是图形或表格。

5. 参阅《PMBOK®指南》第 6 版中的页码

111，226，261，284，293，316，702

数据收集 VS 数据表现

1. 概念

数据收集是一个技术组，是用于收集主观或客观数据的 9 种具体技术的统称，包括用于收集主观数据的头脑风暴、焦点小组、访谈，用于收集客观数据的标杆对照、核查表、核对单、统计抽样，以及既可收集主观数据也可收集客观数据的市场调研、问卷调查。总共 13 个过程使用"数据收集"这个技术组，但各过程使用的具体技术不一定相同。

数据表现也是一个技术组，是用于展现数据之间的关系的 15 种具体技术的统称，包括：亲和图、因果图、控制图、流程图、层级图、直方图、逻辑数据模型、矩阵图、散点图、思维导图、RACI 图、概率和影响矩阵、相关方参与评估矩阵、相关方映射图、面向文本的格式。总共 11 个过程使用"数据表现"这个技术组，但各过程使用的具体技术不一定相同。

2. 共性

（1）都包含多种具体的单个技术。

（2）都在多个项目管理过程中使用。

3. 联系

（1）通常，先用"数据收集"技术收集数据，再用"数据分析"技术分析数据，最后用"数据表现"技术展现数据。

（2）某些具体的数据收集技术可以直接与某些具体的数据表现技术联合使用，而无须经过中间的数据分析技术。例如，用头脑风暴收集数据之后，可以立即用亲和图去表现；用核查表收集收据之后，可能立即用直方图去表现。

（3）某些具体的数据表现技术，同时也可用于收集数据。例如，画因果图或思维导图的过程，同时也就是收集数据的过程。

4. 区别

可以从名称上去理解它们之间的区别。

5. 参阅《PMBOK®指南》第 6 版中的页码

80，85，142，284，293，316，702

弹回计划 VS 权变措施

1. 概念

弹回计划和权变措施，既可以针对消极的单个项目风险（威胁），也可以针对积极的单个项目风险（机会）。由于针对威胁的情况更常见，下文仅讨论针对威胁的情况。

弹回计划是为严重的消极风险（威胁）而制订的备用应急计划，以便在主应急计划不起作用时紧急启用。例如，某药厂生产的一个中间产品需要在 2～5℃的环境下低温储存，要求 24 小时对冷库进行供电。该药厂制定了冷库停电时的主应急计划和备用应急计划。主应急计划是采用双电源供电，即第一个市政电源停电时，立即动用第二个市政电源供电。弹回计划是采用柴油发电机进行供电。这个弹回计划被写进了《冷库运行安全操作规程》，并且进行了模拟演练。一旦冷库停电这个风险发生，双电源切换装置立刻切换到第二个市政电源，启动应急计划。如果第二个市政电源也停电，则立即用柴油发电机对冷库进行供电，启动弹回计划。由于这些工作事先已经写入风险应急计划，所以一旦风险发生，就可以"全自动地"执行，而不需要向领导做任何汇报。

权变措施是针对正在或已经发生的消极风险（威胁）而紧急采取的，事先没有计划过的应急措施。在以下三种情况下需要采取权变措施：一是发生了未曾识别且须应对的威胁，二是发生了被动接受且须应对的威胁，三是事先制定的应急措施（包括主应急计划和弹回计划）对处置正在或已经发生的威胁全都失效。例如，2003 年，北京发生非典型肺炎疫情，中央下令在一周内建成小汤山医院来收治非典型肺炎患者，这就属于采取权变措施。采取权变措施也属于变更，所以必须提出变更请求，并在经过批准后才能执行。当然，对权变措施的审批流程必须在很短时间内走完。

2. 共性

都是针对正在或已经发生的消极风险的应急措施。

3. 联系

执行弹回计划之后，如果还不行，就要采取权变措施。

4. 区别

（1）弹回计划是事前计划好的，而权变措施是事先未经计划的。

（2）弹回计划只针对严重的威胁，而权变措施可以针对任何威胁。对于不太严重的威胁，通常不必制订弹回计划。

（3）弹回计划的启用通常是在具备相关条件时自动进行的，不需要经过任何审批程序。而采取权变措施，就必须先提出变更请求，并且需要经过一定的变更审批流程。

（4）弹回计划一定是相对于主应急计划而言的。如果没有主应急计划，就不可能有弹回计划。在启用弹回计划之前，必须先启用主应急计划。而在采取权变措施之前，不一定要先采取其他的应急措施。在采取权变措施之前，可以已经采取了其他应急措施，也可以没有采取其他任何应急措施。

5. 参阅《PMBOK®指南》第 6 版中的页码

445，448，704

注："权变措施"在第 5 版中有，第 6 版中没有直接写出。

提前量和滞后量 VS 快速跟进

1. 概念

提前量和滞后量是相对于紧前活动，紧后活动可以提前或必须推迟的时间量。例如，在住宅楼建筑部分全部完工 15 天之前就可以开始小区绿化工程，这就是带 15 天的提前量的完成到开始关系，表示为 FS-15。再如，粉刷完墙壁，必须再等 1 天，等墙面固化后才能开始粘贴壁纸，这就是带 1 天滞后量的完成到开始关系，表示为 FS+1。

快速跟进是指把关键路径上本应先后顺序进行的活动调整为至少是部分并行开展，以便缩短项目工期。可以通过添加两个活动之间的时间提前量来实现快速跟进，例如，把本来的 FS（完成到开始）关系修改为 FS-3 天的关系。也可以通过修改两个活动之间的逻辑关系的类型来实现快速跟进，例如，把本来的 FS（完成到开始）关系修改为 SS（开始到开始）关系，即两个活动可以同时开始。快速跟进可能导致返工的风险。在做出快速跟进的决定之前，必须进行风险分析。

2. 共性

（1）都是制订进度计划过程和控制进度过程的工具与技术。

（2）都可用于缩短项目工期。

（3）都与活动之间的逻辑关系有关。

3. 联系

（1）可以通过添加两个活动之间的提前量，来实现快速跟进。

（2）在极特殊的情况下，可以把两个活动之间的滞后量减至负数，以实现快速跟进。

（3）被快速跟进的两个活动之间必然存在提前量。

4. 区别

（1）"提前量和滞后量"是用于定义或调整活动之间的逻辑关系（在排列活动顺序过程中定义，在制订进度计划过程或控制进度过程中调整）的一种技术，而快速跟进只是用于调整活动之间的逻辑关系（制订进度计划过程或控制进度过程）的一种技术。

（2）"提前量和滞后量"的应用对象不局限于原本要先后顺序开展的两个活动，而快速跟进的对象必须是原本要先后顺序开展的两个活动（它们之间原本没有提前量）。

（3）"提前量和滞后量"中的"滞后量"是指一段等待的时间，而快速跟进与此无关。

（4）应用"提前量和滞后量"去增加提前量，通常是在条件许可的情况下，因此不会增加返工或安全的风险；进行快速跟进，则通常是一种迫不得已的做法，会增加返工或安全的风险。

5. 参阅《PMBOK®指南》第 6 版中的页码

192—193, 214, 215, 228, 704, 706

统一命令 VS 统一方向

1. 概念

统一命令是指团队成员在做一件工作时，只能从一位上级那里接受指令，只服从于一个命令源。因为任何人接到两个或以上上级的命令都会无所适从，工作的积极性都会受到影响。

统一方向是指对服务于同一个目标的各种工作，只能用一份计划去指导，或者只能由一个人去指导。只有这样，各种工作才能向同一个方向开展，有利于实现它们所服务的共同目标。

2. 共性

（1）都有利于避免混乱，维护秩序。

（2）都有利于实现既定的目标。

3. 联系

（1）如果对服务于同一个目标的每项工作都由同一位上级来发布"统一命令"，那么也就能够实现"统一方向"。

（2）如果"统一方向"是由一位上级去指导服务于同一目标的各种活动，那么也就能够实现"统一命令"。

4. 区别

（1）统一命令是对人而言的，即任何一个人都只能接受一个人的命令。统一方向是对事的，即服务于同一目标的各种工作只能有一份计划或只能接受一个人的指令。

（2）统一命令是一个上级人员对一个或一组下级人员。统一方向是一个计划或一个上级人员对服务于同一个目标的一系列工作。

5. 参阅《PMBOK®指南》第6版中的页码

44

头脑风暴 VS 名义小组技术

1. 概念

头脑风暴是由一群人集思广益，在较短时间内提出大量创意的一种群体创新技术。在项目管理中，可以用头脑风暴法来收集需求、探求导致问题的可能原因、识别风险，以及提出解决问题的方案等。可以按以下步骤来开展头脑风暴：① 主持人宣布会议主题和规则；② 参加者自由发言、提出创意；③ 对创意进行评审、联系和归类；④ 得到结果（最有价值的一些创意）。在第 2 个步骤中，必须提出尽可能多的创意，且不允许对创意进行任何形式的评价。

名义小组技术是一种特殊的、更加结构化的头脑风暴法。名义小组是指没有经过正式建设的小组。有两种常见的做法。第一种做法的步骤是：① 宣布会议主题和规则；② 把参会者分成多个名义小组（每组有约 5 名成员），按小组在规定时间内开展讨论；③ 名义小组自动解散，所有成员重新归为一个大组，开展头脑风暴；④ 得到头脑风暴的结果（最有价值的一些创意）。第二种做法的步骤是：① 宣布会议主题和规则；② 由每个成员花几分钟静思并写下自己所想到的所有主意；③ 主持人依次请每个成员提出一个主意，分多轮进行直到每个成员说完自己的所有主意；④ 大家对主意进行讨论，以便对每个主意的理解基本一致；⑤ 由全体成员投票，选出最有价值的一些主意。

2. 共性

（1）都属于集思广益的方法，名义小组技术是更加结构化的头脑风暴法。

（2）都是在主持人的组织之下开展的群体创意活动。

3. 联系

名义小组技术是一种特殊的、更加结构化的头脑风暴。

4. 区别

（1）普通的头脑风暴法重在"多"，即获得尽可能多的主意；而名义小组技术重在"排序"，即获得主意的排序清单。

（2）普通的头脑风暴法不会刻意追求每个成员的平等参与和贡献，较活跃的成员往往会起主导作用，对结果有更大的影响；而名义小组技术强调每个成员都有均等的机会发表意见。

（3）在以下情况下应采用名义小组技术：会议主题容易引发激烈冲突或引发冷场，担心某些成员过分活跃或过分安静，有些成员在静思中或更小范围内能产生更好的主意。

5. 参阅《PMBOK®指南》第 6 版中的页码

80，144—145，707

头脑风暴 VS 头脑写作

1. 概念

头脑风暴是由一群人集思广益，在较短时间内以"说"的方式提出大量创意的一种数据收集技术。在项目管理中，可以用头脑风暴法来收集需求、探求导致问题的可能原因、识别风险及提出解决问题的方案等。可以按以下步骤来开展头脑风暴：① 主持人宣布会议主题和规则；② 参加者自由发言、提出创意；③ 对创意进行评审、联系和归类；④ 得到结果（最有价值的一些创意的清单）。在第 2 个步骤中，必须提出尽可能多的创意，且不允许对创意进行任何形式的评价。

头脑写作是要求所有参与者在短时间内以"写"的方式提出大量创意的一种数据收集技术。它是头脑风暴的改良形式，是为克服传统头脑风暴的某些弊端，例如某些人不擅长抢着发言。与传统头脑风暴的区别在于上文的第 2 步。头脑写作的第 2 步是这样的：每个人在规定时间内（如 2 分钟）写出尽可能多的创意，然后所有人同时把自己的纸张传给左手边的人，接着每个人在收到的纸张上继续在规定时间内写出尽可能多的创意，再往下传，直到自己传出去的纸张回到自己手上，最后主持人收集并展示所有创意。

2. 共性

（1）都是一种数据收集技术。

（2）都是为了激发出更多的创意、想法、解决方案等。

（3）都需要由主持人引导，所有参与者都要积极参与。

3. 联系

头脑写作是一种特殊的头脑风暴，其基本做法与传统的头脑风暴一致，只是提创意的方式是"写"而不是"说"。

4. 区别

头脑风暴用口头说的方式提出创意，而头脑写作则用书面写的方式提出创意。它们各有优势和劣势，见表 1。

表 1　头脑风暴和头脑写作的优劣势

比较内容	头脑风暴	头脑写作
优势	气氛活跃，相互启发，自愿发言，创意立即向全体展示	安静思考，每个人同时写创意，在短时间内获得更多创意，每个人的贡献均等
劣势	需要抢着发言，容易有些人活跃，有些人基本不发言	相互启发性较小，时间压力较大，每个人被迫写创意，创意不立即向全体展示

5. 参阅《PMBOK®指南》第 6 版中的页码

80，511

投标人会议 VS 谈判

1. 概念

投标人会议又称"标前会",即:正式投标之前的会议。潜在卖方在根据招标文件编制卖方建议书(投标文件)的过程中,通常都会对招标文件有一些疑问,需要买方给予解释,也希望考察项目现场。投标人会议就是买方召集这些潜在卖方举行的,旨在向潜在卖方解释疑问、让潜在卖方考察项目现场的会议。投标人会议应按照"公平、公正、公开"的原则召开,确保每个潜在卖方都得到完全同样的信息。会议结束时要形成会议纪要,作为对招标文件的澄清与补遗送给所有的潜在卖方。

谈判(这里仅讨论实施采购过程中的"谈判")是买方与已成为中标候选人的潜在卖方举行的一对一的合同谈判,以便形成可供双方签署的合同文件。对于比较复杂的采购,谈判可能需要进行多个轮次。如果有多个中标候选人,则先与排名第一者进行谈判;如果无法达成一致,再与排名第二者谈判;依次类推。

2. 共性

(1)都是实施采购过程的工具与技术。谈判隶属于"人际关系与团队技能"技术组。

(2)都是在买方和潜在卖方之间举行的一种沟通会议。

3. 联系

(1)投标人会议和谈判是同一个单次采购的不同阶段的工作。有效的投标人会议有助于后续的谈判进行得比较顺利。

(2)投标人会议提出的问题和给出的解释,可能会在谈判中再次提及并进一步明晰。

4. 区别

(1)在实施采购过程中,投标人会议属于投标阶段的工作,谈判属于授标阶段的工作。

(2)投标人会议是一次性的公开会议。谈判是秘密且可能是多轮次的会议。

(3)投标人会议是一对多的会议,即一个买方对多个潜在卖方。谈判则是一对一的会议,即一个买方对一个潜在卖方。

(4)在实施采购过程中,投标人会议旨在使所有潜在卖方对采购要求获得清晰且一致的理解。谈判旨在形成可供签署的合同文件。

5. 参阅《PMBOK®指南》第 6 版中的页码

487,488,699

投资回收期 VS 投资回报率

1. 概念

投资回收期是指从项目启动到收回全部项目投资所需的时间段，如5年。选择项目时，投资回收期越短越好。

投资回报率是项目在整个产品生命周期（含建设期）中的年均利润与项目投资额之比。选择项目时，投资回报率越高越好。

例如，项目A和项目B，都是一次性投资100万元，都是当年建成投产并开始盈利。表1是两个项目投产后的年度利润和累计利润（未考虑项目投资额）。

表1 项目A和B利润和累积利润表（未扣投资额）

年 份	项目A（万元）		项目B（万元）	
	年度利润	累计利润	年度利润	累计利润
1	40	40	20	20
2	60	100	40	60
3	30	130	40	100
4	20	150	80	180
5	10	160	20	200

从表1可以看出，项目A的投资回收期为2年，而项目B的投资回收期则为3年。

也可以根据表1的数据，用年均利润除以投资额，计算出项目的投资回报率。项目A的投资回报率为：［（160万元-100万元）÷5年］÷100万元=12%。项目B的投资回报率为：［（200万元-100万元）÷5年］÷100万元=20%。

2. 共性

（1）都比较简单易懂，同时都是静态指标，即不考虑货币的时间价值；

（2）都是在项目启动过程中用于评价项目的商业可行性的重要经济指标。

3. 联系

通常，投资回报率高，投资回收期一般也短，但并非绝对如此。例如，前述项目A和项目B，项目B的投资回报率更高，但是投资回收期却更长。

4. 区别

（1）投资回收期不考虑投资全部收回来之后的项目产品运营收入和利润，投资回报率会考虑。

（2）投资回收期越小（短）越好，投资回报率越大越好。

（3）各备选项目基于投资回收期的排序结果，可能与基于投资回报率的排序结果不完全相同。例如，前述项目A的投资回收期短于项目B，应该优先选A；但项目A的投资回报率低于项目B，又应该优先选B。在两个指标有矛盾的情况下，该如何选择，就要看具体情况。如果发起人较保守且市场变化的风险较大，则优先选择投资回收期更短的项目；反之，则优先选择投资回报率更大的项目。

5. 参阅《PMBOK®指南》第6版中的页码

233，473

推定变更 VS 变更请求

1. 概念

推定变更是指在合同执行过程中，未按合同变更控制系统的规定提出和审批变更请求，但实际上已经发生且合理的合同变更。它是一方根据对方的某种行为或不行为来推定的必须开展的变更。例如，在装修合同中规定的线缆型号不能满足安全标准，承包商提出更改建议后迟迟得不到答复，为保证进度和安全，承包商修改了线缆型号。这就是承包商根据业主的不作为（不给答复）而合理推定的变更。由于合同双方很可能对是否存在推定变更存在争议，所以一旦一方做出了推定变更，必须立即书面通知对方。例如，承包商在修改线缆型号时，必须立即书面通知业主。

变更请求是在项目启动、规划、执行和监控过程中，项目相关方提出的关于采取纠正措施、预防措施或缺陷补救措施，或修改经批准的项目计划的正式建议。任何人都可以向项目经理提出变更请求。变更请求要由具审批权限者根据变更控制系统的规定进行审批。在项目采购管理中，提出变更请求，可以是合同一方要求修改合同规定，或者要求己方或对方采取纠正、预防或缺陷补救措施。采购管理中的变更请求的审批，其实是合同双方对变更事项经谈判达成一致。如果达不成一致，就演变成争议。

2. 共性

推定变更是与采购合同有关的，变更请求也可以是与采购合同有关的。

3. 联系

在控制采购过程中，如果一方提出变更请求后，而另一方未按规定进行处理，就可能导致提出变更请求者做出推定变更。当然，他在做出推定变更时，必须十分谨慎。

4. 主要区别

（1）推定变更是未经合同变更控制系统处理的，实际已发生且合理的合同变更。变更请求是根据变更控制系统的规定而提出的、待处理的变更申请。

（2）只有存在采购合同，才可能出现推定变更。无论是否存在采购合同，都可能提出变更请求。

5. 参阅《PMBOK®指南》第 6 版中的页码

96，117，498，700

完工尚需估算 VS 完工估算

1. 概念

完工尚需估算（ETC）是在项目执行的不同时间点重新估算的、完成剩余项目工作所需的总成本，即：对项目所需的未来总成本的预测值。应该根据项目成本管理计划中规定的间隔时间，定期重新计算 ETC，如每个月底都计算一次。如果预计未来的工作能够完全照预算进行，那么 ETC＝BAC－EV，其中 BAC 是完工预算，EV 是截至目前的累计挣值。如果预计截至目前的成本超支或节约情况会一直持续下去，那么 ETC＝(BAC－EV)/CPI，其中 CPI 是截至目前的累计成本绩效指数（每花 1 元钱所完成的工作价值）。如果截至目前的成本和进度绩效都不理想，且项目必须在规定日期完工，那么 ETC=(BAC－EV)/(CPI×SPI)，其中 SPI 是截至目前的累计进度绩效指数。这个公式暗示着今后必须以成本增加为代价来赶工期。当然，也可以不用公式来计算，而是重新开展调查，重新用自下而上的方法估算出 ETC。

完工估算（EAC）是在项目执行的不同时间点重新估算的、完成全部项目工作（包括已经完成的工作和剩余的工作）所需的项目总成本，是实际成本（AC）和完工尚需估算（ETC）之和。应该根据项目成本管理计划中规定的间隔时间，定期重新计算 EAC，如每个月底都计算一次。完工估算（EAC）的计算口径必须与完工预算（BAC）完全一致。BAC 值是项目计划中确定的。

2. 共性

（1）都是挣值管理中关于未来成本绩效的重要预测指标。

（2）都要在同样的时间点来重新计算，如在每个月底都重新计算 ETC 和 EAC。

（3）把不断重新计算出的 ETC 值连成一条线，可以看出项目成本绩效的发展趋势。理想的情况是，ETC 曲线与 PV 曲线（S 曲线）基本对称（相反）。把不断重新计算出的 EAC 值连成一条线，也可以看出项目成本绩效的发展趋势。理想的情况是，EAC 线基本是一条与 BAC 线重合的直线。

3. 联系

（1）EAC=AC+ETC。

（2）通常先估算出 ETC 值，然后与项目成本账目中已有的 AC 值相加，得到 EAC 值。

（3）特殊情况下，也可以先估算出 EAC 值，再减去 AC 值，得到 ETC 值。

4. 区别

（1）EAC 是全部项目工作的预测总成本。ETC 仅为全部剩余项目工作的预测总成本。

（2）BAC－EAC＝VAC，即：完工时将要出现的总成本偏差，正值为成本节约，负值为成本超支。如果 VAC 值超出了可接受的区间，就需要立即提出变更请求（预防措施建议）。

5. 参阅《PMBOK®指南》第 6 版中的页码

264，265，703

完工尚需估算 VS 完工尚需绩效指数

1. 概念

完工尚需估算（ETC）是在项目执行的不同时间点重新计算的、完成剩余项目工作所需的总成本，即：对项目所需的未来总成本的预测值。应该根据项目成本管理计划中规定的间隔时间，定期重新计算 ETC，如每个月底都计算一次。如果预计未来的工作能够完全照预算进行，那么 ETC＝BAC–EV，其中 BAC 是完工预算，EV 是截至目前的累计挣值。如果预计截至目前的成本超支或节约情况会一直持续下去，那么 ETC＝(BAC–EV)/CPI，其中 CPI 是截至目前的累计成本绩效指数（每花 1 元钱所完成的工作价值）。如果截至目前的成本和进度绩效都不理想，且项目必须在规定日期完工，那么 ETC=(BAC–EV)/(CPI×SPI)，其中 SPI 是截至目前的累计进度绩效指数。这个公式暗示着今后必须以成本增加为代价来赶工期。当然，也可以不用公式来计算，而是重新开展调查，重新用自下而上的方法估算出 ETC。

完工尚需绩效指数（TCPI）是在项目执行的不同时点重新计算的、为了在规定的预算内完成本项目，未来的工作必须要达到的成本绩效水平。计算公式为 TCPI=(BAC–EV)/(BAC–AC)，其中 AC 是截至目前的累计实际成本。分子代表的是剩余的工作量，分母代表的是剩余的金钱数。如果 TCPI 小于 1，就表明由于截至目前的成本节约，以后哪怕每花 1 元钱只完成不到 1 元钱价值的工作，项目也能够在规定的预算内完成。如果 TCPI 大于 1，就表明由于截至目前的成本超支，以后只有每花 1 元钱都完成大于 1 元钱价值的工作，项目才能够在规定的预算内完成。万一 TCPI 的数值太大，以至于根本不可能在规定的预算内完成项目，那就不得不经规定的变更流程来增加预算。

2. 共性

（1）都是基于挣值技术而对未来情况的预测。

（2）可以在同一时间点同时计算。例如，在每个月底同时计算 ETC 和 TCPI。

（3）都可以基于原定成本预算目标（BAC）进行计算。

3. 联系

用于计算 TCPI 的公式中，分子为（BAC–EV），是 ETC 的一种。

4. 区别

（1）ETC 是指为完成剩余工作量还需要花多少钱。TCPI 是指为了在规定的预算内完成项目，未来每花 1 元钱必须完成多少价值的工作。

（2）计算 ETC 时，不会假设项目必须在规定的预算内完工。计算 TCPI 时，则需要假设项目必须在规定的预算内完工。

（3）用公式 ETC＝(BAC–EV)/(CPI×SPI)来计算 ETC，是因为项目进度目标特别重要，项目必须按期完工。计算 TCPI 则是因为项目成本目标特别重要，项目必须在规定预算内完工。

5. 参阅《PMBOK®指南》第 6 版中的页码

264—268，703，716

完工预算 VS 完工估算

1. 概念

完工预算（BAC）是在编制项目计划时所确定的，完成整个项目所需的总成本，是项目的总计划价值，也是项目的成本基准。完工预算最好在整个项目期间保持不变。如果在项目执行和监控中发现项目的完工预算已经明显不可行，那就不得不修改完工预算。对完工预算的修改，必须经过变更控制委员会的审批。完工预算应该由以下部分组成：直接成本、间接成本和应急储备。完工预算也可以针对工作包或控制账户，即：完成某个工作包或控制账户所需的总成本。

完工估算（EAC）是在项目执行过程中的特定时点，根据项目的绩效情况，所估计的完成整个项目所需的总成本。由于在该特定时点，项目的部分工作已经完成，所以，完工估算就是已完工作的实际成本加上剩余工作的所需成本。其中，剩余工作的所需成本就是完工尚需估算（ETC）。在项目的整个执行期间，应该按事先确定的时间间隔，定期计算完工估算，例如每一个月计算一次。完工估算应该由以下部分组成：直接成本、间接成本和应急储备。完工估算也可以针对工作包或控制账户。

2. 共性

（1）两者计算时覆盖的时间段一样，都是整个项目生命周期。

（2）两者都基于完全相同的项目范围。

（3）两者的计算口径完全一致，即：都由直接成本、间接成本和应急储备构成。

3. 联系

（1）如果项目能够按照完工预算进行，那么完工估算就会刚好等于完工预算。

（2）完工预算减去完工估算所得到的差值，就是完工偏差（VAC），即：项目完工时将要出现的总成本偏差，正值表示成本节约，负值表示成本超支。

（3）如果原定的完工预算已明显可不行，可以在经过批准后，用完工估算作为新的完工预算，这其实属于调整项目预算。

4. 区别

（1）完工预算一经确定，通常不变。如需修改，必须经过变更控制流程，由变更控制委员会审批。完工估算则在项目执行期间定期计算，计算的结果不需报批，也不需变更控制系统处理。完工估算主要用于项目管理团队的内部管理。

（2）完工预算是项目执行前编制的，经批准后作为成本基准。完工估算是在项目执行期间计算的，用来与完工预算比较，预测项目完工时的成本偏差。应该根据预测的完工偏差来决定是否需要采取措施来预防不利成本偏差的出现。

（3）对于某个项目，完工预算肯定是某个唯一的数值，而完工估算则不仅在不同的时点可能有不同的数值，而且在同一时点也可以用不同的方法来计算出多个数值。

5. 参阅《PMBOK®指南》第6版中的页码

261—268，699，703

威胁应对策略 VS 应急应对策略

1. 概念

威胁应对策略是用来应对威胁（消极风险）的各种策略的统称，包括上报、规避、转移、减轻和接受策略。上报是指项目经理把不在项目范围内的威胁，或所需应对措施超出了其权限的威胁上交给项目集经理、项目组合经理或其他高层经理加以管理。规避是指改变项目计划，使项目目标完全不受某个威胁的影响。转移是指基于风险转移合同，以支付风险转移费用为代价，把某个威胁转移给其他方承担。减轻是指采取措施降低风险发生的概率和（或）影响。接受是指不采取任何措施去管理风险，或者仅预留一定的应急储备来应对风险发生的后果。需要根据具体情况，采取不同的应对策略。除了上报、规避策略以外，其他三种策略可以分开单独使用，也可以两种策略甚至三种策略联合使用。进行风险应对旨在把风险水平降低到可承受的程度。

应急应对策略就是我们平常所说的"应急预案"，通常用于威胁。它是针对会有很强的预警信号且发生的后果很严重的威胁而制定的应急预案。其中需要写明应急预案的启动条件，即：风险预警信号强烈到怎样的程度就必须启动应急预案。应急预案通常都是用于减轻严重威胁发生的后果的。例如，可以针对严重的传染病暴发制定应急预案，可以针对极端恶劣天气制定应急预案，可以针对大型公共安全事件制定应急预案。

2. 共性

（1）都是风险的应对策略。应急应对策略是一种特殊的风险减轻策略，用于在严重威胁即将或正在发生时减轻后果。

（2）都针对已知风险。

3. 联系

两者可以同时存在。例如，某公司为仓库内储存的物资采取了火灾预防措施，这属于威胁应对策略中的风险减轻策略；购买了火灾保险，这属于威胁应对策略中的风险转移策略；并且也预留了一定的应急资金用来应对火灾发生的损失，这属于威胁应对策略中的风险接受策略。同时，还制定了消防应急应对策略。平时，要采取风险规避、风险减轻策略预防火灾发生。当火灾发生时，首先执行应急应对策略，最大限度地减少损失；然后对实际发生的损失向保险公司申请赔偿；最后对保险赔偿不足的部分，动用应急资金。这种组合方式，可以更有效地应对风险。

4. 区别

（1）前者是通用的应对策略，适用于任何威胁（消极风险）。后者是专项的应对策略，只针对有明显风险预警信号且发生后果很严重的消极风险。

（2）前者范围更广，包括上报、规避、转移、减轻和接受五种策略。后者范围单一，不仅基本上属于风险减轻策略，而且主要用于减轻风险发生的后果。

（3）前者中的风险上报、规避、转移和接受策略都只能在风险发生之前采用。应急应对策略虽然是在风险发生之前制定的，但只能在风险即将或已经实际发生时采用。

5. 参阅《PMBOK®指南》第6版中的页码

442—443，445—446，700

问卷调查 VS 头脑风暴

1. 概念

问卷调查是针对某一具体问题，设计一份书面调查问卷，并向数量众多的被调查者发放，快速地收集他们的情况或意见。对于收集来的信息，要用统计分析方法或其他方法进行处理，得出所需的调查结果。在《PMBOK®指南》中，它是收集需求和识别相关方两个过程的工具。

头脑风暴是由一群人集思广益，在较短时间内提出大量创意的一种群体创新技术。在项目管理中，可以用头脑风暴法来收集需求、探求导致问题的可能原因、识别风险及提出解决问题的方案等。可以按以下步骤来开展头脑风暴：① 主持人宣布会议主题和规则；② 参加者自由发言、提出创意；③ 对创意进行评审、联系和归类；④ 得到结果（最有价值的一些创意）。在第 2 个步骤中，必须提出尽可能多的创意，且不允许对创意进行任何形式的评价。在《PMBOK®指南》中，它是制定项目章程、制订项目管理计划、收集需求、规划质量管理、识别风险和识别相关方过程的工具。

2. 共性

（1）都是数据收集技术的子技术。

（2）都需要向多个被调查对象收集众多信息。

（3）都需要有主持人。

3. 联系

在数据收集过程中，可以先开展头脑风暴，为设计调查问卷奠定基础；再开展问卷调查，收集和分析信息，得到进一步的结果。

4. 区别

（1）被调查者的数量不同。问卷调查是从尽可能多的调查对象收集信息，而参与头脑风暴的人则不是越多越好，需要有一定的限制（一般 6~12 人）。

（2）沟通方法不同。问卷调查通常用推式沟通方法（把问卷发送给被调查者）或拉式沟通方法（把问卷放在某个网址）开展，而头脑风暴则用交互式沟通方法进行。

（3）头脑风暴是开放式的，鼓励发散性思维；而问卷调查主要是封闭式的，鼓励收敛性思维。

（4）头脑风暴需要创造一个宽松和热烈的氛围来激发大家的创意，而问卷调查必须事先设计好一套合理的问题，以便获得想要的信息。

5. 参阅《PMBOK®指南》第 6 版中的页码

80，142，143，303，712

问题解决 VS 冲突管理

1. 概念

问题解决是管理质量过程和控制资源过程的工具与技术。问题解决是指用结构化的方法去解决问题，其中有以下主要步骤：定义问题，分析问题产生的根本原因；设计多种备选的解决方案；选择最佳解决方案；执行该解决方案；验证解决方案的有效性。简单地说，问题解决就是解决项目中所出现的问题。

冲突管理是制定项目章程、制订项目管理计划、建设团队、管理团队、管理沟通、管理相关方参与这些过程的工具与技术（隶属于"人际关系与团队技能"大类）。冲突管理是指发现冲突，分析导致冲突的主要原因，选用适当的方法加以解决。导致冲突的主要原因包括资源稀缺、进度优先级排序和个人工作风格差异等。解决冲突的主要方法包括合作、面对、妥协、缓和、撤退和强制等。

2. 共性

（1）有时，问题就是冲突，冲突就是问题，从而可以把问题解决与冲突管理等同看待。

（2）任何项目中，都会同时存在问题和冲突，从而同时需要"问题解决"和"冲突管理"。

3. 联系

（1）一个问题，如果不能及时有效解决，就可能演变成一个冲突。

（2）广义上的问题解决是解决所有类型的问题，其中包括冲突管理。

4. 区别

（1）狭义的问题解决主要是对事，解决有问题的事情，如流程、方案、过程等。冲突管理主要是对人，解决人与人之间的关系问题（矛盾）。例如，资源不足，这是一个问题，需要用问题解决的方法去解决；两个人对有限的资源进行争夺，就是一个冲突，需要用冲突管理的方法去解决。

（2）问题解决，通常局限于项目内部。冲突管理，不仅要管理项目团队内部的冲突，而且要管理项目团队与外部相关方之间的冲突。

5. 参阅《PMBOK®指南》第 6 版中的页码

295，348—349

问题日志 VS 风险登记册

1. 概念

问题日志是项目文件的一种，用来记录和跟进在执行和监控过程中发生的所有问题。应该随着问题的出现和处理，不断更新问题日志。

风险登记册也是项目文件的一种，用来记录已识别所有单个项目风险（包括威胁和机会）的详细信息。应该随着实施定性风险分析、规划风险应对、实施风险应对和监督风险过程的开展，不断更新风险登记册。

2. 共性

（1）都需要随项目进行而不断更新。

（2）无论是问题的解决，还是风险的应对，都需要特定相关方的参与。

3. 联系

（1）问题处理不好可能会引发负面风险（威胁）。

（2）负面风险发生后，就会产生一个问题。

4. 区别

（1）问题日志需要实时动态更新，而风险登记册通常只需要定期更新。

（2）问题日志首先是指导与管理项目工作过程的输出，然后要在一些执行和监控过程中被更新。风险登记册首先是识别风险过程的输出，然后要在实施定性风险分析、规划风险应对、实施风险应对和监督风险等过程中被更新。

（3）问题与风险有以下主要区别：问题是当前客观存在的，风险是未来可能发生或不发生的；问题是负面的，风险则同时包括威胁和机会；问题不一定对项目目标有直接影响，风险万一发生则一定会对项目目标有直接影响。

5. 参阅《PMBOK®指南》第6版中的页码

96，417，705，714

系统交互图 VS 影响图

1. 概念

系统交互图是用于分析拟建系统与其他系统之间的相互关系的图形，以便了解拟建系统将要从哪个或哪几个系统获得什么输入，将要向哪个或哪几个系统输出什么成果，从而确定拟建系统必须具备什么功能。例如，将要建设信用卡付款订单处理系统。该系统需要从客户那里接收订单，需要从银行那里获取客户的信用状况。如果拒绝客户订单，就需要把拒绝情况反馈给客户。如果接受订单，就需要把接受情况反馈给客户，同时把订单发给仓库发货。可以用系统交互图把这 4 个系统联系起来。

影响图是用于在不确定的条件下制定决策的图形辅助技术。在影响图中，需要列出追求的目标（用圆角矩形表示），有待做出的决策（用直角矩形表示），以及会影响目标的实现的、存在风险的环节（用椭圆形表示）。例如，需要为增加利润（目标）而投资研发新产品（决策）；研发成功（有风险）并投入市场销售（有风险）后，才能够增加利润。在项目风险管理中，可以用影响图识别出存在风险的环节，再用其他技术来进一步分析这些环节的风险。

图 1 是系统交互图示例，图 2 是影响图示例。

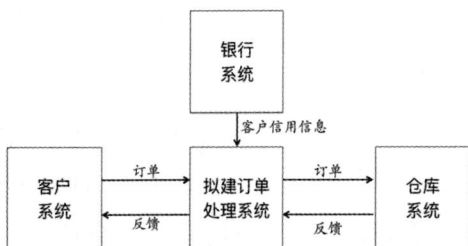

图 1　系统交互图示例　　　　图 2　影响图示例

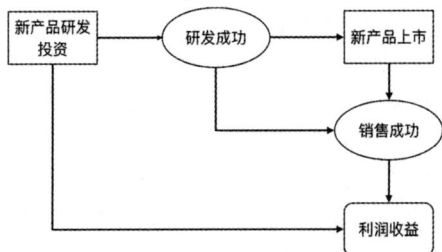

2. 共性

（1）都有助于进行决策。

（2）都可以通过群体集思广益来绘制。

3. 联系

没有特别值得关注的联系。

4. 区别

（1）系统交互图描述各个系统之间的关系，影响图描述与决策有关的各要素，以及对决策有影响的不确定性环节之间的影响关系。

（2）在《PMBOK®指南》中，系统交互图是收集需求过程的工具与技术，影响图则作为数据分析技术的子技术，是实施定量风险分析过程的工具与技术。

5. 参阅《PMBOK®指南》第 6 版中的页码

146，436，700，705

相关方参与计划 VS 相关方参与度评估矩阵

1. 概念

相关方参与计划既是关于项目管理人员与其他相关方打交道的策略和方法以便引导他们合理参与项目的实体性计划，又是关于将如何管理相关方变化、将如何监控相关方参与情况，以及将如何更新相关方参与计划的程序性计划。相关方参与计划是关于相关方管理的实体性计划和程序性计划的综合。其中的实体部分，应该写明将要在什么时间、以什么方式与什么相关方打交道，以便引导他们合理参与项目；程序部分需要规定将在什么时间、以什么方式、按什么程序来监控相关方的变化，以及相关方参与项目的情况，将如何提出针对相关方管理的变更请求，以及将如何更新相关方参与计划。

相关方参与度评估矩阵是一种数据表现技术。它用二维表格呈现各相关方对项目的当前参与程度及所需参与程度（项目经理所期望的相关方参与程度）。从这个表格中，可以一目了然地看出各相关方当前参与程度与所需参与程度之间的差距。相关方的参与程度，可以分为 5 种：不知晓、抵制、中立、支持和领导。表格形式，请见《PMBOK®指南》第 522 页图 13-6。

2. 共性

所编制的、完整的相关方参与度评估矩阵，通常要被收进相关方参与计划，成为相关方参与计划的组成部分之一。

3. 联系

（1）先画出一个空白的相关方参与度评估矩阵，再填进各相关方的名称、当前参与程度和所需参与程度，得到完整的相关方参与度评估矩阵。接着，基于当前与所需参与程度之间的差距，策划该如何引导相关方，以便把当前参与程度提升到所需参与程度。最后，汇编所有内容，得到完整的相关方参与计划。

（2）相关方参与度评估矩阵要定期或不定期更新，以反映相关方参与程度的变化情况。相关方参与计划，往往要随相关方参与度评估矩阵的更新而更新。

4. 区别

（1）相关方参与计划是规划相关方参与过程的输出，是项目管理计划的组成部分；而相关方参与度评估矩阵则是规划相关方参与过程的一种数据表现技术。

（2）相关方参与计划的内容更丰富，而相关方参与度评估矩阵的内容仅限于相关方名称、当前参与程度和所需参与程度。

5. 参阅《PMBOK®指南》第 6 版中的页码

521—522，716

相关方登记册 VS 相关方参与计划

1. 概念

相关方登记册是在项目启动过程组开展相关方识别时所编制的一份项目文件。相关方登记册记录了已识别相关方的姓名、职位、角色和联系方式等基本信息，以及经分析得到的相关方分类和评估信息。评估信息通常包括相关方的需求、期望、对项目可能的影响及影响程度、与项目各阶段的关系等。应该随着相关方信息变化、识别出新的相关方、原有相关方退出本项目、相关方对项目的影响程度或被影响程度的变化，而不断更新相关方登记册。

相关方参与计划既是关于项目管理人员与其他相关方打交道的策略和方法以便引导他们合理参与项目的实体性计划，又是关于将如何管理相关方变化、将如何监控相关方参与情况，以及将如何更新相关方参与计划的程序性计划。相关方参与计划是关于相关方管理的实体性计划和程序性计划的综合。其中的实体部分，应该写明将要在什么时间、以什么方式与什么相关方打交道，以便引导他们合理参与项目；程序部分需要规定将在什么时间、以什么方式、按什么程序来监控相关方的变化，以及相关方参与项目的情况，将如何提出针对相关方管理的变更请求，以及将如何更新相关方参与计划。

2. 共性

（1）两者的内容有所交叉。相关方登记册中的主要信息要纳入相关方参与计划。

（2）都要视项目相关方情况的变化而不断更新。

3. 联系

（1）相关方登记册是相关方参与计划编制的重要依据。在相关方参与计划中要包括相关方登记册中的主要信息，如相关方的基本信息和评估信息。

（2）相关方登记册中的相关方分类和评估信息，为在规划相关方参与过程中编制相关方参与度评估矩阵提供了基础。相关方参与度评估矩阵是相关方参与计划的重要组成部分。

4. 区别

（1）作用不同。相关方登记册旨在全面记录全部已识别相关方的信息，为开展相关规划过程及相关方管理建立基础；相关方参与计划旨在规定如何引导、管理和监督主要相关方对项目的参与。

（2）形成时间不同。相关方登记册是启动过程组识别相关方过程的输出，而相关方参与计划是规划过程组规划相关方参与过程的输出。

（3）性质不同。相关方登记册是项目文件的一种，而相关方参与计划是项目管理计划的组成部分。

5. 参阅《PMBOK®指南》第 6 版中的页码

514，522，716

相关方立方体 VS 凸显模型

1. 概念

相关方立方体是权力影响方格、权力利益方格和作用影响方格的改良形式。分别使用这些方格对识别出的相关方进行分析时，只能考虑相关方的某两个属性，局限性比较大。借助相关方立方体，就可以考虑相关方的三个属性，如权力、影响和作用，组合成相应的三维立体模型，见图1。

凸显模型是根据相关方对项目施加影响的合法性、力量和紧迫性这三个维度，对相关方进行分析和归类，以便把最重要的相关方凸显出来。合法性是指相关方有正式权力对项目施加影响，力量是指相关方愿意且有能力对项目施加影响，紧迫性是指相关方立即就会对项目施加影响。在凸显模型中，有八类相关方，见图2。

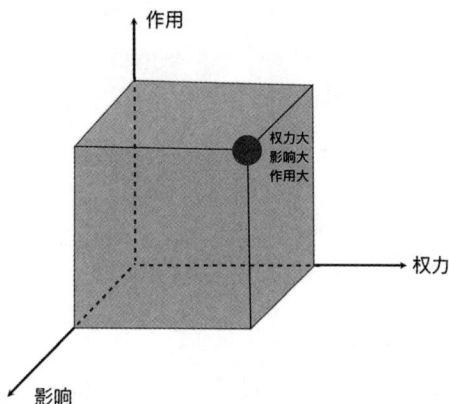

图1　相关方立方体示例

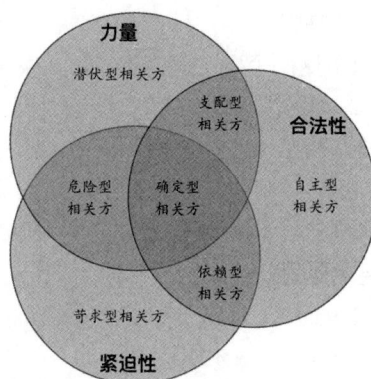

图2　凸显模型

2. 共性

（1）都是在识别相关方过程中，对相关方进行分类的方法。

（2）对相关方进行分类时，都考虑了相关方的三个属性。

3. 联系

可以在同一个项目上同时使用相关方立方体和凸显模型，以便更全面地反映相关方的情况，更好地制定相关方管理策略和引导措施。

4. 区别

（1）在相关方立方体中，根据相关方的权力、影响、作用、利益或其他维度中的任意三个标准，对相关方进行归类；而在凸显模型中，根据合法性、力量和紧迫性这三个维度对相关方进行归类。

（2）相关方立方体中的三个维度不是固定不变的，而凸显模型中的三个维度是固定不变的。

5. 参阅《PMBOK®指南》第6版中的页码

513

相关方社区 VS 相关方群体

1. 概念

相关方社区的英文是 Stakeholder Community，也可以翻译成"相关方社群"。它是由众多有一定共性或联系的相关方所组成的实体或虚拟社区（社群）。如果是实体的，称"社区"更合适；如果是虚拟的，称"社群"更合适。例如，在某个地方做一个建筑工程，当地全体居民就是一个实体的相关方社区；研发一款新手机，该手机的潜在用户就是一个虚拟的相关方社群。

相关方群体的英文是 Stakeholder Group，也可以翻译成"相关方小组"。它是按特定的标准对相关方进行归类的结果，可以是实体或虚拟的群体。例如，对于一个建筑工程或手机研发项目，所有的潜在用户就是一个相关方群体，这个大群体还可再分为更小的群体。

2. 共性

（1）这两个概念有相当程度的交叉，甚至可以替换使用。

（2）都可以是实体或虚拟的。

3. 联系

（1）一个相关方群体，可能同时就是一个相关方社区。

（2）一个相关方社区中，可能有多个相关方群体。

4. 区别

（1）通常，相关方社区的覆盖范围要比相关方群体更广。

（2）同属一个相关方社区的人，其关系密切程度通常不如同属一个相关方群体的人。

5. 参阅《PMBOK®指南》第 6 版中的页码

364，376

项目 VS 运营

1. 概念

项目是组织为实现目标而开展的，需要逐渐细化的，具有明确的开始时间和结束时间的工作，旨在创造独特的产品、服务或成果。

运营是组织为实现目标而在标准化的生产线上或根据标准化的服务流程而开展的持续性工作，旨在重复性地生产出同样的产品或提供同样的服务。

2. 共性

（1）都要服务于组织的经营目标和战略目标。

（2）都要消耗人力、财力和物质资源。

（3）都需要被有效地管理。

3. 联系

（1）互为条件。一方面，运营要基于项目所形成的产品、服务或成果。例如，只有建成了生产线，才能使用生产线来运营。另一方面，做项目的需求和所需的资金都来自于运营。例如，在运营中发现现有生产能力不足，就需要做项目来提高生产能力。

（2）项目的开始和结束都与运营相接，且部分交叉。在项目开始时，资源要从运营向项目转移。在项目结束时，要把项目产品、服务或成果交付运营。

（3）运营中的大量工作可以被当作项目来做。持续性的运营，可以被分解成许多具有明确开始时间和结束时间的临时性工作，从而可以把每一项临时性工作都当作项目来做，在组织中推行项目化管理。

4. 区别

（1）项目具有临时性，必须在规定的时间开始，在规定的时间结束。运营具有持续性，必须不间断地开展下去。

（2）项目具有独特性。不仅项目产品、服务或成果具有独特性，而且项目的实施过程也具有独特性。运营具有相似性，不仅要生产出相同的产品或提供相同的服务，而且是在标准化的生产线上或根据标准化的服务流程来开展的。

（3）项目的生产过程是需要逐渐细化的，不可能一开始就明确全部细节。运营遵循标准化的流程开展，一开始就能够明确工作的全部细节。

（4）项目会因目标的实现而结束。运营却不会因目标的实现而结束。在运营中，会不断地用新目标取代旧目标，把运营持续开展下去。

（5）项目的风险在生产环节，即：可能无法在规定的范围、进度、成本和质量要求之下完成既定的产品、服务或成果。运营的风险在销售环节，即：可能无法把已经生产出来的产品卖掉，或者无法找到需要服务的客户。

（6）对于项目，需要强调启动过程和收尾过程。对于运营，则主要从持续性的角度看问题，从而可以忽略启动过程和收尾过程。

5. 参阅《PMBOK®指南》第 6 版中的页码

4—9，16，710

项目报告发布 VS 工作绩效报告

1. 概念

项目报告发布是管理沟通过程的工具，是指项目管理团队收集各种项目信息，并发送给项目相关方。针对不同的相关方，发送信息的种类、方式和时间会有不同。例如：

- 项目经理向主要相关方报送定期编制的工作绩效报告；
- 项目经理发邮件与职能经理商量某技术人员的时间分配；
- 采购专员把用于公开招标的招标文件发布在相关行业网站上；
- 项目经理在项目团队会议上传达高级管理层对于项目进展的态度。

工作绩效报告是汇编工作绩效信息而得到的项目绩效综合报告（如项目季度进展报告）或专题报告（如质量管理专题报告）。它是监控过程组中的监控项目工作过程的输出，要在管理沟通过程中发送给主要项目相关方，以便他们了解项目情况、做出相关决定、采取相关行动。应该根据特定项目相关方的具体需求，确定工作绩效报告的编制时间和应该包括的内容。工作绩效报告中，应该包括知识管理 DIKW 模型中的信息、知识和智慧，三方面的内容缺一不可。例如，截至某时点，项目的进度偏差为−20 000 元，进度落后的原因是劳动效率低下，这是信息。我们决定采取赶工的办法来赶上进度，这是知识（如何解决当前的问题）。我们建议以后必须加强对项目员工的培训，以防止进度再次落后，这是智慧（如何防止未来再次出现问题）。

2. 共性

都是为了让项目相关方了解项目绩效。

3. 联系

（1）在监控项目工作过程中编制出"工作绩效报告"，再交给管理沟通过程，借助"项目报告发布"发送给主要相关方。

（2）管理沟通过程的工具与技术，包括用于开展沟通的系统（项目管理信息系统）、技术（沟通技术）、方法（沟通方法）、技能（沟通技能、人际关系与团队技能）和行为（项目报告发布）。

4. 区别

（1）项目报告发布是管理沟通的工具与技术，工作绩效报告是监控项目工作过程的输出。前者是"发布信息给相关方"这个动作，后者是需要发送给相关方的一种文件。

（2）工作绩效报告是定期或不定期编制的正式报告，不包括临时编制的非正式报告、项目演示、项目博客、项目微博或微信朋友圈信息。因为后面这些报告或信息的编制与发布通常无须截然分开，所以就把"编制与发布"都归入"项目报告发布"中。项目报告发布，包括收集和发布工作绩效报告，以及编制并发布各种临时报告和信息。

（3）请注意，PMP 考试中，可能会把 Project Reporting 翻译成"项目报告"而不是"项目报告发布"。

5. 参阅《PMBOK®指南》第 6 版中的页码

26，112，385，717

项目成本 VS 生命周期成本

1. 概念

项目成本是项目生命周期内产生的，为实现项目目标而动用资源或开展活动所需花费的全部成本。项目成本包括项目资本性投入成本和项目管理活动成本，例如，建筑物的材料设备采购和施工费用、安全质量保证措施费用、技术咨询费用、项目人工薪酬和福利、项目日常管理费用等等。

生命周期成本其实是全生命周期成本，是在整个产品生命周期内产生的全部成本，由项目成本、项目产品建成后的运营成本和项目产品报废时的处理成本构成。通常，在项目决策时就应预测和分析生命周期成本，并以此为基础来预测项目可能给组织带来的经济和财务效益。

2. 共性

项目成本和生命周期成本都是组织和项目经理应该关注的，都会对组织未来的价值回报或财务效益产生重要影响。

3. 联系

（1）项目成本是生命周期成本的一个组成部分。

（2）项目成本可能对以后的项目产品运营成本和报废处理成本有一定程度的影响。例如，在研发设计阶段适当增加项目成本，就能够改进项目产品的性能和运营稳定性，从而降低项目产品的运营成本。如果过分降低项目成本，则会导致以后的运营成本增加。

4. 区别

（1）项目成本只是在项目生命周期之内发生的成本。生命周期成本是在产品生命周期之内发生的成本。项目生命周期只是产品生命周期中的一个阶段。产品生命周期中还包括项目产品建成后的运营期，直到产品报废、退出市场。

（2）关于项目成本的预算，一经确定并经批准，就成为项目的成本基准和成本控制目标，不能轻易修改。万一要修改，就必须经过正式的变更管理流程。对于生命周期成本的估算，不会成为产品生命周期中的成本基准或成本控制目标，而只是用于测算项目的经济效益和财务效益。

（3）虽然项目经理也要关注生命周期成本，但是他更应该关注项目成本，以便在规定的项目成本之内完成项目。与项目经理相比，组织会更关注生命周期成本，以便获得尽可能大的经济和财务效益。

5. 参阅《PMBOK®指南》第6版中的页码

233，547

项目成本 VS 质量成本

1. 概念

项目成本是指在整个项目生命周期的所有阶段所发生的全部成本。项目成本可以分为直接成本和间接成本。直接成本是专为某个项目而开展的那些工作的成本，能够直接记入项目的成本账。间接成本是为两个或以上项目，或者为项目和运营而开展的那些工作的成本，需要经过一段时间的积累后，在这些项目或项目和运营之间进行分摊，再把分摊给某项目的成本记入该项目的成本账。项目成本也可分为固定成本和可变成本。固定成本是不随项目工作量的变化而变化的成本。可变成本是会随项目工作量的变化而变化的成本，工作量每增加或减少一个单位，可变成本就会相应增加或减少一个单位。其中，直接成本和可变成本通常是项目经理可以直接掌控的成本，而间接成本和固定成本是项目经理通常无法直接掌控的成本。

质量成本是用于项目质量管理工作的成本。质量管理本身也是要花钱的。质量成本由一致性成本和非一致性成本构成。一致性成本是在项目期间用于防止质量不合格的成本，如编制质量管理计划、开展员工培训、进行质量检测等。一致性成本又由预防成本和评估成本构成。预防成本是为预防质量不合格而发生的成本，评估成本则是为检测质量是否合格而发生的成本。非一致性成本是因产品质量不合格而发生的成本，又叫失败成本。非一致性成本由内部失败成本和外部失败成本构成。内部失败成本是指产品交付给客户之前就对发现的质量缺陷进行处理的成本（如内部返工），外部失败成本则是产品交付给客户之后（甚至是在项目完成之后）才对发现的质量缺陷进行处理或不进行处理的成本（如信誉损失、客户赔偿）。

2. 共性

都是只关注成本，而不关注利润。

3. 联系

（1）在项目期间发生的质量成本都是项目成本的重要组成部分。质量成本至少应该占项目成本的 3%~5%（通常的经验值）。

（2）开展项目成本管理时，除了关注项目期间的质量成本以外，也应该适当考虑项目完成之后的项目产品运营期间将发生的质量成本。

4. 区别

（1）项目成本只是项目生命周期内的总成本，不包括项目完成之后的任何成本。质量成本则可以延伸至项目完成之后，甚至直到项目产品退出市场。例如，房屋建设项目的项目成本就是建设期间的总成本；而该项目的质量成本除了项目期间的以外，还可以包括在房屋使用期间因发现房屋建设的质量缺陷而导致的修补成本。

（2）请注意，在《PMBOK®指南》中，质量成本是估算成本过程和规划质量管理过程的工具与技术。作为工具与技术的"质量成本"，其实是"质量成本分析"。

5. 参阅《PMBOK®指南》第 6 版中的页码

233，282—283，701

项目的临时性 VS 结果的持久性

1. 概念

项目的临时性是指项目有明确的开始时间和结束时间。做项目，就是要在规定的时间内完成项目工作，提交出既定的产品、服务或成果。虽然不一定说得清楚项目正式启动（立项）之前的启动阶段究竟是从什么时候开始的，但是通常都可以用项目章程的发布时间作为项目正式启动的时间，也就是项目的开始时间。完成全部项目工作并且项目发起人明确宣布项目关门的时间，或者虽未完成全部项目工作但项目发起人明确宣布提前关闭项目的时间，就是项目的结束时间。临时性不一定意味着持续时间短，一个工期为10年甚至更长时间的项目也同样具有临时性。

结果的持久性是指项目所形成的产品、服务或成果通常都能为执行组织带来长久的效益，会对相关方产生长久的影响。人们通常不会对这种效益和影响规定一个明确的消亡时间。结果的持久性通常因产品、服务或成果的持久存在而导致。但是，即便产品、服务或成果消失了，它们对相关方的影响仍可能继续存在或长或短的时间。例如，奥运会开幕式举办项目，形成了开幕式演出服务。这个服务对社会的影响会在开幕式结束之后继续存在。

2. 共性

（1）都是项目执行组织所追求的重要目标。

（2）都是为了实现为什么要做某个项目的目的。

3. 联系

（1）开展临时性的项目就是为了产出持久性的结果。

（2）通过临时性的项目工作，提交出一般不具临时性的产品、服务或成果；再通过对这些产品、服务或成果的使用，产出持久性的结果。

4. 区别

（1）临时性要求项目团队在规定时间内完成项目，它是项目目标的重要维度之一。持久性要求项目产品、服务或成果为执行组织带来长久的效益，它是执行组织为什么要做该项目的目的所在。

（2）在规定的时间内完成项目工作，提交出既定的产品、服务或成果，这是项目经理的职责。确保这些产品、服务或成果产出持久性的结果，则是项目集经理、项目组合经理和职能经理共同的职责。项目经理的职责通常是在规定的范围、进度、成本和质量要求下提交出产品、服务或成果。至于这些产品、服务或成果能否长久地发挥应有的作用，能否长久地为执行组织带来应有的效益，则通常不属于项目经理的职责范畴（当然，项目经理应该协助项目集、项目组合和职能经理实现项目对组织的效益）。

（3）一方面，项目执行组织通常追求在尽可能短的持续时间内完成项目工作，形成产品、服务或成果；另一方面，项目执行组织通常追求这些产品、服务或成果能够在尽可能长的时间内给组织带来效益。

5. 参阅《PMBOK®指南》第6版中的页码

4，5，542

项目范围 VS 项目质量

1. 概念

根据《PMBOK®指南》，产品范围和项目范围共同决定项目的范围。产品范围是指项目将形成的产品、服务或成果必须具备的功能或特性。可以把产品、服务或成果统称为"可交付成果"。只有可交付成果具备这些功能或特性，才能满足项目相关方对为什么要做某项目的特定的需求。项目范围是指为了做出具有既定功能或特性的可交付成果而必须实施的项目工作，包括技术工作和管理工作。只有做好这些工作，才能形成具有既定功能或特性的可交付成果。这是对项目范围的狭义定义。广义的项目范围则同时包括"产品范围"和狭义的"项目范围"。

项目质量同时包括项目工作的质量和项目可交付成果的质量。项目工作的质量，是针对狭义的项目范围而言的，即所有工作必须符合事先规定的技术要求。项目可交付成果的质量，是针对产品范围而言的，即所有可交付成果必须达到事先规定的技术要求，并具有实用价值。例如，学生在课堂上睡觉，这是"听课"这项工作的质量不符合要求；学生考试不及格，这是"学习成绩"这个可交付成果的质量不符合要求。

2. 共性

（1）都是用来定义项目目标的重要维度。

（2）项目范围和质量的实现，都需要时间和资金的保证。

3. 联系

只有先确定要做哪些工作，要做出具备什么功能或特性的可交付成果，才能确定对这些工作和可交付成果的技术要求，即：先确定项目范围，才能确定项目质量。

4. 区别

（1）针对项目工作而言，项目范围是必须做哪些工作，项目质量则是这些工作必须做到什么技术要求。例如，学生必须去教室听课（范围），而且必须认真（质量）听课。

（2）针对项目可交付成果而言，项目范围是必须具备哪些功能，项目质量是这些功能必须达到什么技术要求。例如，楼梯必须有扶手（范围），而且扶手必须足够牢固（质量）。

（3）《PMBOK®指南》假设先确定项目范围，再依次确定项目的进度、成本和质量要求。

（4）现在，狭义上的项目三重制约是项目范围、进度和成本，与过去的项目进度、成本和质量三重制约不同。

（5）《PMBOK®指南》中有范围基准、进度基准和成本基准，但没有质量基准。范围基准、进度基准和成本基准联合构成项目基准，是项目管理计划的组成部分。之所以没有质量基准，其原因是许多项目的质量标准并非由项目经理或项目执行组织确定，而是由法律法规或行业标准规定的。

5. 参阅《PMBOK®指南》第6版中的页码

131，273—275，711

项目固有的变异性 VS 项目成功的可能性

1. 概念

在实施定量风险分析过程中，对整体项目风险进行评估，得到"项目固有的变异性"和"项目成功的可能性"这两个用来测量整体项目风险敞口的主要指标。

项目固有的变异性是指在定量风险分析中得出的项目可能工期或成本的分布区间。区间的一端是可能的最短工期或最低成本，另一端是可能的最长工期或最高成本，两端之间则是 S 形曲线（累计概率分布曲线）。如图 1 所示，某项目的工期的分布区间是 42～76 天，也就是说该项目肯定会在 42～76 天这个区间内完工。这个区间就是项目工期固有的变异性。

项目成功的可能性是指基于已识别的单个项目风险和其他不确定性来源，项目在某个规定的工期或成本之内完工的概率。例如，根据图 1 的 S 曲线，如果把工期定为 55.5 天，则完工的可能性为 30%；如果定为 60 天，则可能性为 70%。

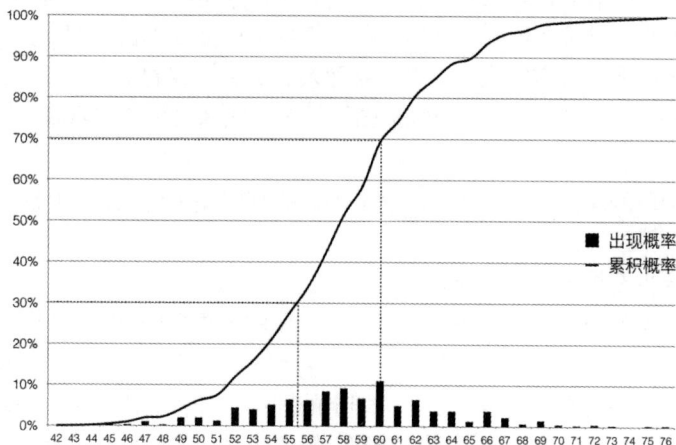

图 1　累计概率分布曲线（S 曲线）

2. 共性

（1）都是用于测量整体项目风险敞口的具体指标。

（2）通常都是通过蒙特卡洛模拟得到的。

3. 联系

必须先计算出"项目固有的变异性"，才能查出在某个特定工期或成本之内的"项目成功的可能性"。

4. 区别

项目固有的变异性是项目的可能工期或成本的分布区间，而项目成功的可能性则是这个分布区间中的某个特定的点的概率值。

5. 参阅《PMBOK®指南》第 6 版中的页码

433，436

项目管理 VS 项目治理

1. 概念

项目管理就是通过整合运用各种项目管理过程来实现项目目标。每个项目管理过程都要应用特定的工具与技术，对特定的输入进行处理，得到特定的输出。在《PMBOK®指南》中列出了 49 个项目管理过程，它们分属于启动、规划、执行、监控、收尾五个项目管理过程组。项目管理的目标包括微观和宏观目标。微观目标是确保在规定的范围、进度、成本和质量内完成项目可交付成果，宏观目标则是确保满足主要项目相关方在项目上的利益诉求。项目管理由项目经理领导项目管理团队来开展。

项目治理是高层次的项目决策机制或框架，是高层管理人员对项目的高层次的指挥、监控和支持。通俗地讲，任何比你职位高的人对你的工作的指挥、监控和支持，都属于"治理"的范畴，而你本人作为工作的执行者，绝对不能违反上级的各种要求，即：你必须在上级所规定的框架内开展工作。中央政府从事国家治理，地方政府从事地方治理。企业中也有类似于政府的机构来开展企业治理，通常是董事会。大中型项目也应该有类似于政府的机构来开展项目治理，通常是项目指导委员会或项目治理委员会。项目指导委员会通常是由主要相关方的代表（高层管理人员）所组成的正式的、高层次的、小型的决策机构。项目指导委员会所做出的决策，不必再报给组织中的高级管理人员审批。

2. 共性

（1）都是项目的决策机制。项目治理是项目的高层决策机制，项目管理则是项目的基层决策机制。

（2）都需要主要相关方的参与。

（3）项目管理办公室既可以参与项目治理，又可以参与项目管理。

3. 联系

（1）项目经理必须在项目指导委员会规定的项目治理框架内开展项目管理工作。

（2）项目指导委员会需要依据项目经理上报的各种信息来做出高层次决策。

（3）项目经理可以列席项目指导委员会的决策会议，以便帮助项目指导委员会成员了解项目情况。

（4）项目经理可把超越自己权限或能力的问题上报给项目指导委员会解决。

4. 区别

（1）层次不同。项目治理是高层次的项目决策机制，而项目管理是基层的项目决策机制（负责日常决策的制定和执行）。

（2）执行者不同。项目治理由项目指导委员会（相当于项目上的董事会）执行，而项目管理则由项目经理（相当于项目上的 CEO）领导项目管理团队来执行。

（3）目的不同。项目指导委员会既要确保项目工作符合企业治理的要求，又要确保项目实现为什么要做它的目的。项目经理既要确保项目工作符合项目治理的要求，又要确保项目在规定的范围、进度、成本和质量之下完成。

5. 参阅《PMBOK®指南》第 6 版中的页码

10，44，542，545，710

项目管理办公室 VS 项目管理团队

1. 概念

项目管理办公室是组织中负责管理项目管理的常设职能部门。它要负责制定和贯彻项目管理的规章制度，开展项目管理培训，委派项目经理，协调所辖项目的共享资源，以及所辖项目之间的跨项目沟通。虽然在不同的组织中，项目管理办公室的作用差别较大，但是，总而言之，项目管理办公室都是旨在制定统一的项目管理方法论，并确保这套方法论在各个项目上都得到基本一致的应用。只是各组织的项目管理方法论的严格程度会有差别，用于确保方法论执行的手段也有差别。

项目管理团队是项目团队中直接从事项目管理工作的成员的集合，不包括项目团队中的一线执行人员。通常，在项目启动阶段任命项目经理，在规划阶段开始时组建项目管理团队，在执行阶段开始时组建一线执行团队。项目管理团队和项目团队都是为了特定的项目而专门设立的。对于很小的项目，项目管理团队和项目团队可能完全重合，即：项目管理团队成员同时也是一线执行人员。

2. 共性

（1）都能够对项目发挥重要作用。

（2）都要从事相关的管理工作。

3. 联系

（1）先由项目管理办公室为每一个项目指定项目经理，再由项目经理来组建项目管理团队。

（2）项目管理团队中的部分成员可以直接来自项目管理办公室。

（3）项目管理团队中的部分成员，在项目完成之后，可以加入项目管理办公室。

（4）项目管理办公室相当于项目经理及其项目管理团队的"娘家"。项目管理团队在遇到管理困难时应该向项目管理办公室求助。项目管理办公室负有给项目管理团队提供业务指导的责任。

（5）项目管理办公室是公司高级管理人员与项目管理团队之间的沟通的桥梁。

4. 区别

（1）项目管理办公室是常设的职能部门，而项目管理团队则是专为某个特定项目而设立的临时性机构，会随项目的完成而解散。

（2）项目管理办公室从整个组织的高度制定统一的项目管理方法论，而项目管理团队则要根据项目的具体情况来应用这套项目管理方法论。在应用项目管理方法论时，需要具体情况具体分析，在不违反组织政策的前提下，对方法论进行裁剪。

（3）项目管理办公室关注项目之间的协调、项目给组织带来的价值，而项目管理团队关注在规定的范围、进度、成本和质量要求之下完成特定的项目可交付成果。

（4）项目管理办公室代表组织对项目绩效进行监控，而项目管理团队则要利用分配给各项目的资源来实现项目的范围、进度、成本和质量目标。

5. 参阅《PMBOK®指南》第6版中的页码

48—49，711

项目管理办公室 VS 项目治理

1. 概念

项目管理办公室（PMO）是组织中管理项目管理的一个永久职能部门。其主要职能包括：建立和推广标准化的项目管理方法，保存项目管理的组织过程资产，协调管理所辖各项目的共享资源和跨项目沟通，指导、辅导和培训项目经理，充当高级管理层与项目团队之间的沟通桥梁，等等。在具体的实践中，PMO 的职责范围可大可小。根据 PMO 扮演的角色和职责的不同，通常有三种不同类型的 PMO，分别为支持型、控制型和指令型。支持型 PMO 仅向项目团队提供支持，如提供工作流程和模板，而没有权力要求项目团队服从 PMO 的指示。控制型 PMO 则不仅向项目团队提供支持，而且有权力要求项目团队服从自己的指示，如要求项目团队采用规定的工作流程和模板。指令型 PMO 则会直接管理一些很重要的项目。

项目治理是高层次的项目决策机制或框架，是高层管理人员对项目的高层次的指挥、监控和支持。通俗地讲，任何比你职位高的人对你的工作的指挥、监控和支持，都属于"治理"的范畴，而你本人作为工作的执行者，绝对不能违反上级的各种要求，即：你必须在上级所规定的框架内开展工作。中央政府从事国家治理，地方政府从事地方治理。企业中也有类似于政府的机构来开展企业治理，通常是董事会。大中型项目也应该有类似于政府的机构来开展项目治理，通常是项目指导委员会或项目治理委员会。项目指导委员会通常是由主要相关方的代表（高层管理人员）所组成的正式的、高层次的、小型的决策机构。项目指导委员会所做出的决策，不必再报给组织中的高级管理人员审批。

以下对"项目管理办公室"和"项目指导委员会"进行比较。

2. 共性

都是项目团队外部的机构，都可以对项目经理的工作进行指挥、监控和支持。

3. 联系

（1）项目管理办公室可以派代表参加项目指导委员会。

（2）项目管理办公室可以充当项目指导委员会的日常秘书机构。

4. 区别

（1）项目管理办公室是组织中的永久职能部门，而项目指导委员会是专门为某一个项目设立的临时机构。

（2）项目管理办公室为项目团队提供项目管理方面的专业支持，而项目指导委员会对项目进行全局性的宏观掌控。

（3）项目管理办公室的作用可大可小，而项目指导委员会是项目的高层级决策机构。

（4）项目管理办公室通常有独立的办公室，成员通常集中办公；而项目指导委员会通常没有独立的办公室，平时并不集中办公，只是在特定时候才召开会议或进行网络办公。

5. 参阅《PMBOK®指南》第 6 版中的页码

44，48—49，545，710，711

项目管理的质量 VS 项目可交付成果的质量

1. 概念

项目管理的质量是指项目管理中各个过程的质量，以及整个项目管理体系的质量。项目管理过程的质量是指各过程的设计是否规范可靠，各过程的执行是否到位且有效。整个项目管理体系的质量是指整个体系的设计是否规范可靠，整个体系的执行是否到位且有效。项目管理过程的质量应由项目管理团队负责，而整个项目管理体系的质量应由组织高级管理层（如项目指导委员会和PMO）来负责。

项目可交付成果的质量是指项目管理各过程输出的有形产品、项目文件和项目管理计划等成果的质量。例如，房屋建设项目所形成的房屋的质量，科研项目所形成的科研成果的质量，新产品研发项目所形成的新产品的质量。

现代质量管理强调同时兼顾过程质量、系统质量和结果质量。《PMBOK®指南》也试图符合现代质量管理的这一要求，规定"项目质量管理需要兼顾项目管理与项目可交付成果两个方面"。当然，这种兼顾，就使质量管理成了无所不包的东西。例如，可以把"把成本控制在预算的±5%之内"的目标也看作质量目标——对成本管理工作的质量目标。尽管如此，《PMBOK®指南》中的质量管理主要还是针对结果的质量的。

2. 共性

（1）都是项目质量管理的对象。

（2）都必须符合要求和适合使用。

3. 联系

（1）项目管理的质量决定了项目可交付成果的质量。只有过程和体系的质量可靠，才能保证成果的质量达到要求。

（2）项目可交付成果的质量会反作用于项目管理的质量，即：从成果的质量中获取相关信息，反馈给项目管理过程和体系，促进持续改进。

4. 区别

（1）项目管理的质量关注项目管理过程和项目管理体系。项目可交付成果的质量则关注成果。

（2）项目管理的质量更难具体化和测量。项目可交付成果的质量相对容易具体化和测量。

（3）项目管理的质量面向项目团队。项目可交付成果的质量面向客户。

5. 参阅《PMBOK®指南》第6版中的页码

273，275

项目管理计划 VS 项目文件

1. 概念

项目管理计划是关于将如何开展项目规划、执行、监控和收尾的，经过正式批准的计划。它是全部子管理计划、项目基准及与项目生命周期有关的内容的综合。子管理计划包括需求管理计划、范围管理计划、进度管理计划、成本管理计划、质量管理计划、资源管理计划、沟通管理计划、风险管理计划、采购管理计划、相关方参与计划、变更管理计划和配置管理计划。项目基准包括范围基准、进度基准和成本基准。与项目生命周期有关的内容包括项目生命周期阶段划分、开发方法和管理审查。基准是经过高级管理人员审批的、高层次的计划，高级管理人员和项目经理将据此监控项目执行情况。

项目文件是会影响项目管理工作但不属于项目管理计划和采购文档的任何文件。《PMBOK®指南》中的所有文件，只要不是项目管理计划本身、项目管理计划的组成部分或被归入采购文档的文件，那就肯定属于项目文件（单列的"项目资金需求"除外）。例如，项目章程、项目进度计划、成本估算、质量测量指标、工作绩效数据、工作绩效信息、工作绩效报告，都属于项目文件。注意：《PMBOK®指南》表4-1所列的项目文件仅为举例，并不全面。

2. 共性

（1）都包括许多既有联系又有区别的组成部分。

（2）随着项目执行和监控的开展，都要被更新。

（3）在阶段或项目结束时，都有归入组织过程资产。

3. 联系

（1）先编制作为项目管理计划的组成部分的子管理计划（如需求管理计划），再依据子管理计划中的方法，来编制属于项目文件的实体计划（如需求文件）。

（2）项目文件中的高层次范围、进度和成本计划，经过高层管理人员审批后，就成为项目基准（范围基准、进度基准和成本基准），被纳入项目管理计划。

4. 区别

（1）项目管理计划是一份经过整合的单一文件，各组成部分都已被整合成了一个不可分割的整体。而项目文件只是各种单一项目文件的统称，它们也许并未汇编在一起。

（2）项目管理计划及其更新一定要经高级管理人员审批，而许多项目文件及其更新并不需要报高级管理人员审批，如项目进度网络图和问题日志。

（3）项目管理计划中的子管理计划都是项目管理的程序性计划，而项目文件中的规划文件都是项目的实体性计划。项目管理计划是规划过程的成果，而项目文件中除了规划过程的成果之外，还有启动、执行、监控和收尾过程的成果。

（4）对项目管理计划进行更新，肯定属于修改正式受控的项目计划，必须走既定的变更流程。而对项目文件进行更新，可能仅仅是添加新的资料，不需走变更流程。

5. 参阅《PMBOK®指南》第6版中的页码

86—89，711

项目管理知识体系指南 VS 项目管理方法论

1. 概念

项目管理知识体系（PMBOK），是项目管理领域全部知识的总和，既包括通用、成熟的项目管理知识，也包括专用、新近的项目管理知识。而《项目管理知识体系指南》（《PMBOK®指南》）则仅概括项目管理知识体系中的通用、成熟的那一小部分。《PMBOK®指南》是"指南"而不是"具体的方法论"。人们可以利用各种具体的方法论（如 PRINCE2）来应用《PMBOK®指南》中的知识。

项目管理方法论是由项目管理工作者所采用的做法、技术、程序和规则所组成的一套方法体系。它是综合了所有或某类项目的共性而建立的统一的项目管理方法体系。其中会严格规定项目的阶段划分，以及各阶段的流程、里程碑、主要工作和可交付成果、工具、模板、岗位职责等。项目管理方法论可以是通用的（如英国商务部的 PRINCE2），行业级的（如软件行业的统一软件开发过程 RUP），或组织级的（如 IBM 公司的全球项目管理方法论）。下文将以 PRINCE2 为例。

注意：上述对项目管理方法论的描述，只是采用了"方法论"的狭义定义。对"方法论"，还有更广义的解释，如在哲学中，方法论是人们认识和改造世界的根本方法。

2. 共性

（1）都是基于项目管理过程的结构化项目管理方法。

（2）都已经成为广为认可的、事实上的全球项目管理标准。

（3）《PMBOK®指南》强调管理项目的范围、质量、进度、预算、资源、风险和效益，与 PRINCE2 所强调的要管理项目的成本、时间、质量、范围、风险和效益，基本一致。

3. 联系

（1）互补性很强。《PMBOK®指南》回答"项目管理是什么"，PRINCE2 回答"项目管理该怎么做"。可以借助 PRINCE2 方法论来应用《PMBOK®指南》中的知识，也可以借助《PMBOK®指南》来加深对 PRINCE2 方法论中的项目管理知识的理解。

（2）《PMBOK®指南》像一本精选词典，包含被普遍公认的良好做法，而 PRINCE2 像一本语法和造句手册，将各种项目管理知识组合成了可操作的业务流程。

4. 区别

（1）《PMBOK®指南》描述项目管理的知识，回答"项目管理是什么"。PRINCE2 描述项目管理的操作步骤，回答"项目管理怎么做"。前者是知识基础，后者是操作手册。

（2）前者关注项目管理过程组及过程，并简单提及项目生命周期及其项目阶段划分。后者关注基于产品的项目规划，以及为交付产品的项目阶段划分和评审。

（3）前者主要从整个项目管理团队的视角讨论该做什么，基本没有讨论参与项目的其他各参与方的岗位和职责。后者较详细地讨论了项目各主要参与方的岗位和职责。

5. 参阅《PMBOK®指南》第6版中的页码

1—2，28

注：第5版提及了 PRINCE2，第6版未提及。

项目集 VS 项目组合

1. 概念

项目集是一组相互关联的项目的集合，以便通过相互之间的配合来实现依靠任何单个项目都无法实现的效益。同一项目集中的项目之间存在非常紧密的联系，以至于任何一个项目失败了，整个项目集就会失败（无法实现既定效益）。例如，为了提高当地的医疗服务水平，就需要做这三个项目：建一座新医院、扩建至医院的道路、开设新的公交线路。任何一个项目的失败都会影响到"提高医疗服务水平"这个项目集目标的实现。项目集管理旨在协调管理这些相互关联的项目，来取得假如把每个项目单独管理所不能取得的效益。

项目组合是为实现组织既定的战略目标而共用有限的组织资源的一组项目和（或）项目集。同一项目组合中的项目之间不一定存在紧密的联系，可能只是共用有限的组织资源。例如，公司中的几条相互独立的业务线上的项目或项目集，就可以形成公司级的项目组合。项目组合管理旨在选择一系列正确的项目或项目集来做。

2. 共性

（1）都包含一系列的项目，都要服务于组织目标。

（2）都不一定有明确的结束时间。其组成项目都不是一成不变的。

3. 联系

（1）组织先要通过战略管理来确定战略目标，再通过项目组合管理来选择一系列正确的项目或项目集来做，再通过项目集管理来协调管理同一项目集中的各个项目，再通过项目管理来正确地完成每一个单一项目。

（2）项目和项目集都隶属于某个项目组合。

4. 区别

（1）通常，一个项目必须隶属于某个项目组合。一个项目可以隶属于某个项目集，也可以不隶属于任何一个项目集，而是作为一个完全独立的项目。

（2）项目集是横向的项目串，项目之间完全平等。项目集管理的重点是抓住项目之间的横向联系来开展所需的协调管理。项目组合是纵向的项目串，项目之间有优先级排序。项目组合管理的重点是排列项目的优先级，并根据该优先级来分配有限的组织资源。一旦分配到某个项目，资源全部用完了，那么更低优先级的项目就暂时不做。

（3）项目管理旨在正确地完成单个项目，形成可交付成果。项目集管理旨在正确地完成一系列相互关联的项目，通过各项目的可交付成果之间的配合来实现更大的效益。项目组合管理旨在选择一系列正确的项目来做，确保用有限的资源来实现既定的战略目标。

（4）项目管理由基层项目经理开展，项目集管理由中层项目集经理开展，而项目组合管理则由高层项目组合经理来开展，例如由公司的某位副总裁兼任项目组合经理。

（5）用范围、进度、成本和质量绩效来考核项目成功，用既定效益的实现情况来考核项目集的成功，用组织战略目标的实现情况来考核项目组合的成功。

5. 参阅《PMBOK®指南》第6版中的页码

11—15，543—544，709，710

项目阶段 VS 项目管理过程组

1. 概念

项目阶段是一组具有逻辑关系的项目活动的集合，会产出特定的技术成果。在整个项目生命周期内，可根据项目的特定技术工作，把做项目的全过程划分为若干项目阶段，以便开展阶段管控。阶段划分的多少，取决于管控的需要，对此没有统一的标准。例如，为了更严格的管控，可把项目划分成更多个阶段。阶段的结束以作为阶段性可交付成果的产品、服务或成果的完成为标志。项目阶段之间通常是先后顺序关系，但也可有一定的交叠。阶段结束点是重新评估项目，决定是否继续项目的当然时点。

项目管理过程组是一组具有逻辑关系的项目管理过程的集合。每个项目管理过程都是一系列项目管理输入、工具与技术和输出的逻辑组合，即：都要利用工具与技术对输入进行处理，来生成输出。任何一个项目，无论涉及什么技术工作，从项目开始到结束，都需要采用由五大项目管理过程组所组成的方法进行管理，即：启动、规划、执行、监控和收尾。过程组之间并不是严格的先后顺序关系，而是存在很大交叉和反复循环。例如，开展规划过程组的过程，可能导致重新开展启动过程组的过程。

2. 共性

（1）都是具有一定逻辑关系的一组项目工作的集合。只不过项目阶段是技术工作的集合，而项目管理过程组是管理工作的集合。

（2）都是为了加强项目的管理和控制，都对项目成功有重要作用。

（3）对同一项目而言，都以项目的开始时间为起点，项目的结束时间为终点。

3. 联系

（1）如果不考虑各项目的具体技术工作的特点，那么所有项目都可被粗略地划分为这四个项目阶段：启动项目、组织与准备、执行项目工作和结束项目。这四个阶段与项目管理过程组中的启动、规划、执行和收尾过程组基本对应（注意：并不完全对应）。

（2）每个项目阶段都可看作一个子项目，从而都要经过项目管理的五大过程组。

（3）整个项目在经过所有项目阶段的同时，必须经过项目管理的全部五大过程组。也就是说，随着项目进展，项目阶段和项目管理过程组会同时向前演进。

4. 区别

（1）项目阶段是项目技术工作的集合。项目管理过程组是管理工作的集合。

（2）各项目阶段联合构成项目生命周期。各过程组联合构成项目管理生命周期。

（3）项目阶段通常按先后顺序进行，只是在特殊需要时才部分交叉，如在设计阶段完成之前就开始建造阶段，这种交叉很可能带来返工的风险。而项目管理过程组，虽然从理论上讲也有一定的先后顺序，但更是交叉和循环的关系；这种交叉和循环有利于减轻项目的不利风险。

（4）不同类型项目的技术工作很不一样，它们的项目阶段划分也很不一样。而无论什么类型的项目，项目管理过程组的划分都完全相同。

5. 参阅《PMBOK®指南》第6版中的页码

20，23，554，667—668，711

项目进度计划 VS 进度基准

1. 概念

项目进度计划是采用进度管理计划中规定的方法和程序，经过定义活动、排列活动顺序、估算活动持续时间和制订进度计划这些过程而得到的实体性进度计划。它规定具体的项目活动应该何时开始、何时结束、由何人进行等。项目进度计划通常包括里程碑进度计划、概括性进度计划和详细进度计划。

进度基准是经高级管理层批准的较高层次的项目进度计划，通常是经批准的里程碑进度计划和概括性进度计划。进度基准是用于考核项目进度绩效的依据，即：在项目执行和监控中要把实际进度绩效与进度基准做比较，来发现和分析进度绩效的偏差。进度基准只有经过正式的变更控制程序才能修改。对进度基准的修改只能由变更控制委员会（代表高级管理层）来审批。

2. 共性

（1）都是关于何时开展何种项目活动的安排。

（2）两者所规定的项目工期（持续时间）是一致的（不考虑管理储备）。

3. 联系

（1）先编制出项目进度计划（包括里程碑进度计划、概括性进度计划和详细进度计划），再把其中的里程碑进度计划和概括性进度计划报高级管理层审批。经高级管理层审批的里程碑进度计划和概括性进度计划共同构成进度基准。

（2）项目进度计划中的详细进度计划必须能够保证进度基准的实现，而不能违反进度基准。

（3）随着项目执行的开展去修改详细进度计划，是为了确保进度基准的实现。

4. 区别

（1）项目进度计划是未经高级管理层审批的进度计划，而进度基准一定是经过高级管理层审批的进度计划。

（2）项目进度计划中的详细进度计划不必报高级管理层审批。进度基准一定是经高级管理层审批的。

（3）项目进度计划中的详细进度计划的修改，只要不导致进度基准的修改，都由项目经理审批。而对进度基准的修改，项目经理无权审批。

（4）进度基准是特殊版本的项目进度计划，即：经领导审批、用于考核项目进度绩效的高层次进度计划。

5. 参阅《PMBOK®指南》第6版中的页码

217—219，711，714

项目进度网络图 VS 项目进度计划

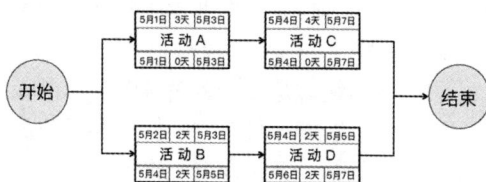

1. 概念

项目进度网络图是采用进度管理计划中规定的方法和程序，经过定义活动和排列活动顺序过程而得到的，表示进度活动之间的逻辑关系的图形，可以是逻辑横道图，或用紧前关系绘图法绘制的节点图。节点图是用节点表示进度活动，把活动的基本信息写入节点中，同时用箭线连接各节点。活动之间的逻辑关系可以是完成到开始、开始到开始、完成到完成或开始到完成关系。两个活动之间可以有一定的时间提前量或滞后量，例如，可以在紧前活动完成前 2 天就开始紧后活动，就是带 2 天提前量的完成到开始关系；在紧前活动完成后 3 天才可开始紧后活动，就是带 3 天滞后量的完成到开始关系。

项目进度计划是采用进度管理计划中规定的方法和程序，经过定义活动、排列活动顺序、估算活动持续时间和制订进度计划这些过程而得到的实体性进度计划。它规定具体的项目活动应该何时开始、何时结束、由何人进行等。项目进度计划通常包括里程碑进度计划、概括性进度计划和详细进度计划。

2. 共性

项目进度计划可以是里程碑进度计划、概括性进度计划或详细进度计划。在详细进度计划中含有进度网络图的全部要素。

3. 联系

必须先绘制出项目进度网络图，才能够编制出详细进度计划。

4. 区别

（1）在项目进度网络图中，只列出进度活动的名称和进度活动之间的逻辑关系。在详细进度计划中，除了有进度活动的名称和逻辑关系以外，还要列出每个进度活动的持续时间、最早开始时间、最晚开始时间、最早完成时间、最晚完成时间、浮动时间、所需资源等内容。进度网络图如图 1 所示。进度计划如图 2 所示。

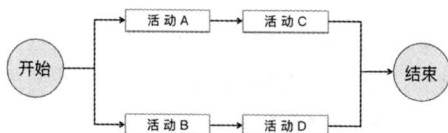

图 1　项目进度网络图　　　　图 2　项目进度计划

（2）项目进度网络图通常只针对进度活动来绘制，而不针对里程碑或概括性活动来绘制。在项目进度计划中，通常同时有里程碑进度计划、概括性进度计划（针对概括性活动）和详细进度计划（针对进度活动）。

5. 参阅《PMBOK®指南》第 6 版中的页码

194，217—219，711

项目经理 VS 职能经理

1. 概念

项目经理是在项目章程中任命的，领导项目团队，为项目执行组织实现项目目标的个人。项目执行组织会针对每一个项目专门任命项目经理。项目执行组织是其员工直接参与项目工作的组织，一个项目可能有不止一个执行组织。例如，对于建筑施工项目，业主、设计公司和施工承包商都是项目执行组织。每个执行组织都会指定一个对自己负责的项目经理。对于本执行组织的项目经理来说，其他执行组织的项目经理则是自己的项目团队的成员。

职能经理是组织中领导某一职能业务领域的个人，带领职能部门员工按组织规章制度开展相关业务工作。广义的职能经理也包括运营经理或直线经理，狭义的职能经理则不包括运营经理或直线经理。运营经理是负责直接用于销售的产品或服务的生产的经理，经常也称为直线经理（因为只有本部门的直线下属向他报告），如生产车间主任。狭义的职能经理仅指人力资源部门经理、财务部门经理、行政办公室经理等，其直线下属和其他部门的员工都会向其报告。

2. 共性

（1）都是组织中所必需的重要角色。

（2）都是团队的领导者。

3. 联系

（1）职能经理及其员工是项目的重要相关方。项目经理必须与职能经理有效合作。

（2）职能经理通常要给项目经理提供专业技术和专业人才的支持。

（3）项目经理要把项目最终的可交付成果交给职能经理去使用。

（4）在矩阵式组织中，项目经理决定项目该做什么、为什么要做、什么时候做及用多大代价做，而职能经理针对其所辖的业务领域来决定相关的技术工作要怎么做及由谁去做。职能部门相当于专业技术和人才的蓄水池，项目则相当于需要浇灌的田地。

4. 区别

（1）项目经理是专门针对某个项目而设立的临时性岗位，会随着项目的结束而自然而然地卸任。职能经理是专门针对某个业务领域而设立的永久性岗位，会随相应业务的持续开展而延续。某位职能经理的卸任，需要用正式的组织文件来宣布。

（2）项目经理通常应该在更大程度上是一个通才，而不是某一个技术领域的专才。职能经理通常应该是所在业务领域的技术专家，例如财务部经理应该是财务专家。

（3）项目经理可能要使用借来的且只是在项目上兼职的人员来开展工作。职能经理的员工通常都是其直接的且永久的下属。

（4）项目经理经常必须在缺乏正式权力的情况下领导项目团队完成任务。他必须面对没有足够的正式权力也要完成项目任务的巨大挑战。职能经理则不会面对正式权力不足的挑战。

5. 参阅《PMBOK®指南》第6版中的页码

51—68，552，711

项目目标 VS 项目基准

1. 概念

从广义上讲，项目目标既包括项目相关方对项目已表达出来的利益追求，也包括尚未表达出来的利益期望。从狭义上讲，项目目标包含项目的范围、质量、时间和成本目标，这些都是项目相关方已表达出来的利益追求。项目的范围、质量、时间和成本要求，是用来定义项目目标的不可或缺的要素。为了使项目具有可操作性，项目经理必须把项目相关方的、可能是很笼统和抽象的利益追求，转化成具体的、可测量的项目要求，即：项目的范围、质量、时间和成本目标。

项目基准是经过高级管理人员和其他主要相关方批准的，高层级的项目计划，是用于考核项目执行情况好坏的依据。项目基准是项目管理计划的组成部分，包括项目范围基准、进度基准和成本基准。范围基准由项目范围说明书、工作分解结构和工作分解结构词典组成。进度基准由里程碑进度计划和概括性进度计划组成。成本基准则是不包括管理储备的成本预算，通常用 S 曲线图表示。

2. 共性

（1）都代表着主要项目相关方对项目的利益追求。

（2）都需要经过高级管理人员和其他主要项目相关方批准。

（3）都是用于考核项目成功程度的依据。

3. 联系

（1）项目章程中规定的项目目标是编制项目基准的依据。

（2）项目基准是对部分项目目标的具体化和可测量化。

4. 区别

（1）项目目标可以是笼统的、抽象的。项目基准必须是具体的、可操作的，甚至是量化的。通常，在项目启动过程组确定大的项目目标，然后在规划过程组对其进行具体化和可操作化，使其符合 SMART 原则（具体、可测量、可实现、相关和有时间限制）。

（2）项目目标可以包括项目相关方对项目的需要（Needs）、想要（Wants）和期望（Expectations）。项目基准则只能包括具体的项目要求（Project Requirements）。项目要求是需要、想要和期望的具体化和可操作化。

（3）项目目标通常是一个总体描述，不会按时间进行分阶段描述。而项目基准则是按时间划分成一些阶段，会规定某个阶段结束时要达成的绩效，例如要完成哪几个工作包，要实现哪个进度里程碑，要完成多少计划价值。

（4）虽然项目目标是用于考核项目最终的成功程度的依据，但通常不用于在项目执行期间考核项目绩效。而项目基准则是在整个项目执行期间用于考核项目绩效的依据。

5. 参阅《PMBOK®指南》第 6 版中的页码

4，87

项目目标 VS 项目效益

1. 概念

这里仅讨论狭义的项目目标，即：项目的范围、进度、成本和质量要求。做项目，就是要在规定的时间和成本之内提交出符合技术（包括范围和质量）要求的项目可交付成果。

项目效益是指项目目的，即项目目标实现后，可以产生的有形或无形的价值，也就是我们为什么要做这个项目，做这个项目的意义。例如，承包商为业主建设一栋大楼，那么所获得的利润就是有形的项目效益，而所积累的经验和树立的良好口碑与声誉，则是无形的项目效益。

2. 共性

（1）都代表着主要项目相关方对项目的利益追求。

（2）都是用于考核项目成功程度的依据。

3. 联系

（1）通常先定义拟实现的项目效益，再根据该效益去确定项目目标。例如，公司想要盖办公楼，以改善员工的办公条件，提高公司商业形象，这是项目效益。然后，据此启动盖办公楼项目，并计划在一年时间内花 8 000 万元资金完成预定标准的办公楼建设，这是项目目标。

（2）通常，只有实现了项目目标，才能实现项目效益。

4. 区别

（1）确定拟实现的项目效益，通常是在项目启动之前的前期准备阶段（编制项目效益管理计划）。确定拟实现的项目目标，通常是在项目启动阶段和规划阶段。启动阶段制定高层级的项目目标，而后在规划阶段细化。

（2）根据组织的战略目标或经营目标，确定拟实现的项目效益。根据拟实现的项目效益，确定拟实现的项目目标。

（3）项目目标必须在项目结束时实现。项目效益，在项目结束时，也许只能实现其中的一部分，还有一部分要通过以后对项目成果的运营才能实现。

（4）项目目标只针对单个项目而言。项目效益，不仅可以针对单个项目而言，而且经常也针对项目集和项目组合而言。有些项目效益，只有在项目集或项目组合的层面上才能实现。

（5）项目目标的外延更狭窄，项目效益的外延更宽泛。项目效益可以包括有形效益和无形效益，可以包括经济效益和社会效益，可以包括微观效益和宏观效益。项目效益，也可以叫项目的"商业价值"。

5. 参阅《PMBOK®指南》第 6 版中的页码

4，33，546

项目生命周期 VS 产品生命周期

1. 概念

项目生命周期是从项目开始到结束的，通常按顺序排列，但有时又相互交叉的一系列项目阶段所组成的集合。项目阶段是一组具有逻辑关系的项目活动的集合，会产出特定的技术成果。在整个项目生命周期内，可根据项目的特定技术工作，把做项目的全过程划分为若干项目阶段，以便开展阶段管控。阶段划分的多少，取决于管控的需要，对此没有统一的标准。阶段的结束以作为阶段性可交付成果的产品、服务或成果的完成为标志。阶段结束点是重新评估项目，决定是否继续项目的当然时点。

产品生命周期是产品从无到有再到无的整个过程，是一系列按顺序排列的产品阶段的集合。产品生命周期是项目生命周期加上项目产品建成以后的营运期，直至产品退出市场。产品阶段可以粗略地划分为：研发期、导入期、成长期、成熟期、衰退期和消亡期。在整个产品生命周期中发生的全部成本就是生命周期成本，包括项目成本、营运成本和报废处理成本。在做项目时，除了考虑项目成本以外，还要考虑生命周期成本，尽量降低生命周期成本。

2. 共性

（1）都是一系列按顺序排列的阶段的集合。

（2）起始点完全一样，都是项目的启动时间。

3. 联系

（1）项目生命周期是产品生命周期中的一个阶段，例如，新产品研发项目的项目生命周期就是产品生命周期中的研发期。

（2）项目生命周期是产品生命周期的初始部分，如果没有这个项目生命周期，就不可能有产品生命周期。

（3）在一个产品生命周期中可以包括不止一个项目生命周期。由于在产品建成以后、退出市场之前，可以把许多工作都当作项目来做，所以也就可以有许多项目生命周期。例如，可以把大型促销活动当项目来做，可以把产品的升级当作项目来做。

4. 区别

（1）终点不同。项目生命周期的终点是项目的结束。产品生命周期的终点是产品退出市场。项目生命周期的结束，仅仅是产品生命周期中的一个产品阶段的结束。

（2）生命周期的长短及其决定因素不同。通常，应该尽量缩短项目生命周期，尽量延长产品生命周期。项目生命周期的长短取决于项目本身的特点和执行组织的资源，并且应该事先就加以预测和确定。产品生命周期的长短受市场竞争、市场需求变化和科技进步等很多因素的影响，通常很难事先预测，无法事先确定。

（3）关注重点不同。在项目生命周期中，重点关注项目成本。在产品生命周期中，重点关注产品给组织带来的效益。

5. 参阅《PMBOK®指南》第 6 版中的页码

19，547—549，710

项目生命周期 VS 开发生命周期

1. 概念

项目生命周期是从项目开始到结束的，通常按顺序排列，但有时又相互交叉的一系列项目阶段所组成的集合。项目阶段是一组具有逻辑关系的项目活动的集合，会产出特定的技术成果。在整个项目生命周期内，可根据项目的特定技术工作，把做项目的全过程划分为若干项目阶段，以便开展阶段管控。阶段划分的多少，取决于管控的需要，对此没有统一的标准。阶段的结束以作为阶段性可交付成果的产品、服务或成果的完成为标志。阶段结束点是重新评估项目，决定是否继续项目的当然时点。

开发生命周期是为开发项目产品、服务或成果而开展的一系列技术活动的集合。根据不同项目的具体需要，可以采用预测型、敏捷型（适应型）或混合型开发生命周期。预测型是指先编制出完善的计划，再严格照计划执行，基本无须变更。敏捷型是指随时间推移逐步明确需求，通过迭代（循环）和增量（产品功能递增）来开发产品、服务或成果。混合型则是预测型和敏捷型的混合。

2. 共性

（1）都可以划分成多个阶段。

（2）都是为了实现对项目的有效管控。

3. 联系

（1）开发生命周期是项目生命周期中最主要的部分。

（2）开发生命周期的类型决定了项目生命周期的类型。如果开发生命周期是预测型的，那么项目生命周期也就是预测型的，依此类推。

（3）在一个项目生命周期中可以有不止一个开发生命周期。例如，一个项目涉及多个软件模块的开发，那么每个软件模块的开发都有相应的开发生命周期。

4. 区别

（1）起点和终点都不同。项目生命周期通常要长于开发生命周期。开发生命周期只针对纯粹的技术开发工作，不包括前端用于启动项目和后端用于结束项目的行政工作。而项目生命周期则会包括这些行政工作。

（2）一个项目只会有一个项目生命周期，但可能有一个或多个开发生命周期。如果一个项目要开发多个产品，那就会有多个开发生命周期。

（3）更准确地讲，敏捷方法只能用于管理开发生命周期，以便开发需要逐渐明确的产品功能；而不能用于管理项目生命周期。项目生命周期，从总体上讲，需要用预测型方法加以管理。敏捷方法讲究灵活应变，预测型方法讲究规范有序。

5. 参阅《PMBOK®指南》第 6 版中的页码

19，547—549，665—666，710

项目团队 VS 项目管理团队

1. 概念

项目团队是在项目经理的领导下，为实现项目目标而一起工作的一群人，其中包括直接从事项目管理工作的项目管理团队，以及不参与项目管理工作的一线执行团队。项目团队成员可以全职或兼职为项目工作。从广义上讲，项目团队中还包括以下成员：为项目提供全职或兼职服务的支持专家，将要使用项目产品的用户或客户的代表，为项目提供产品、服务或成果的卖方的代表，以及与项目执行组织存在合作关系的业务伙伴组织的代表。

项目管理团队是项目团队中直接从事项目管理工作的成员的集合，不包括项目团队中的一线执行人员。通常，在启动项目时，任命项目经理；在为项目编制项目管理计划时，组建项目管理团队；在开始执行计划时，则组建一线执行团队。项目管理团队和项目团队都是为了特定的项目而专门设立的。对于很小的项目，项目管理团队和项目团队可能完全重合，即：项目管理团队成员同时也是一线执行人员。

2. 共性

（1）都由项目经理领导。

（2）都由直接从事项目工作的人员组成。

3. 联系

（1）项目管理团队是项目团队中的子团队，由项目团队中直接从事项目管理工作的成员组成。

（2）先由项目经理组建项目管理团队，再由项目管理团队来组建一线执行团队。

（3）在很小的项目上，项目管理团队很可能就是项目团队，两者完全重合。

（4）项目管理团队的成员与一线执行团队的成员可能部分交叉，即：有些成员同时从事项目管理工作和一线执行工作。

（5）项目管理团队的成员需要与项目团队的其他成员通力合作，确保项目目标的实现。

4. 区别

（1）项目管理团队的外延更小，项目团队的外延更大。

（2）项目管理团队的组建在前（规划阶段开始时），一线执行团队的组建在后（执行阶段开始时）。

（3）项目管理团队从事项目的管理工作，一线执行团队从事项目的一线执行工作。

（4）在较大的项目上，通常都应该把项目管理团队与一线执行团队明确区分开来，实现管理层和操作层的分离，以便各司其职。

5. 参阅《PMBOK®指南》第 6 版中的页码

309，711

项目团队 VS 项目相关方

1. 概念

项目团队是在项目经理的领导下，为实现项目目标而一起工作的一群人，其中包括直接从事项目管理工作的项目管理团队，以及不参与项目管理工作的一线执行团队。通常，在启动项目时，指定项目经理；在为项目编制项目管理计划时，组建项目管理团队；在开始执行计划时，则组建一线执行团队。项目团队成员可以全职或兼职为项目工作。从广义上讲，项目团队中还包括以下成员：为项目提供全职或兼职服务的支持专家，将要使用项目产品的用户或客户的代表，为项目提供产品、服务或成果的卖方的代表，以及与项目执行组织存在合作关系的伙伴组织的代表。

项目相关方是会影响项目或会受项目影响的任何个人、群体或组织。通俗地说，任何与项目有直接或间接关系的人，都是项目相关方。应该尽早、尽可能全面地识别出项目相关方，制订相关方参与计划，并对相关方进行有效的管理。由于相关方数量众多，所以必须用一定的标准对相关方进行归类和排序，以便对主要相关方进行重点管理。在整个项目生命周期中，项目相关方可能发生变化，已有相关方的重要程度也可能发现变化。项目相关方管理必须贯穿整个项目生命周期。

2. 共性

（1）都是项目经理必须管理的对象。

（2）项目团队成员在项目生命周期的不同阶段很可能发生变化，项目相关方也很可能因项目阶段不同而有所不同。

3. 联系

（1）项目团队是最重要的项目相关方之一。每一位项目团队成员也都是重要的项目相关方。

（2）广义的项目团队是由全部的主要项目相关方或其代表所组成的。

4. 区别

（1）项目团队的外延更小，项目相关方的外延更大。

（2）项目团队对项目的成功有积极的作用，项目相关方对项目的成功可能有积极或消极的作用。如何管理有消极作用的项目相关方，是项目管理团队面临的一大挑战。

（3）项目团队成员有不同的角色和职责，但没有优先级排序。不同的相关方不仅可能有不同的角色和职责，而且通常还会被项目管理团队按一定的标准排列优先级（这种排序可能需要保密）。

（4）对项目团队，适用《PMBOK®指南》中的项目资源管理知识领域。对项目相关方，适用《PMBOK®指南》中的项目相关方管理知识领域。

5. 参阅《PMBOK®指南》第6版中的页码

309，503—506，550—551，711

项目章程 VS 团队章程

1. 概念

项目章程是由项目发起人发布的，用于宣布项目立项、明确项目目标和授权项目经理动员组织资源开展项目活动的正式文件。项目章程可以由项目经理代为起草，但必须由项目发起人或其授权的高级管理人员签字发布。项目章程的主要内容，可以概括为：项目的目的和目标，对项目管理的原则性要求，以及主要的项目相关方及其角色。

团队章程是一份规定了项目团队运行的方针政策，为团队组建、建设和管理提供指导原则和基本规则的正式文件。团队章程的主要内容，可以概括为：团队的核心价值观、基本行为规范和主要工作规则。团队章程应该由团队成员共同讨论制定，而不能由少数人制定出来再强加给大家。

2. 共性

（1）都是纲领性文件。

（2）都需要获得相应的项目相关方的认可。

3. 联系

（1）团队章程是基于项目章程编制的，团队章程的内容必须符合项目章程的规定。

（2）编制团队章程是为了更好地建设和管理项目团队，以便有效地实现项目目标。可以说，团队章程服务于项目章程。

4. 区别

（1）目的不同。项目章程是项目的立项文件，团队章程是项目团队的成立文件。项目章程规定项目目标，团队章程规定团队的运作方式。

（2）编制和发布者不同。项目章程通常由项目经理代为编写，项目发起人签字发布。团队章程则由项目团队成员共同编制，项目经理签字发布。

（3）可更新性不同。项目章程最好在整个项目期间保持不变，团队章程则会随建设团队过程或管理团队过程的开展而进行必要的更新。

5. 参阅《PMBOK®指南》第6版中的页码

34，81，155，319，710，716

项目组合管理 VS 组织级项目管理

1. 概念

项目组合管理是指组织在既定的资源限制之下，为了实现既定的战略目标，而对所有备选的项目或项目集进行优先级排序，并选择那些排序靠前的，最有利于实现战略目标的，所谓"正确"的项目或项目集来做。项目组合经理通常由组织中的高级管理人员（如副总裁）兼任。

组织级项目管理是组织中的项目组合管理、项目集管理和项目管理，以及有利于开展这些管理的事业环境因素和组织过程资产的总和。项目管理办公室通常要在高级管理人员的指导之下，负责不断提高组织级项目管理的成熟度。

2. 共性

（1）都是为了有效实现组织的战略目标。

（2）都会涉及多个项目和项目集。

3. 联系

（1）组织级项目管理中包含了项目组合管理。

（2）两者相互影响。一方面，在组织级项目管理成熟度比较高的组织中，项目组合管理的水平也会比较高；另一方面，组织中的项目组合管理水平又会在一定程度上决定组织级项目管理的成熟度。

4. 区别

（1）外延不同。项目组合管理的外延较狭窄，而组织级项目管理的外延更宽泛。

（2）目的不同。项目组合管理旨在确保做正确的项目或项目集。而组织级项目管理旨在不断提高整个组织的项目组合管理、项目集管理和项目管理水平。

（3）负责人不同。项目组合管理通常由组织中的高级管理人员负责。而组织级项目管理通常由项目管理办公室负责。

5. 参阅《PMBOK®指南》第 6 版中的页码

13，15，16—17，544，709

消极风险 VS 积极风险

1. 概念

这里仅讨论作为单个项目风险的积极风险和消极风险。

消极风险是指一旦发生，将对项目的范围、进度、成本和质量目标的至少一个方面造成不利影响的不确定性事件。消极风险可以理解为威胁，万一发生会给项目带来问题，如使项目不能按期完工或不能在预算内完成。在主观上，我们不希望它发生，为此需要采用风险应对措施来降低甚至规避它对项目的消极影响。针对消极风险的应对策略包括上报、规避、转移、减轻和接受。

积极风险是指一旦发生，将对项目的范围、进度、成本和质量目标的至少一个方面带来有利影响的不确定性事件。积极风险可以理解为机会，如果发生会给项目带来利益，如使项目能够提前完工或能够节约项目成本。在主观上，我们希望它发生，为此需要采用风险应对措施来提高甚至促成它对项目的积极影响。针对积极风险的应对策略包括上报、开拓、分享、提高和接受。

2. 共性

（1）都是如果发生会对项目目标有影响的不确定性事件。

（2）同时存在于同一个项目中，且都需要在项目风险管理知识领域中被识别、分析、规划应对、实施应对、持续监控，并把相关情况记录在风险登记册中。

（3）都需要应用概率和影响矩阵来进行风险评级。

（4）都可以采用"上报"和"接受"应对策略。

3. 联系

（1）没有任何一个项目，只存在消极风险，而没有积极风险。也没有任何一个项目，只存在积极风险，而没有消极风险。在任何一个项目中，它们都是同时存在的。也就是"威胁"和"机会"是并存的。

（2）一个不确定性事件，可能具有两面性，就像一枚硬币有"正反两面"。即：从一个角度看是消极风险（威胁），从另一个角度看又是积极风险（机会）。

（3）可以相互转化。威胁管理得好，就可以转化为机会；机会管理得不好，就会转化成威胁。

4. 区别

（1）消极风险的发生将带来"问题"（Problem），积极风险的发生将带来"利益"（Benefit）。

（2）除了两者可以共用的"上报"和"接受"应对策略，对于消极风险，还可以采用规避、转移、减轻这三种策略来应对。对于积极风险，则可以采用开拓、分享、提高这三种策略来应对。

（3）在日常的风险管理实践中，人们往往更重视对消极风险的管理，而相对不太重视对积极风险的管理。

5. 参阅《PMBOK®指南》第6版中的页码

407，423，442—446

协议 VS 合同

1. 概念

协议是指双方或多方之间对某一事情达成的共识。例如，两个或更多组织签署合作协议，以便联合出资，共同发起一个项目。例如，建筑工程施工中，业主和承包商一致同意对某一分项工程采用某个专项施工方案。在许多情况下，协议等同于合同，具有强制性的法律约束力。但是，如果协议的条款不够全面、具体和明确，从而不能清楚地明确双方的权利和义务，那么该协议就不能成为严格意义上的合同。

合同是用于明确双方当事人权利和义务的，对当事人有强制性法律约束力的协议。合同是条款很全面、具体和明确的协议。有效的经济合同必须具备这些基本的条款：当事人的名称和地址，标的名称、数量和质量，价款或酬金，履行期限、地点和方式，违约责任，以及争议解决。例如，建筑工程施工中，商品混凝土公司和施工单位就混凝土供应，经过协商签订的供货合同。

2. 共性

（1）都是双方之间就某一事项达成的共识。

（2）都对当事人具有一定的约束力。

（3）"合同"可以作为"协议"的一种出现在相关项目管理过程中，且两者经常被混合使用。

3. 联系

（1）所有的合同都是协议，但并非所有的协议都是严格意义上的合同。

（2）如果协议的内容很全面、具体和明确，协议的可执行性很大，而且其中包含等价交换的条款，那么协议就成了合同。

（3）在《PMBOK®指南》中，作为制定项目章程过程的输入的"协议"，主要是两个或更多组织联合发起项目的合作协议。作为实施采购过程的输出的"协议"，主要是买方和卖方之间的货物供应或服务提供合同。作为制定预算过程的输入的"协议"，主要是实施采购过程中所签订的合同。

4. 区别

（1）协议是一个更广义的概念，而合同则是一个比较狭义的概念。协议不一定是合同，但合同一定是协议。

（2）协议的内容可以很灵活，不必那么全面、具体和明确。而合同的内容必须符合法律规定，必须全面、具体和明确地界定当事人的权利和义务关系。

（3）协议可以是双方或多方之间的，而合同通常都是双方的。

（4）协议不一定有当事人之间的等价交换，而合同必须有当事人之间的等价交换。

（5）协议对当事人的约束力大小取决于条款的全面、具体和明确的程度。如果条款不全面、具体和明确，就无法对当事人产生法律约束力。而合同的条款必须全面、具体和明确，从而使合同肯定对当事人有强制性的法律约束力，即：如果一方不履行合同，另一方可以到法庭起诉。

5. 参阅《PMBOK®指南》第 6 版中的页码

489，698，701

行政收尾 VS 合同收尾

1. 概念

行政收尾是在项目实质性完工（全部技术工作完成）以后对项目进行正式关门。其主要工作包括：① 确认全部技术工作都已经完成，项目可交付成果符合要求，并把可交付成果移交给发起人或客户；② 完成财务结算和决算，即完成财务收尾；③ 收集项目资料，开展项目后评价（总结经验教训）；④ 把项目资料和经验教训归档，形成新的组织过程资产；⑤ 释放多余资源，解散项目团队，宣布项目正式关门。对于在项目目标未实现之前就提前终止的项目，也需要开展行政收尾。在项目阶段结束时也需要开展行政收尾。阶段结束时的行政收尾的性质与项目结束时的类似。

合同收尾是在合同双方实质性履行完合同规定的权利义务以后对单个合同进行正式关门。其主要工作（从买方的角度）包括：① 确认全部合同工作都已完成，合同可交付成果符合要求，并验收可交付成果；② 处理未决索赔或争议；③ 完成与卖方的财务结算（包括退还保留金），并释放履约担保，宣布合同正式关门；④ 收集采购文档，进行采购审计，总结经验教训；⑤ 把各种文档和经验教训归档，形成新的组织过程资产，宣布单次采购正式关门。对于未实现目标就提前解除的合同，在合同解除时也需要开展合同收尾。

2. 共性

（1）都需要验收和移交可交付成果。

（2）都需要总结和记录经验教训，更新组织过程资产。

3. 联系

对于有合同的项目来说，必须先通过合同收尾，把每一个合同都关门，才能开展整个项目结束时的行政收尾。完成全部的合同收尾，是开展整个项目的行政收尾的必要条件之一。

4. 区别

（1）行政收尾针对项目阶段和整个项目。在每个阶段和整个项目结束时都要开展相应的行政收尾。合同收尾针对每个合同，在每个合同结束时都要开展合同收尾。

（2）行政收尾是结束项目或阶段过程的工作。合同收尾是控制采购过程的工作。

（3）一个项目阶段必须且只需做一次行政收尾，而所需的合同收尾的次数不一定。如果没有任何合同，则无须做合同收尾。如果有多个合同在某个项目阶段中关门，就需要做多次合同收尾。

（4）从整个项目来说，合同收尾在前，行政收尾在后。

（5）在行政收尾中，要由项目发起人给项目经理颁发项目阶段或整个项目关门的书面证书。在合同收尾中，要由买方的项目经理或合同管理员向卖方颁发整个合同关门的书面证书。

5. 参阅《PMBOK®指南》第 6 版中的页码

41，123

虚拟团队 VS 集中办公

1. 概念

虚拟团队是项目资源管理中获取资源过程和建设团队过程的工具与技术，是指在大多数时间并不面对面集中办公，而是通过互联网技术来分散办公的团队。在获取资源过程中，可以用虚拟团队把无法以面对面形式加入项目团队的人员拉进项目团队。在建设团队过程中，可以借助各种电子沟通技术在虚拟团队中开展团队建设活动。虚拟团队也可能在特定的时间临时面对面集中办公，例如，在团队成立时的见面会，在项目或阶段结束时的总结会。

集中办公，又称"紧密矩阵（Tight Matrix）"，是项目资源管理中建设团队过程的工具与技术。它是指把主要团队成员安排在同一物理地点工作，以便加强团队建设，提高团队绩效。集中办公可以是临时或永久的。例如，每周三全部项目管理人员都必须到项目会议室集中办公，这是临时的集中办公。在矩阵式组织中，许多项目团队成员都是从项目执行组织的各职能部门借来的，需要通过集中办公让他们融入项目团队。有些团队成员可能只是在项目上兼职工作，平时仍在各自的职能部门办公。对于这些人，必须通过临时的集中办公，让他们融入项目团队。让不同专业和背景的团队成员集中办公，能够促进团队沟通，增强团队凝聚力，提高团队"作战能力"。

2. 共性

（1）都是项目资源管理知识领域建设团队过程的工具与技术。

（2）虚拟团队也需要在特定的时间进行临时的集中办公。

3. 联系

（1）在大中型项目上，项目团队可以由几个甚至许多更小的团队组成。这些更小的团队，也许既有虚拟团队，又有集中办公的团队。

（2）在项目的不同阶段，虚拟团队可以变成集中办公的团队，或者集中办公的团队可以变成虚拟团队。

4. 区别

（1）物理空间不同。虚拟团队的团队成员分散在不同的物理空间办公，而集中办公的团队成员则集中在同一物理地点办公。

（2）所用的沟通技术不同。虚拟团队通常通过电子邮件、电话会议、社交媒体、网络会议和视频会议等沟通技术进行沟通；集中办公则更多的使用面对面的沟通。

（3）对团队成员的要求不同。在虚拟团队中，团队成员必须会用电子网络技术。在集中办公的团队中，团队成员必须善于面对面打交道。

5. 参阅《PMBOK®指南》第6版中的页码

340，700，717

虚拟团队 VS 自组织团队

1. 概念

虚拟团队是指在大多数时间并不面对面集中办公，而是通过互联网技术来分散办公的团队。虚拟团队也可能在特定的时间临时面对面集中办公，例如，在团队成立时的见面会，在项目阶段结束时的总结会。

自组织团队是指只需很低程度的集中管控的团队。团队主要依靠成员们的自我组织和自我管理来开展工作。自组织团队，是随着敏捷方法在 IT 项目中越来越普遍的应用而逐渐发展起来的一种项目团队形式。

2. 共性

（1）都属于非传统型项目团队。传统型项目团队是团队成员在大多数时间都是面对面集中办公，且需要较高程度的集中管控的团队。

（2）一个项目团队，可以同时是虚拟团队和自组织团队。

3. 联系

虚拟团队可以是自组织团队，自组织团队也可以是虚拟团队。

4. 区别

（1）团队成员所处的物理地点不同。在虚拟团队中，团队成员通常处于不同的物理地点分散办公。他们甚至是跨越国际或洲际的，或者有相当数量的成员是在家工作的。在自组织团队中，团队成员很可能集中在同一物理地点办公。

（2）所需的集中管控程度不同。在虚拟团队中，项目经理通常要运用严格的规章制度对团队成员进行管理。在自组织团队中，项目经理只需要把握方向，关注整个团队的氛围，而无须对团队成员进行多少集中管控。

（3）对团队成员的素质要求不同。自组织团队，对团队成员的素质要求更高，每个成员都必须是自觉性很高且能力很强的人。

5. 参阅《PMBOK®指南》第 6 版中的页码

310，311，333，340，715，717

需求文件 VS 需求跟踪矩阵

1. 概念

需求文件是记录项目相关方对项目的各种具体需求的文件。需求可能来自相关方对项目的主观需要，如客户希望管理信息系统具有电子签名的功能；可能来自有关法律规定，如环境保护法要求的污水排放标准；可能来自项目本身的客观需要，如财务管理系统应该具有基本的记账功能。需求文件中定义的需求必须是可以测量、测试和跟踪的。

需求跟踪矩阵是记录每一个具体需求与高层目标之间的对应关系，以及与 WBS 可交付成果及相关技术工作之间的对应关系的表格。它有助于确保每一个具体需求都是为相应的高层目标服务的，避免无意义的需求；有助于确保每一个具体需求都能够通过技术工作和可交付成果的完成而得到实现，防止需求不能落地。需求跟踪矩阵也有助于管理项目变更。如果要修改某项技术工作，就可以在需求跟踪矩阵中查询将有哪些可交付成果、具体需求和高层目标受到相应影响。

2. 共性

（1）都包括关于具体需求的基本信息，如编号、名称、来源、类别。

（2）都属于项目文件。

3. 联系

（1）需求文件中的很多内容需引入需求跟踪矩阵中。

（2）需求文件的更新会导致需求跟踪矩阵的相应更新。

4. 区别

（1）需求文件只是客观罗列各种具体需求及其验收标准，不涉及应该如何实现需求。需求跟踪矩阵则重点关注每一个具体需求的必要性及应该如何实现。

（2）需求文件见表 1，需求跟踪矩阵见表 2。

表 1　需求文件

编号	需求名称	来源（如哪个相关方）	类别（如功能需求、非功能需求）	优先级	验收标准

表 2　需求跟踪矩阵

基本信息（引自需求文件）				可跟踪的对应关系			
编号	需求名称	来源	类别	高层目标	可交付成果	技术工作	验收方法

5. 参阅《PMBOK®指南》第 6 版中的页码

147，148，712

需要评估 VS 收集需求

1. 概念

需要评估是指在项目的前期准备阶段，结合组织面临的机会和威胁，组织现有的优势和劣势，搞清楚组织对于做某个或某类项目的特定需要。需要，通常并不具体。例如，建筑施工企业有增加利润的需要。

收集需求是指在项目正式立项之后，用多种多样的方法去收集相关方的具体需求，以便实现已经确定的需要。例如，建筑施工企业为了增加利润，就应该加强对员工的培训，加强对公司的宣传，加强公共关系工作。后面这些都是具体的需求。

再举一个更通俗的例子。我肚子饿了，有"吃饭"的需要。接着，就要细化出具体的吃饭需求，如吃米线、面条或米饭等。

2. 共性

（1）都与项目发起人的利益追求有关。

（2）其结果都会直接影响项目目标的制定。项目目标应该同时反映项目发起人的需求和需要。

3. 联系

（1）要基于需要评估的结果来收集需求。

（2）收集需求是为了把需要评估所得到的结果进一步具体化。

4. 区别

（1）需要评估是在项目的前期准备阶段开展的第一项工作，要回答项目发起人"为什么想做某个或某类项目"的问题。收集需求是在项目正式立项（启动）之后才开展的，要回答"某个项目应该满足相关方的哪些具体需求"的问题。

（2）需要评估通常只针对项目发起人的需要。收集需求则不仅要收集项目发起人的需求，而且要收集其他主要相关方的需求，因为他们的需求会促进或妨碍发起人的需要的满足。

（3）需要评估通常由项目发起人自己来做或授权商业分析师来做。收集需求则由项目经理及其团队来做。

5. 参阅《PMBOK®指南》第6版中的页码

30，129，138，568，700

业务需求 VS 相关方需求

1. 概念

业务需求是为满足组织发展而产生的需要，是组织高层级的需要。例如，汽车制造企业为了克服现有车型老化导致销售额大幅下降的困境，高级管理层决定开发新车型来提高企业的业务收入，这就是高级管理层对开发新车型项目的业务需求。业务需求回答组织为什么要做某个项目，为什么要把组织资源投入该项目中。业务需求的确定通常受许多因素的影响，诸如组织文化、制度、组织擅长经营的领域等。例如，汽车制造企业不能通过投资房地产开发项目来解决企业面临的发展问题。

相关方需求是项目相关方想要用项目产品来做什么，是相关方为什么想要某个项目产品的根本原因。不同的相关方通常有不同的需求。例如，对于开发新车型项目，年轻人想要一款新型汽车来体现时尚，而年纪较大的人则仅仅需要它来代步。由于项目的相关方众多，一个项目无法满足所有相关方的需求，所以需要确定主要的相关方，并把他们的需求作为项目要满足的相关方需求。

2. 共性

都是在确定产品范围和项目范围时需要考虑的重要因素。

3. 联系

（1）只有满足相关方需求，才能满足业务需求。为了满足一项特定的业务需求，也许需要满足一项或多项相关方需求。

（2）同时考虑业务需求和相关方需求，才能准确地定义项目的范围（包括产品范围和项目范围）。

（3）只有同时满足相关方需求和业务需求，项目才是完全成功的。

4. 区别

（1）业务需求是项目的目的，回答"项目执行组织为什么要做这个项目"的问题。相关方需求是相关方需要什么，回答"项目能为相关方带来什么"的问题。

（2）通常，业务需求产生在前，相关方需求产生在后。因为有了业务需求，才有项目；有了项目，才需要去识别项目相关方和相关方需求。

（3）业务需求是对项目产品能给项目执行组织带来的利益的期望。相关方需求则是对项目产品能给项目相关方带来的利益的期望。

5. 参阅《PMBOK®指南》第6版中的页码

148

一致性成本 VS 不一致性成本

1. 概念

一致性成本和不一致性成本共同构成质量成本。质量成本是为达到产品或服务的质量标准，所付出的所有努力的总代价。质量成本其实是用来做质量管理的钱，一般至少要占到整个项目或活动总成本的 3%～5%。

一致性成本是为了确保质量合格所付出的代价。一致性成本可进一步分为预防成本和评估成本。预防成本是指为了预防质量不合格所花的代价，评估成本是指为了检查质量是否合格所花的代价。

不一致性成本是指因质量不合格所必须付出的代价。不一致性成本又叫失败成本，包括内部失败成本和外部失败成本。内部失败成本是在产品到客户手中之前在团队内部发现和纠正质量缺陷的代价，外部失败成本则是产品到了客户手中之后才发现和纠正（或不纠正）质量缺陷的代价。

质量成本的构成，如图 1 所示。

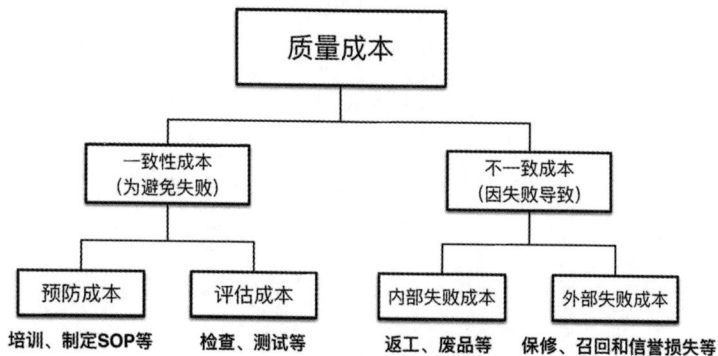

图 1　质量成本构成示意图

2. 共性

都属于质量成本。注意："质量成本"作为估算成本过程和规划质量管理过程的工具与技术（隶属于"数据分析"大类），其实应该写成"质量成本分析"，即：分析一下应该花多少钱去管理质量，以及一致性成本和不一致性成本的构成比例。

3. 联系

（1）如果用一致性成本把产品质量一次就做合格，那么就不会发生非一致性成本。

（2）通过对导致非一致性成本的原因的总结，可以优化以后的一致性成本和非一致性成本的组合。

4. 区别

（1）一致性成本用于规划质量管理过程和管理质量过程，也用于控制质量过程中的质量检查工作。非一致性成本则用于在控制质量过程中进行质量缺陷补救和其他相关工作（如产品召回）。

（2）一致性成本是必须要花的，而非一致性成本则只有在发现质量缺陷后才需要花。

（3）在质量成本中，通常应该是预防成本的比例最大，评估成本的比例次之，内部失败成本的比例再次之，外部失败成本则应尽可能小。

5. **参阅《PMBOK®指南》第6版中的页码**

282—283

仪表指示图 VS 信号灯图

1. 概念

仪表指示图是用类似于汽车驾驶室的速度指示仪表盘、油量指示仪表盘等的图形，来直观地、实时地显示各种项目绩效，例如，项目进度绩效、项目成本绩效。仪表指示图通常与相应表格相连，会随着表格中的数据的更新而同步更新。

信号灯图是用类似于交通信号灯的红黄绿三种颜色，来直观地、实时地显示项目绩效的当前状态。红灯代表绩效不好，需要立即加以解决；黄灯代表绩效已接近临界值，需要加以关注；绿灯代表绩效正常，无须特别关注。

2. 共性

（1）都是图示化的项目绩效表示方法。

（2）可以基于同样的基础数据来生成。

3. 联系

（1）仪表指示图中的指针到达某个特定的区域，就会相应出现绿灯、黄灯或红灯。例如，成本绩效指数等于或大于 1.0，为绿灯；大于 0.9 小于 1.0，为黄灯；小于 0.9，则为红灯。

（2）可以在同一个图中同时使用仪表盘和信号灯，即：可以把仪表指示图和信号灯图合二为一。

4. 区别

（1）在仪表指示图中，用一根指针在连续的刻度表上，对项目绩效进行量化显示。在信号灯图中，用三种不同颜色的符号对项目绩效进行定性显示。

（2）仪表指示图只显示客观的项目绩效信息，而信号灯图则是人们对项目绩效状况的主观评级。如果改变评级规则，同样的绩效就可能会有不同的绿灯、黄灯或红灯状态。

（3）通常，仪表指示图的变化速度较快，信号灯图的变化速度较慢。前者会随项目进展实时变化，后者则定期更新。

5. 参阅《PMBOK®指南》第 6 版中的页码

112，382

已知风险 VS 未知风险

1. 概念

已知风险是指那些已被识别出来，可进一步分析并制定风险应对策略和措施的风险。对全部的已知风险都要做定性风险分析，对那些被定性分析确认很严重且可以量化的风险则还需要做定量分析。已知风险又可分为"已知已知风险"和"已知未知风险"。已知已知风险是人们已经知道它是一个什么风险事件及其发生的原因、概率和后果的风险。已知未知风险是人们仅知道它是一个什么风险事件，而对于其发生的原因和概率尚不清楚。例如，对于建筑施工项目，"天有可能下雨"就是已知已知风险，而"可能发生地震"就是已知未知风险。

未知风险是人们连它是一个什么风险事件都不知道的风险，其实是未知未知风险，即：既不知道它是一个什么事件，也不知道它的原因、概率和后果。对于未知风险，只能采取被动接受策略来应对，即：在它发生之前，人们无法采取任何主动的应对措施。虽然项目发起人可以为未知风险预留一笔"管理储备"，但是，因为项目经理并没有权力直接动用这笔钱（要动用，必须报批），所以从项目内部来看，这笔钱不属于主动接受策略中的应急资金。例如，在某种前所未有的新型传染病暴发之前，这种传染病就属于未知未知风险。

2. 共性

（1）已知风险和未知风险都是不确定性事件，本质上都具备风险的四个要素，即事件、原因、概率和后果。

（2）一旦发生，都需要执行应急措施来处理，相关费用最终都应计入项目成本。

3. 联系

（1）曾经的未知风险一旦发生后，就变成今后的已知风险。

（2）对已知风险的应对，可能带来次生的未知风险。

4. 区别

已知已知风险、已知未知风险和未知未知风险的区别，见表1。

表1 已知已知、已知未知和未知未知风险的主要区别

比较内容	已知已知风险	已知未知风险	未知未知风险
风险事件	已识别出	已识别出	未识别出
风险原因、概率和后果	清楚	不完全清楚	完全不清楚
风险损失	直接计入项目直接成本	用应急储备（资金）开支	用管理储备开支
对成本基准的影响	风险损失已计入成本基准	应急储备已计入成本基准	管理储备起初不列入成本基准，经批准动用后才列入

比较内容	已知已知风险	已知未知风险	未知未知风险
通常的应对策略	各种策略都可以用	各种策略都可以用	被动接受
应对计划	可规划、可制定	无法清晰地规划和制定	不可规划、无法制定

5. 参阅《PMBOK®指南》第6版中的页码

202，245，399

隐性知识 VS 显性知识

1. 概念

隐性知识是存在于人们的头脑或形体语言中的，只能意会无法言传的知识。隐性知识包含两个层面，一是"技术"层面的非正式和难以言表的"诀窍"；二是"认知"层面的信念、领悟、情感和心智模式等。

显性知识是经过编撰的、已经明确表达出来的知识，例如，已经说出的话，已经写成的书，已经录制的音频或视频，已经做出的手语，已经绘制的图形。

2. 共性

（1）都是人们在实践过程中的经验总结。

（2）都能为组织和个人创造价值。

（3）都需要不断积累并更新。

3. 联系

（1）基于显性知识生成隐性知识。人们学习显性知识以后，能够或多或少地形成一些自己的隐性知识。

（2）基于隐性知识创造显性知识。人们可以基于自己的隐性知识创造出一些显性知识，如写出一本书。

（3）开展项目管理时，通常需要联合使用隐性知识和显性知识。

（4）隐性知识和显性知识可能难以严格地区分开来，而是相互交织在一起的。

4. 区别

（1）隐性知识是没有明确表达出来的知识。而显性知识是已经明确表达出来的知识。

（2）隐性知识总是与特定的情景紧密相连，总是依赖特定的情境而存在。而显性知识则可以依赖或不依赖特定的情景而存在。

（3）分享隐性知识，必须开展人际互动，在个人与个人之间建立面对面的直接联系。分享显性知识，则只需要在个人（知识接受者）与知识载体（如书本）之间建立直接联系，不一定要开展人际互动。

（4）隐性知识不能作为组织过程资产进行保存和传递；显性知识可以作为组织过程资产进行保存和传递。

5. 参阅《PMBOK®指南》第 6 版中的页码

100，704，716

迎合权力 VS 情境权力

1. 概念

迎合权力是指与他人相互奉承，或者寻找共同的背景来寻求与他人的亲近感，从而使他人信任和服从自己。例如，去买东西的时候，和店主说自己是他的老乡，看能不能看在老乡的份上再降一点价，这就是在对店主使用迎合权力。

情境权力是指在某种特殊的场景中先站出来的人所具有的权力，特别是在危急时刻振臂一呼而使其他人服从的权力。例如，在大型集会结束时，人群撤离秩序混乱，某人站出来，大声高呼"不要着急，慢慢来，以免发生踩踏事故"，这就是在运用情境权力。

2. 共性

（1）都能让别人按权力行使者的意愿去行动。

（2）都与人际互动有关。无论是迎合权力还是情境权力，都无法离开人际互动而存在。

3. 联系

有时，可以先使用迎合权力来获得大家对自己的信任，再使用情境权力来维持特定场景中的秩序。

4. 区别

（1）迎合权力来源于通过奉承他人或寻找彼此的共同点来拉近彼此的距离，从而使他人对自己产生亲近感，而情境权力来源于紧急情况下人们愿意服从领头人的心理活动。

（2）迎合权力通常在人少（如只有两个人）且正常的场景中使用，而情境权力通常在人多且紧急的场景中使用。

（3）迎合权力对行使者的要求较低，只需要通过人际互动寻找共同背景即可。情境权力对行使者的要求较高，不仅需要通过人际互动主动站出来，而且还需要具备较高的职位、人格魅力或专业知识，以便更有号召力。

5. 参阅《PMBOK®指南》第 6 版中的页码

63

应急储备 VS 管理储备

1. 概念

应急储备是用来应对已知未知风险的应急时间或应急资金。已知未知风险是人们虽然知道它是什么风险但不知道它发生的概率究竟有多大，从而无法直接计算出它可能给项目带来的损失的风险。在进度活动、概括性活动及整个项目的持续时间中都应该包括一定的应急时间，用来应对已知未知风险的发生。在进度活动、概括性活动、工作包、控制账户和整个项目的成本预算中，也都应该包括一定的应急资金，用来应对已知未知风险的发生。

管理储备是用来应对未知未知风险的应急时间或应急资金。未知未知风险是人们完全不了解的风险，根本不知道它是什么风险，故完全不可能加以预防。作为应急时间，是指项目发起人在规定一个正常完工日期之后，再规定一个允许拖延的最长时间。作为应急资金，是指项目发起人在规定的项目成本基准之外，再针对整个项目安排一笔任一数额的资金。当然，项目发起人在规定项目完工时间或成本预算时，也可以不给任何管理储备（把管理储备设为零）。如果不给任何管理储备，那么一旦未知未知风险发生，项目发起人就必须允许项目推迟完工，或者另行提供专门的应急资金。

2. 共性

（1）都用于应对负面风险（威胁）。

（2）都是项目工期或项目预算的组成部分。

3. 联系

被批准动用的那一部分管理储备，就成为应急储备，导致进度基准或成本基准的修改。

4. 区别

（1）应急储备用来应对已知未知风险，管理储备用来应对未知未知风险。

（2）应急储备既可以针对活动、工作包和控制账户计列，也可以针对整个项目计列。管理储备只能针对整个项目计列。

（3）应急储备中的应急资金既是项目预算的组成部分，又是项目成本基准的组成部分。管理储备中的应急资金虽然是项目预算的组成部分，但起初并不是项目成本基准的组成部分；只有经高级管理层批准动用的管理储备才会纳入项目成本基准。

（4）应急储备中的应急时间是包含在进度基准之内的，而管理储备中的应急时间则是进度基准之外的。经高级管理层批准后动用管理储备中的应急时间，会导致进度基准的修改。

（5）项目经理有权直接动用应急储备。而动用管理储备，就必须报高级管理层审批。管理储备，其实是掌握在高级管理层手中的储备。

（6）成本基准加上管理储备中的应急资金等于项目预算。进度基准加上管理储备中的应急时间等于项目总持续时间。

5. 参阅《PMBOK®指南》第6版中的页码

202，245，252，265，456，700，706

应急计划 VS 弹回计划

1. 概念

《PMBOK®指南》中并未严格区分应急计划与弹回计划，而是简单地把两者都视为处理严重风险的应急策略。事实上，这两者是不同的概念。除了这两个概念之外，我们也需要了解"权变措施"这个概念。

应急计划是事先为严重风险制定的应急处置方案，必须在应急计划中规定启用该计划的条件，即：风险预警信号强烈到一定程度时或风险实际发生时，就要启用该计划，采取该计划中的具体措施来处理风险。除了规定具体的应急措施之外，在应急计划中还要规定将如何识别风险的预警信号，将如何判断风险是否已经发生。有了足够强烈的预警信号，就表明风险即将发生。

弹回计划可以理解为备用的应急计划，是事先为特别严重的风险而制定的第二套应急处置方案，以便在首选（第一）应急计划不起作用时立即启用。在某个风险发生之后，先用首选应急计划去处置；万一无效，就要把该风险弹回到原始状态，立即启用弹回计划来处置。

权变措施是对已经发生的风险而紧急采取的、事先未计划过的应急措施。有两种情况：一是对未制订应急计划的风险，在其发生后所采取的紧急措施；二是在原定应急计划和弹回计划（如有）都无效时所采取的紧急措施。由于权变措施是在原计划之外的，所以采取权变措施也属于进行项目变更，必须走变更管理流程。

2. 共性

（1）应急计划和弹回计划都是事先制订的用来应对严重风险的措施。

（2）应急计划和弹回计划都应该由风险责任人负责实施。

（3）都可以用来应对已知已知风险和已知未知风险。

（4）都可以在风险发生后，用来处置风险。

3. 联系

应急计划无效时使用弹回计划，所以弹回计划是备用的应急计划。

4. 区别

（1）项目执行过程中，如果风险发生，应该首先使用应急计划；如果应急计划不起作用，再使用弹回计划。

（2）风险发生时，如果有应急计划，肯定要启用应急计划，而弹回计划则不一定被使用。如果应急计划有效，就无须使用弹回计划。

（3）应急计划可以在风险即将发生时就启用（如果已经具备了应急计划的启用条件），而弹回计划通常不会在风险实际发生之前启用（哪怕风险预警信号已经很强）。

5. 参阅《PMBOK®指南》第6版中的页码

439，445，448，704

预测型生命周期 VS 适应型生命周期

1. 概念

预测型生命周期和适应型生命周期，是项目生命周期的两种极端的类型。项目生命周期是从项目开始到结束的，通常按顺序排列，但有时又相互交叉的一系列项目阶段的集合。项目阶段是一组具有逻辑关系的项目活动的集合，会产出特定的技术成果。

预测型生命周期是指在项目进入执行阶段之前，就尽早确定（预测出）项目将来要提交出来的最终可交付成果及所需开展的工作，编制出较为详细的项目计划，并在项目执行阶段严格按计划开展工作、提交出既定的可交付成果，在项目收尾阶段严格按计划验收和移交既定的可交付成果。

适应型生命周期是指把整个项目的全过程划分为多个迭代期（循环期），经过多次迭代来开发出能够满足需求的项目产品，可以每几天或每周迭代一次。项目团队根据用户最初的需求，开展第一次迭代，形成第一代产品原型（初步产品）并交给用户评审。经过评审，用户提出新的需求，项目团队再根据新的需求开展第二次迭代，形成第二代产品原型并交给用户评审。如此不断迭代，直到开发出能够满足需求的项目产品。每次迭代，都应该得到更高级的产品原型（功能更多）。

2. 共性

（1）都由不同的项目阶段构成。

（2）都是通过不同阶段的工作，逐渐完成项目的最终可交付成果。

（3）都涉及滚动式规划，即：对近期的工作编制详细计划，对远期的工作编制粗略计划，以后再随时间推移逐渐细化。

3. 联系

预测型生命周期和适应型生命周期是项目生命周期的两种极端类型，在实际工作中还可以采用介于这两者之间的混合型生命周期类型，即：一定程度的预测型和一定程度的适应型的混合。

4. 区别

（1）预测型生命周期是事先做好设计，再严格照设计执行。适应型生命周期则是一边设计一边执行。前者是想好了再做，后者是一边想一边做。

（2）前者适用于需求明确、产品清晰、不需变更、风险较低的项目，如建筑施工项目。后者适用于需求不清、产品模糊、频繁变更、风险较高的项目，如软件开发项目。

（3）前者需依次经过设计、建造和移交阶段，各阶段的工作和所需成员都不同。后者在每个迭代期都要经过设计、建造和移交，各迭代期的工作性质和所需成员基本相同。

（4）前者是一开始就明确全部的项目范围及项目最终的可交付成果，项目范围在整个项目期间基本不变。后者是一次只能够明确一个当前迭代期的项目范围及所需提交的原型，项目范围只在一个迭代期内保持不变，而在不同的迭代期之间通常会变化。

（5）使用预测型生命周期，客户和发起人只参与整个项目的开始和结束阶段。使用适应型生命周期，客户和发起人必须持续参与整个项目的全过程，必须参与每一个迭代期的原型设计和评审。

5. 参阅《PMBOK®指南》第 6 版中的页码

19，131，698，709

预防措施 VS 纠正措施

1. 概念

预防措施是为了防止未来很可能发生的项目绩效严重不利偏差而采取的措施，以使未来的项目绩效符合项目计划的要求。如果预计未来的不利绩效偏差很可能会超出控制临界值，那么就必须采取预防措施。例如，预计项目完工时成本将严重超支，就必须采取措施来预防这种超支的发生。预防措施可用于预防项目范围、进度、成本和质量的严重不利偏差的发生。要采取预防措施，必须先以变更请求的方式提出，经过批准后方可执行。

纠正措施是针对实际已经发生且已超过控制临界值的项目绩效不利偏差而采取的措施，以把项目绩效拉回到项目计划的要求上来。纠正措施可以用来解决范围、进度、成本和质量等方面的过大不利偏差。通常，有两种纠正措施，即立即纠正措施（Immediate Corrective Action）和彻底纠正措施（Basic Corrective Action）。立即纠正措施是指立即将出现问题的工作矫正到正确的轨道上，彻底纠正措施则要在彻底弄清工作绩效偏差产生的根本原因的基础上，再针对根本原因制定有效的解决办法去纠正偏差。《PMBOK®指南》中所述的纠正措施显然是彻底纠正措施。为了使纠正措施能彻底解决偏差问题，所有的纠正措施建议必须以变更请求的形式提出，并在经全面的综合评审后才能被批准或否决。

2. 共性

（1）都必须以变更请求的方式提出，经过批准后方可执行。

（2）都可以针对项目的范围、进度、成本和质量不利偏差。

（3）都是要确保未来的项目绩效符合项目计划的要求。

3. 联系

（1）如果预防措施做得好，很可能不需要纠正措施。

（2）如果预防措施一直实施不到位，那么就必然要采取纠正措施。

4. 区别

（1）采取的时间点不同。在严重不利偏差发生之前采取预防措施。在严重不利偏差发生之后，则采取纠正措施。

（2）对项目监控的作用不同。预防措施是事前采取的主动方法。由于偏差还未发生，对项目目标还没有产生实际影响，所以采取预防措施的代价较小。纠正措施是事后采取的被动方法。由于偏差已经发生，已对项目目标造成不利影响，所以采取纠正措施的代价较大。

5. 参阅《PMBOK®指南》第6版中的页码

96，112，701，709

预分派 VS 项目团队派工单

1. 概念

预分派是项目资源管理中获取资源过程的工具与技术。预分派是指在项目正式启动（立项）之前就选定一些特别重要的项目实物资源或团队成员。下文仅讨论团队成员的预分派。需要预分派的团队成员包括：① 项目经理或其他必须在项目章程中列明的团队成员；② 必须在投标文件中指定的团队成员——这些人选是决定投标商能否中标的重要条件之一；③ 某些特别重要或特别稀缺的专业人员——必须先把这些人预约好，才能启动该项目。例如，先预约好某个培训师，再启动相应的培训项目。

项目团队派工单是项目资源管理中获取资源过程的输出。在获取资源过程中，应该在正确的时间把正确的人分派到正确的工作岗位上，并且用相关的文件来记录项目人员分派的情况。这些文件可以包括：项目团队成员名录，写有团队成员姓名的其他计划或文件，如沟通管理计划、项目组织图、项目进度计划、风险登记册。

2. 共性

没有特别值得关注的共性。预分派是工具与技术，项目团队派工单是输出。

3. 联系

（1）预分派是动作，其结果需要记进项目团队派工单。

（2）在小型项目上，可能全部团队成员都是预分派的。

4. 区别

（1）预分派是获取资源过程的一个工具与技术，而项目团队派工单则是获取资源过程的一个输出。

（2）在大中型项目上，通常只有极少数团队成员是预分派的，而大多数团队成员都是在项目启动之后再通过其他方法被分配或分派到项目中的。

（3）被预分派的团队成员都是对项目不可或缺的人员，而项目团队派工单中记录的团队成员会更多，不仅包括被预分派的团队成员，而且包括项目启动之后选定的其他团队成员。

5. 参阅《PMBOK®指南》第 6 版中的页码

328，333，334

原型法 VS 标杆对照

1. 概念

在《PMBOK®指南》中，原型法只是收集需求过程的工具与技术，而标杆对照则是收集需求、规划质量管理和规划相关方参与这三个过程的工具与技术。本节仅以收集需求过程为背景进行析辨。

原型法是在实际制造预期产品前通过开发产品原型来逐步明确用户的需求。原型是可供使用或评审的初级产品。项目团队根据用户的初步需求开发出第一代原型，交给用户使用或评审，用户提出新的需求；项目团队再根据这些新的需求开发出第二代原型，交给用户使用或评审；依次类推，直到开发出能够满足用户需求的最终产品。究竟要开发出几代原型，取决于实际需要。

标杆对照是用可比项目的最佳实践作为标杆，来确定本项目应该满足什么样的需求。例如，许多厂家在研发智能手机时，都以美国苹果公司的 iPhone 手机作为标杆，来确定拟研发的手机应该具备哪些功能。可比项目可以来自本组织内部或外部、本行业内部或外部。不局限于综合可比，任何项目，只要在某个局部与本项目的相应局部可比，就可以成为本项目的标杆。

2. 共性

（1）都是收集需求过程的工具与技术。

（2）都要通过比较，来明确以后的项目工作该如何开展。

3. 联系

在使用原型法的同时，可以配合使用标杆对照，即：可以用标杆对照的方法来辅助开发原型。

4. 区别

（1）原型法中的原型需项目团队自行开发。标杆对照中的最佳实践则是现成的，不需要自己总结，只需根据项目实际情况稍加调整就可以使用，甚至可以直接引用行业协会总结颁布的最佳实践。

（2）原型法中的原型是改进的基础或起点。而标杆对照中的标杆则是要达到的目标。

（3）原型法适用于采用适应型项目生命周期的项目，即需求无法立即明确的项目，如 IT 开发项目。标杆对照既适用于采用预测型项目生命周期的项目，又适用于采用适应型项目生命周期的项目。

（4）原型法与渐进明细紧密相连，而标杆对照与渐进明细无关。在原型法中，每一代原型都比前一代原型更加完善，更能满足用户的需求。

（5）原型法是通过迭代和增量的方法来开发项目产品，而标杆对照与迭代或增量无关。迭代是指循环，增量是指功能的逐渐完善。

（6）需要注意的是，在《PMBOK®指南》第 20 页提及的、作为阶段名称的"原型法"，实际上应该是"原型搭建"。

5. 参阅《PMBOK®指南》第 6 版中的页码

143，147，699，717

责任分配矩阵 VS 项目团队派工单

1. 概念

责任分配矩阵是用来为每个工作分解结构要素（如工作包）或每个项目活动配备相关责任部门、小组或人员的一种表格。通常，在第一行列出各部门、小组或个人，在第一列列出各 WBS 要素或项目活动，在行列交叉的位置用各种预先定义的符号来表示部门、小组或个人对 WBS 要素或项目活动的不同责任。在较大型项目上，通常有多个层级的责任分配矩阵。在高层级的责任分配矩阵中，为高层级的工作配备相关责任部门。在低层级的责任分配矩阵中，为具体的项目活动配备相关的责任人员。责任分配矩阵有利于人们掌握项目工作任务分配的全局，因为从行可以看到与每一项工作有关的所有部门、小组或个人，从列可以看到与每一个部门、小组或个人有关的所有工作。RACI（执行、负责、咨询和知情）矩阵是一种常见的责任分配矩阵，但不是唯一的一种。在 RACI 矩阵中，对于每一项工作都只能列出一个"A"——唯一的终责人。

项目团队派工单是项目资源管理中获取资源过程的输出。在获取资源过程中，应该在正确的时间把正确的人分派到正确的工作岗位上，并且用相关的文件来记录项目人员分派的情况。这些文件可以包括：项目团队成员名录，写有团队成员姓名的其他计划或文件，如沟通管理计划、项目组织图、项目进度计划、风险登记册。

2. 共性

虽然在《PMBOK®指南》中，责任分配矩阵是作为规划资源管理过程的子工具出现的（属于"数据表现"大类），但在实际工作中，也可以用责任分配矩阵来展示项目人员分派情况。也就是说，责任分配矩阵可以是一种特殊形式的项目团队派工单。

3. 联系

责任分配矩阵可以是资源管理计划（规划资源管理过程的输出）的内容之一，从而可以成为获取资源过程的输入，即：可以根据责任分配矩阵来招聘人员、获取资源，得到"项目团队派工单"这个输出。

4. 区别

（1）责任分配矩阵是规划资源管理过程的子工具（隶属于"数据表现"大类），而项目团队派工单则是获取资源过程的输出。

（2）责任分配矩阵可以针对部门、小组或个人，而项目团队派工单只针对项目团队成员个人。

（3）用责任分配矩阵为项目工作（WBS 要素或项目活动）配备相关责任部门、小组或个人，用"项目团队派工单"把团队成员个人分派到不同的工作岗位上。这些工作岗位不一定与 WBS 要素或项目活动一一对应，如项目会计师岗位。

5. 参阅《PMBOK®指南》第 6 版中的页码

317，334，713

招标文件 VS 采购文档

1. 概念

招标文件是买方用于征求潜在卖方的建议书（投标文件）的书面文件。潜在卖方购买了招标文件之后，就要根据招标文件的要求编制投标文件，并向买方投标。为了便于对潜在卖方的投标文件进行评审，并随后签订相应的合同，在招标文件中一般要包括采购工作说明书、投标文件的填写格式及相关的合同条款等内容。招标文件有不同的类型，可以是信息邀请书（RFI）、投标邀请书（IFB）、建议邀请书（RFP）、报价邀请书（RFQ）等。

采购文档是在规划采购管理、实施采购和控制采购过程中所形成的全部与采购有关的文件的统称。这些文件包括（但不限于）采购工作说明书、招标文件、供方选择标准、履约担保文件、协议（合同）、工作绩效信息、变更请求、卖方绩效评估文件、支付计划和请求、合同执行检查记录，以及买卖方之间的各种往来函件。及时收集、整理和分析采购文档，有助于促进合同有效执行，降低合同执行风险，也为关闭单个合同打下坚实基础。

2. 共性

招标文件是采购文档中的一种文件。

3. 联系

针对某单次采购，先编制采购策略、采购工作说明书和招标文件，作为采购文档中的早期文件，再根据这些文件去形成采购文档中的后期文件，如买方与卖方之间的各种往来函件。

4. 区别

（1）招标文件由买方编制，而采购文档中既有买方自己编制的文件，也有卖方编制并提交给买方的文件（如付款申请）。

（2）招标文件是一份单一的文件，而采购文档则是全部与采购有关的文件的统称。招标文件只是采购文档中一种文件。

5. 参阅《PMBOK®指南》第6版中的页码

125，413，477，485，496，699，709

招标文件 VS 卖方建议书

1. 概念

招标文件是买方用于征求潜在卖方的建议书（投标文件）的书面文件。潜在卖方购买了招标文件之后，就要根据招标文件的要求编制投标文件，并向买方投标。为了便于对潜在卖方的投标文件进行评审，并随后签订相应的合同，在招标文件中一般要包括采购工作说明书、投标文件的填写格式及相关的合同条款等内容。招标文件有不同的类型，可以是信息邀请书（RFI）、投标邀请书（IFB）、建议邀请书（RFP）、报价邀请书（RFQ）等。

卖方建议书是潜在卖方在获得买方的招标文件后所编制的，并以规定方式，在规定时间内，向买方提交的应答文件，作为对招标文件的响应。潜在卖方通过卖方建议书来表明自己愿意按其中的条件和内容向买方提供所需的产品、服务或成果。在招标投标中，卖方建议书就是投标文件。根据招标文件的不同名称和类型，卖方建议书也可以有不同的名称和类型，如报价书、投标书、建议书。

2. 共性

（1）都服务于项目的单次采购活动。

（2）都是实施采购过程的输入。

3. 联系

（1）卖方必须根据买方正式发布的招标文件来编制卖方建议书。卖方建议书必须对招标文件做出实质性响应，方为有效。

（2）买方应该按照招标文件规定的供方选择标准对卖方提供的卖方建议书进行评审，从而选择一个或多个合适的卖方。

4. 区别

（1）性质不同。招标文件是买方发出的要约邀请，而卖方建议书是潜在卖方向买方发出的要约。卖方建议书一旦被买方接受，即便还未签订合同，也标志着买方和卖方之间已经确立了正式的采购合同关系。

（2）编制人不同。招标文件由买方编制，卖方建议书由潜在卖方编制。

（3）发布对象不同。招标文件由买方向多个潜在卖方发布，甚至完全公开发布。卖方建议书通常由潜在卖方按招标文件中规定的方式和时间，提交给发布招标文件的买方。

（4）约束力不同。买方在发布招标文件时，不会向潜在卖方提交任何保证金；发布后，还可以对招标文件进行补充和修改。潜在卖方在向买方提交卖方建议书时，往往要提交一定的保证金，用于确保自己受卖方建议书的约束；提交之后，也往往不允许进行补充或修改。

5. 参阅《PMBOK®指南》第6版中的页码

477，486，699，715

挣得进度 VS 挣值

1. 概念

挣值（EV）是项目挣值管理中的核心概念，是实际已经完成的工作的预算价值。换句话说，它是随项目工作的开展而实际"挣"回来的计划价值，等于截至某时点实际累计完成的工作量与项目计划中规定的预算单价的乘积。挣值不同于实际成本（AC）。实际成本是实际已经完成的工作的实际成本，等于截至某时点实际累计完成的工作量与实际单价的乘积，即：实际上花掉的钱。实际成本通常可以在项目的成本账目中直接查到，无须用公式计算。

挣得进度是实际上已经"挣"得的时间（工期）。例如，实际花了10天时间，完成了本来应该用5天就完成的工作，挣得进度就是5天。这也意味着进度落后了5天。

2. 共性

（1）都是用于考察项目进度绩效的基础，即：可以基于挣得进度或挣值，计算进度偏差和进度绩效指数。

（2）在某个特定时点考察项目进度绩效，往往需要同时计算挣值和挣得进度。

（3）在项目完工之后，挣值必等于计划价值，挣得进度也必等于计划工期。

3. 联系

（1）截至某个特定时点的实际已经完成的工作量，是计算挣值和挣得进度的共同基础。

（2）可以互为补充，更全面地考察项目进度绩效。

4. 区别

（1）针对截至某时点实际已经完成的工作量，挣值考察的是本应花多少钱，挣得进度考察的是本应花多长时间。

（2）基于挣值计算进度偏差，公式为：挣值－计划价值；计算进度绩效指数，公式为：挣值/计划价值；只要项目完工了（哪怕是延误了很长时间），进度偏差一定为0，进度绩效指数一定为1。基于挣得进度计算进度偏差，公式为：挣得进度－实际时间；计算进度绩效指数，公式为：挣得进度/实际时间；在项目完工之后，仍然能真实反映完工提前情况（进度偏差大于0，进度绩效指数大于1）或延误情况（进度偏差小于0，进度绩效指数小于1）。

5. 参阅《PMBOK®指南》第6版中的页码

233，261，703

挣值 VS 计划价值

1. 概念

挣值（EV）是项目挣值管理中的核心概念，是实际已经完成的工作的预算价值。换句话说，它是随项目工作的开展而实际"挣"回来的计划价值，等于截至某时点实际累计完成的工作量与项目计划中规定的预算单价的乘积。挣值不同于实际成本（AC）。实际成本是实际已经完成的工作的实际成本，等于截至某时点实际累计完成的工作量与实际单价的乘积，即：实际上花掉的钱。实际成本通常可以在项目的成本账目中直接查到，无须用公式计算。

计划价值（PV）也是项目挣值管理中的基本概念，是截至某时点计划要完成的工作的预算价值，等于计划要完成的工作量与项目计划中规定的预算单价的乘积。整个项目完成时的累计计划价值就是整个项目的完工预算（BAC）。按时间段分配的计划价值就是项目的成本基准，可以用 S 曲线来表示。

2. 共性

（1）都是挣值管理中的基本概念。

（2）都是随时间推移和项目进展而累计的项目价值，通常也都呈 S 曲线。

（3）它们的计算必须基于同样的时间点和同样的项目范围。例如，都是基于 2018 年 12 月 31 日的数据来计算，都是针对某个控制账户来计算。

（4）都是基于项目工作的预算单价，而与实际单价无关。

（5）在整个项目完成时，整个项目的挣值就完全等于整个项目的计划价值，也等于整个项目的完工预算，即：EV＝PV＝BAC，意味着计划要完成的工作全都已经完成。

3. 联系

（1）必须先确定计划价值，才有可能和有必要计算挣值。

（2）挣值减去计划价值，得到进度偏差（SV）。SV 大于 0 表明进度提前，SV 小于 0 表明进度落后，SV 等于 0 表明进度刚好符合计划。

（3）挣值除以计划价值，得到进度绩效指数（SPI）。SPI 大于 1 表明进度提前，SPI 小于 1 表明进度落后，SPI 等于 1 表明进度刚好符合计划。

4. 区别

（1）在项目执行过程中的某个时点的 EV 数值，并不是事先计划好的，而是取决于实际完成的工作量。在项目执行过程中的某个时点的 PV 数值，则是事先计划好的，是根据项目进度计划和成本预算而事先确定的。

（2）一旦 EV=BAC，就表明全部项目工作都已经完成。而 PV=BAC 时，则只表明项目的计划完工时间已到。

（3）EV 可以直接与 AC 比较，得出成本偏差（CV）或成本绩效指数（CPI）。而 PV 不能直接与 AC 比较，因为它们之间没有共同要素。

5. 参阅《PMBOK®指南》第 6 版中的页码

261—268，703，708

支持型 VS 领导型

1. 概念

在《PMBOK®指南》中，按相关方参与项目的程度的不同，把相关方划分为：不了解型、抵制型、中立型、支持型和领导型五种，其中"不了解型"的参与程度最低，"领导型"的参与程度最高。此处仅讨论"支持型"相关方和"领导型"相关方。

支持型相关方是了解项目情况，了解项目对组织利益和自身利益的影响，会支持项目工作及其成果的相关方。他们会按照项目的需要参与项目工作，但主动性和积极性不够强。

领导型相关方是了解项目情况，了解项目对组织利益和自身利益的影响，会积极、主动参与项目工作，并愿意做出努力促进项目成功的相关方。领导型相关方还会通过与其他相关方的有效沟通，促使其他相关方也支持项目。例如项目的发起人、项目经理、项目产品用户等，都应该是典型的领导型相关方。需要注意的是，领导型相关方不一定是具有较高职位的人。

不了解型、抵制型或中立型相关方，在参与项目的过程中，通常不会对促进项目成功发挥积极作用，甚至还会给项目带来消极影响。项目经理应该设法提高他们参与项目的程度。

2. 共性

都是会对项目提供支持的相关方，他们的参与都有利于项目取得成功。支持型或领导型相关方越多，项目成功的可能性就越大。

3. 联系

（1）在规划相关方参与过程中，应该分析相关方当前参与项目程度，以及为取得项目成功所需的参与程度。如果当前参与程度低于所需参与程度，那么就应该采取措施把当前参与程度提升到所需参与程度。例如，把支持型相关方提升为领导型相关方。

（2）也应该注意，随着项目进展，相关方参与项目的程度可能因各种原因而发生变化，例如，从领导型相关方退回到支持型，甚至中立型或抵制型相关方。

4. 区别

（1）这两类相关方对项目的支持程度是不同的。支持型相关方虽然支持项目，但积极性和主动性不足。领导型相关方则会积极主动地支持项目。

（2）支持型相关方仅仅是自己支持项目，不关心其他人是否支持项目；领导型相关方则不仅自己支持项目，而且还会鼓动其他人来支持项目，即领导大家一起支持项目。

5. 参阅《PMBOK®指南》第6版中的页码

521—522

知识管理 VS 信息管理

1. 概念

这里仅讨论在《PMBOK®指南》中作为管理项目知识过程的工具与技术的"知识管理"和"信息管理"。

知识管理是指用各种方法建立个人与个人之间的面对面直接联系，以便分享隐性知识。例如，人际交往、工作跟随和跟随指导，都是有利于分享隐性知识的方法。人际交往是指主动与别人打交道，工作跟随是指徒弟跟着师傅做事，跟随指导是指请师傅向徒弟演示。

信息管理是指用各种方法建立个人与信息之间的联系，以便分享显性知识。例如，图书馆服务、网络搜索、采用知识编撰模板，都是有利于分享显性知识的方法。图书馆服务是指到图书馆找资料，网络搜索是指用关键词在互联网上查找资料，采用知识编撰模板是指按规定的格式编写资料。

2. 共性

（1）都是为了总结和分享项目实施过程中学习到的知识。

（2）都是管理项目知识过程的工具与技术。

3. 联系

（1）经常需要联合使用知识管理和信息管理，而无法把它们截然分开。

（2）虽然信息管理只用于总结和分享显性知识，但是知识管理可以在总结和分享隐性知识的同时，总结和分享显性知识。在分享显性知识的过程中，不一定会同时分享隐性知识；但在分享隐性知识的过程中，通常都会同时分享一定的显性知识。

4. 区别

（1）知识管理的重点是隐性知识；而信息管理则侧重于显性知识的管理。

（2）知识管理侧重于通过创造人与人之间的交互环境来分享和积累隐性知识，例如，召开经验分享会、主题讨论会；而信息管理则侧重于制定经验总结的方法、工具和技术，来支持团队成员形成和分享显性知识，例如，制定经验教训登记册模板、建立项目管理信息系统。

5. 参阅《PMBOK®指南》第6版中的页码

100，102，103

直方图 VS 帕累托图

1. 概念

直方图是一种基本的统计图形。在直方图中，每一个直方（柱子）都代表一种质量问题或导致质量问题的一种原因，直方的高度则代表问题或原因出现的总次数（见图1）。可以把每个直方的顶端中间点连成一条曲线，用来表示出现各种问题或原因的集中趋势和离散程度。集中趋势是最高那个点出现的次数，离散程度是问题或原因的种类多少，种类越多就越离散。项目时间管理中的资源柱状图也是一种直方图，此处不予讨论。

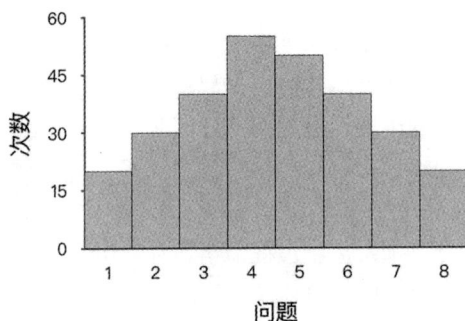

图1　直方图

帕累托图是一种特殊的直方图，虽然在《PMBOK®指南》第6版中没有直接写出帕累托图，但是考试中仍可能考到。它把质量问题或原因按出现次数的多少，从左向右依次排列，即：把出现次数最多的问题或原因排在最左边，把第二多的问题或原因排在第二位……可以把每个问题或原因的出现次数占所有问题或原因出现总次数的百分比从左到右逐渐累加（累加到最右边就是100%），并画出相应的累计次数曲线。帕累托图的理论基础是二八定律，即：相对少量（20%）的关键原因会导致相对大量（80%）的质量缺陷。用帕累托图，就是要设法找出相对少量的关键原因。如图2所示。

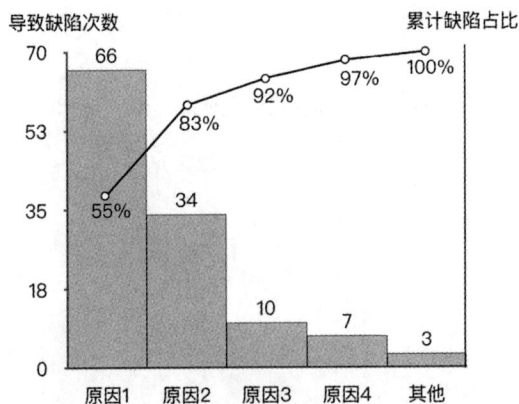

图2　帕累托图

2. 共性

（1）都是管理质量和控制质量过程的工具（虽然帕累托图未被直接列出，但是已包含在直方图中）。

（2）都是条形柱状图，而且直方的含义相同。

3. 联系

对直方图中的各个直方，按从高到低的顺序重新排序，就可以得出帕累托图。帕累托图是一种特殊的直方图。

4. 区别

（1）虽然直方图会列出各种问题或原因出现的次数，但并不强调对问题或原因进行排序。帕累托图则是按照各种问题或原因出现的次数多少，把问题或原因从左向右依次排序，从而能更明白地显示出最主要的几个问题或原因。

（2）直方图通常只显示问题或原因出现的绝对次数，而不显示相对百分比。帕累托图则会从左向右逐渐显示各种问题或原因占全部问题或原因的累计百分比，直至100%。

5. 参阅《PMBOK®指南》第6版中的页码

293，304，705

直接成本 VS 间接成本

1. 概念

直接成本是专为某个项目而开展的那些工作的成本，能够直接记进项目的成本账。直接成本是仅供该项目专用的那些资源的成本。例如，全职在某项目上工作的建筑工人和项目经理的工资，专用于某项目的吊塔等设备的租赁费用，都是该建筑施工项目的直接成本。

间接成本是为两个或以上项目，或者为项目和运营而开展的那些工作的成本，需要经过一段时间的积累，在这些项目或项目与运营之间进行分摊，再把分摊给某项目的成本记进该项目的成本账。间接成本通常是几个项目或项目与运营共享的那些资源的成本，例如，项目所在公司的总部管理费。

2. 共性

（1）都是项目成本基准的组成部分。

（2）也都是项目预算的组成部分。

3. 联系

（1）整个项目的直接成本，如果从项目内部的各个组成部分去看，可能会变成间接成本。例如，全职项目经理的工资，从整个项目的层面看，是项目的直接成本；但是从项目内部的层面看，又属于间接成本，因为需要由项目内部各部分工作进行分摊。当然，PMP考试中，如果没有特别说明，就默认为"从整个项目的层面看"。

（2）专用于某个项目的资源，一旦由两个或多个项目共享，或由项目与运营共享，那么其成本就会从直接成本变成间接成本。

（3）某类间接成本，在一定条件下，可以变成直接成本。例如，供多个项目共用的某个实验室的成本，过去是按每个季度发生的成本总数在各项目之间平均分摊（属于间接成本），现在改成每个项目去使用时都要立即按付费标准支付使用费用（属于直接成本）。

4. 区别

（1）直接成本一般是项目经理可以直接掌控的，而间接成本一般是项目经理不能直接掌控的。

（2）直接成本通常按实际发生数直接、立即记进某个特定项目的成本账，而间接成本通常是隔一段时间（如季度或年度）按一定比例分摊一次，只把分摊到的那一部分记进某个特定项目的成本账。需要经过分摊才能记进特定项目的成本账的成本，都是间接成本。

（3）直接成本需要在活动、工作包、控制账户和整个项目等所有层面计列，而间接成本则不一定。间接成本甚至可以只在整个项目层面上计列，也就是说，在活动、工作包和控制账户的成本中都不列入间接成本。

（4）直接成本的典型例子是人工费、材料费和设备费，而间接成本的典型例子是总部管理费。

5. 参阅《PMBOK®指南》第6版中的页码

246

职能型组织 VS 矩阵型组织

1. 概念

职能型组织是把整个组织按专业领域划分成不同职能部门的层级型组织结构。每个职能部门通常都由该专业的专家担任经理，该经理是部门员工的唯一直接上级。职能型组织是最传统的组织结构。在职能型组织中做项目，就必须把项目放到某个职能部门中，由该部门的员工兼职完成。对于跨部门的项目，必须分解成更小的、便于由单一职能部门开展的子项目。各职能部门之间的横向联系和合作受到极大限制，每个职能部门都只是在既定的规章制度之下分工负责。

矩阵型组织是永久性的职能部门和临时性的项目部门同时存在的组织结构。它是为了解决在职能型组织中开展跨部门项目的固有弊端而产生和发展起来的。对于每个跨部门的项目，都组建一个专门的、临时的项目部门，指定一位项目经理来领导项目部门，并从各相关职能部门抽调人员全职或兼职地参加项目部门。这些抽调出来的员工就有两个直接上级，一个是职能经理，另一个是项目经理。矩阵型组织适合开展中等规模的、跨部门的项目。

2. 共性

（1）都有在职能工作和项目工作上兼职的员工。

（2）项目工作的开展，都离不开职能部门的支持。

3. 联系

（1）矩阵型组织是由职能型组织演变而来。矩阵型组织只是在永久的职能部门之外，增加临时的项目部门。

（2）如果不存在项目，矩阵型组织就会重新退回到职能型组织。

4. 区别

（1）项目经理的权力不同。在职能型组织中，项目经理其实不是真正的"经理"，而是基本没有职权的"联络员"或"协调员"。在矩阵型组织中，项目经理拥有一定的职权（虽然仍没有管理项目的全权）。

（2）全职项目成员的数量不同。在职能型组织中，所有项目成员都由职能部门员工兼任，无全职项目成员，连项目经理也是兼任的。在矩阵型组织中，至少项目经理是全职的，还可以有数量不等的全职项目成员（虽然不会所有成员都全职）。

（3）适用的项目不同。职能型组织适用于可以由某个职能部门独立来完成的小型项目。矩阵型组织适用于必须通过各个职能部门的合作来完成的中等规模的项目。

（4）需要或不需要借资源。在职能型组织中，所有项目团队成员都由同一职能部门的员工兼任，不需要向其他职能部门借人力资源。在矩阵型组织中，项目经理领导的项目部门必须向各相关职能部门借人力资源。

5. 参阅《PMBOK®指南》第 6 版中的页码

45—47，704，707

职权 VS 权力

1. 概念

职权是依附于一个人在组织或项目团队中的职位而产生的权力，即：处于某个职位的人有权力让下属服从自己，去做自己想要下属做的事情。职权也叫正式权力或合法权力，职权中通常也包括奖励权力、惩罚权力和加压权力。奖励权力是有权奖励下属，惩罚权力是有权惩罚下属，加压权力是有权向下属施加压力。一个人一旦离开了某个特定职位，就会相应失去依附于该职位的职权。职权是上级对下级的权力。

权力是一个人让别人服从自己的能力，即：有能力让别人去做自己想要别人做的事情。只要别人愿意服从你，你就有了相应的权力。任何一个人都可以在一定的时候针对一定的事情对特定的人拥有某种权力。广义上的权力可以分成四大类：第一类是依附于人身的权力，包括专家权力、参照权力和魅力权力；第二类是依附于职位的权力，包括正式权力、奖励权力、惩罚权力和加压权力；第三类是依附于人际互动的权力，包括关系权力、迎合权力、愧疚权力、回避权力和说服权力；第四类是复合权力（兼具前三类的性质），包括信息权力和情境权力。

2. 共性

（1）都是让别人服从自己的能力。

（2）都可以用于驱使别人去做或不做某件事。

3. 联系

（1）职权是权力的一种很重要的来源，职权就是依附在职位上的权力。

（2）可以用"权力"这个词代指"职权"，但不能反过来。

4. 区别

（1）职权是局限于组织内部的、上级对下级的职位权力，是组织赋予个人的合法权力。权力则不局限于组织内部，不局限于上级对下级。

（2）职权依附于特定职位，一旦离开该职位，就会失去。权力的范围更广，除职权外，还有各种与职位无关的权力。

（3）如果只使用职权，你也许能够做一个好的管理者，但无法做一个好的领导者。要做一个好的领导者，就必须更多地使用人身权力和人际互动权力。

5. 参阅《PMBOK®指南》第 6 版中的页码

62—63，317—318，698

职权 VS 职责

1. 概念

职权是依附于一个人在组织或项目团队中的职位而产生的权力，即：处于某个职位的人有权力让下属服从自己，去做自己想要下属做的事情。职权也叫正式权力或合法权力，职权中通常也包括奖励权力、惩罚权力和加压权力。奖励权力是有权奖励下属，惩罚权力是有权惩罚下属，加压权力是有权向下属施加压力。一个人一旦离开了某个特定职位，就会相应失去依附于该职位的职权。职权是上级对下级的权力。

职责是处于某个职位的人（无论他有无下级）必须要履行的工作责任。如果不履行，就必须接受相应的惩罚。在项目团队中，项目经理、项目管理人员及其他人员都分别有自己的职责。某个职位的人既可以自己亲自履行相关职责，也可以把部分职责授权给别人（通常是下属）去代为履行。即便授权别人代为履行相关职责，授权者也必须对被授权出去的职责的履行情况，向上级和其他相关方承担如同是自己亲自履行一样的终责。把职责授权出去，丝毫不能减轻授权者应该承担的终责。终责是指万一事情做失败了就必须接受相应惩罚（被追责）。

2. 共性

（1）都是由组织赋予个人的。

（2）都是依附于特定工作职位（角色或岗位）的，都不可能离开工作职位而存在。

3. 联系

（1）职权和职责一般是紧密相关的。一方面，组织在赋予个人职权时，也会要求他履行相应的职责。另一方面，要履行相关职责，就必须有相应的职权。也就是通常所说的权责必须匹配。

（2）处于某个职位的人，有相应的职权和职责；这些职权和职责联合起来，又决定了他必须对相关工作的成败承担终责。

4. 区别

（1）职权是依附于职位（角色或岗位）的权力。职责是依附于职位（角色或岗位）的责任。

（2）虽然人们经常讲"权责要匹配"，但是在项目管理中，项目经理的职权往往要小于职责。在矩阵式组织中，项目经理的职权有限，不少项目团队成员是临时从组织的各职能部门中借来的，并非项目经理的直接下级，项目经理对他们就缺乏上级对下级的职权。在职能式组织中，项目经理更是基本没有职权，只是起联络员或协调员的作用。即使没有足够的职权，也要领导项目团队完成项目任务，这是项目经理面临的挑战。

5. 参阅《PMBOK®指南》6版中的页码

42，51，317—319，698，713

职责 VS 终责

1. 概念

职责是处于某个职位的人（无论他有无下级）必须要履行的工作责任。如果不履行，就必须接受相应的惩罚。在项目团队中，项目经理、项目管理人员及其他人员都分别有自己的职责。某个职位的人既可以自己亲自履行相关职责，也可以把部分职责授权给别人（通常是下属）去代为履行。

终责是基于相应的职权（Authority）和职责（Responsibility），而对工作执行的结果必须承担的最终责任，即：如果结果不符合要求，就必须被追责或问责，就必须接受处罚。终责无法以任何形式让别人代为承担或让别人与自己共同承担。终责是绝对不可转移的，且必须由单个个人独自承担。通常，一系列职权和职责会指向某一个终责，即：只有具备相应的职权和职责，才需要承担某个特定的终责。但是，在项目管理中，项目经理经常面临职权不足又必须承担很大的职责和终责的巨大挑战。

2. 共性

（1）职责和终责均来自职位。

（2）职责和终责都是对工作的责任。

3. 联系

（1）具有相应职权和职责的人，就要承担相应的终责。

（2）可以说，职权＋职责＝终责。

4. 区别

（1）职责是对工作的执行责任；终责是对工作执行的结果负责。正因为如此，《PMBOK®指南》中把 RACI 责任分配矩阵中的"R"翻译成了"执行"，"A"翻译成了"负责"。职责可以理解为中间的责任，终责可以理解为最终的责任。

（2）职责可以授权他人代为履行，终责必须自己承担。终责是绝对不可转移的。

（3）职责可以由多人共同履行，终责必须由单个个人独自承担。终责绝对无法分担。例如，项目中的某个进度活动可以由几个人共同承担执行的职责，但是只能由某一个人承担对该活动的终责。

（4）例如，导师有责任指导好学生写学位论文，但论文能否通过答辩是学生自己的责任。前一个"责任"是职责，后一个"责任"是终责。

5. 参阅《PMBOK®指南》第 6 版中的页码

42，51，317—319，713

制约因素 VS 假设条件

1. 概念

制约因素是会限制项目团队的选择余地，甚至会使项目团队完全没有选择余地的各种因素。它可以是客观存在或主观强加的限制条件，例如，项目所处的地理位置，项目必须在某个日期前完工。它可以来自项目内部或外部，例如，已经确定的项目范围目标，项目执行组织的组织结构。它也可以来自项目执行组织内部或外部，例如，项目执行组织的组织文化，项目所在地的法律法规。

假设条件是无须验证即可视为正确、真实或确定的各种前提条件，相当于数学练习"已知……求证……"中的"已知"。如果假设条件错了，那后面的一切都会跟着错。项目经理应该设法利用假设条件来保护自己。例如，假设资金按时到位，假设掌握某种核心技术的某个人员到项目上工作。可以把必须由公司高级管理人员搞定的各种条件都列作假设条件。如果因假设条件没有到位而导致项目未能在规定的范围、进度、成本和质量之下完工，项目经理的责任就可以相应减轻。

2. 共性

（1）都可以来自项目外部，例如，来自项目执行组织中的高级管理人员。

（2）在启动过程组，既需要识别高层级制约因素，又需要识别高层级假设条件，并记录在项目章程和假设日志中。

（3）都是编制项目计划时要考虑的重要因素，都要在规划、执行和监控中被审查和更新（导致假设日志更新）。

（4）都是项目团队不能直接管控的。

3. 联系

没有值得特别关注的联系。

4. 区别

（1）不确定性大小不同。制约因素是完全确定的，没有任何不确定性。假设条件是假设为真实的，有一定的不确定性，虽然其不确定性低到可以忽略不计。

（2）对项目的作用不同。制约因素会限制项目管理的灵活性，例如，项目执行组织的组织结构和组织文化都对项目管理工作的开展有限制作用。假设条件的到位，则对项目有积极的作用。如果假设条件不成立，那就会对项目目标的实现造成严重的不利影响。

（3）经过分析，如果某个假设条件成立的可能性不大，就应该把它去掉，并相应识别出一个作为威胁的风险；如果某个制约因素可以解除，则可以设法解除它，并相应识别出一个作为机会的风险。

5. 参阅《PMBOK®指南》第 6 版中的页码

81，415，521，700

质量 VS 等级

1. 概念

质量是产品或服务的一系列内在特性满足用户需求的程度。一个好质量的产品就是能够满足用户需求的产品。从更加可操作的层面来讲，质量是指符合要求和适合使用。符合要求，是指符合技术上的要求，没有技术缺陷；适合使用，是指具有实用价值。一个好质量的产品就是符合技术要求的适用产品，而不是超过技术要求的奢侈产品。质量低劣肯定是一个人们无法接受的问题，例如某应用软件时不时会导致电脑死机。

等级是对同类型产品或服务的高低级别分类。通常按功能的多少来区分等级的高低。例如，某种软件有两个版本：收费专业版和免费演示版。专业版具备全部功能，是高等级的软件；而演示版只具备有限的几个功能，是低等级的软件。等级低，通常是一种设计意图，即：人们故意把产品设计成低等级的。作为一种设计意图的低等级，是人们通常可以接受的。

2. 共性

（1）都是为了满足用户的需求，让用户满意。

（2）都不是越高越好，而是强调适合。

（3）产品或服务必须既有一定的质量，又有一定的等级。

3. 联系

项目管理团队要在质量和等级之间做好权衡，以便同时达到质量要求和等级要求。如果只达到质量要求，那么产品就会因缺少必要的功能而无法满足用户需求。如果只达到等级要求，那么产品就会因功能的不稳定而无法满足用户需求。

4. 区别

（1）质量是内在的特性好坏。等级是外在的功能多少。应该通过项目范围管理做出产品应有的功能（等级达到要求），并通过质量管理确保功能符合技术规范（质量达到要求）。

（2）质量低劣一定是个问题，但低等级未必是个问题。

（3）质量低劣一般是由于做事没做到位造成的，而不是一种设计意图，即：人们不会故意把质量设计成低劣的。等级低一般是一种设计意图，是人们故意要如此。

（4）如果没有足够的时间或资金来完成既定质量和等级的项目，那么可以在一定程度上牺牲等级，而绝不能牺牲质量。可以先做出一个低等级的产品，以后再来升级。如果牺牲了质量，以后就很难甚至完全无法补救。

（5）质量从广义上讲不仅可以是可交付成果的质量，也可以是过程和体系的质量。等级通常只针对可交付成果而言。

5. 参阅《PMBOK®指南》第 6 版中的页码

274，675，705，712

质量保证 VS 管理质量

1. 概念

质量保证是项目执行过程组的工作，是指通过开展质量活动来确保项目过程符合组织质量政策及相关方标准。通常，项目过程符合要求了，项目成果也就会符合要求。质量保证要做的主要工作包括：提高相关方对项目将要达到质量要求的信心，按质量计划做出合格的质量，根据质量绩效反思质量管理体系的合理性并提出变更请求，开展过程改进。

管理质量是项目执行过程组的一个过程，是把质量管理计划和质量测量指标的内容细化成可执行的质量管理活动，并加以执行，以及编制质量报告，以便在项目上切实落实组织的质量政策。虽然管理质量过程的工作不局限于质量保证，但主要是质量保证。

2. 共性

（1）都属于项目质量管理知识领域执行过程要开展的工作。

（2）质量保证是管理质量过程中最主要的工作。

3. 联系

管理质量有时也被称为"质量保证"。

4. 区别

（1）"质量保证"发源于重复性的工厂生产，"管理质量"过程是《PMBOK®指南》中专为独特性的项目而设计的一个管理流程。

（2）管理质量的含义比质量保证要广。主要是增加了两项工作：一是把质量管理计划和质量测量指标进一步可操作化，编制测试与评估文件；二是基于质量控制测量结果和其他资料，编制质量报告。在重复性的工厂生产中，测试与评估文件都是早就编制好的，完全格式化的，不需要针对每一次生产单独编制；编写质量报告，也只需要在早已确定好的固定格式中填写相关内容。在独特性的项目上，这两件工作就必须针对每个项目特别开展。

（3）质量保证只是一件工作，而管理质量则是一个项目管理过程。

5. 参阅《PMBOK®指南》第6版中的页码

288—290，706

质量保证 VS 控制质量

1. 概念

质量保证是项目执行过程组的工作，是指通过开展质量活动来确保项目过程符合组织质量政策及相关方标准。通常，项目过程符合要求了，项目成果也就会符合要求。质量保证要做的主要工作包括：提高相关方对项目将要达到质量要求的信心，按质量计划做出合格的质量，根据质量绩效反思质量管理体系的合理性并提出变更请求，开展过程改进。

控制质量（也可以叫"质量控制"）是项目监控过程组的工作，是指检查实际的质量绩效，发现和分析质量偏差，提出必要的变更请求。其主要工作包括：检查具体的工作过程的质量，并记录检查结果；检查已完成的可交付成果是否符合质量要求（技术上是否正确），并记录检查结果；检查已批准的变更请求是否实施到位，并记录检查结果；基于前述检查结果和相关计划，整理出工作绩效信息，并提出变更请求。

2. 共性

（1）都需要依据在规划质量管理过程中形成的质量管理计划和质量测量指标。

（2）都可能提出变更请求。

3. 联系

（1）在质量保证中实时产生的各种数据，是控制质量的依据之一。

（2）控制质量过程的输出"质量控制测量结果"会成为开展质量保证的依据之一，质量保证工作人员根据这些信息，评价质量管理体系的合理性，提出改进建议。

4. 区别

质量保证和质量控制的主要区别，见表1。

表1 质量保证与质量控制的主要区别

质量保证	质量控制
事中"做"质量	事后"检查"质量
由工作执行者边执行边开展	由专门质量控制人员在事后开展
发现系统原因导致的过程偏差，据此开展过程改进	发现特殊原因导致的过程偏差，并加以纠正
预防工作成果的质量缺陷	发现和补救工作成果的质量缺陷
从整体着眼的质量管理体系建设	从局部着眼的具体质量问题纠正
主要针对项目过程的质量	主要针对项目结果（可交付成果）的质量

5. 参阅《PMBOK®指南》第6版中的页码

289—290，298，701

质量标准 VS 质量测量指标

1. 概念

质量标准是对产品或服务的高层级的质量要求，往往是法律法规或行业规范中规定的。法律法规或行业规范中的质量标准，既可以是强制性的，也可以是指导性的。例如，我国的《饮用天然矿泉水国家标准（GB 8537—2008）》中规定的"硒含量<0.05mg/L""铜含量<1.0mg/L"等。对于大多数项目而言，高层次的质量标准通常是法律法规或行业规范中规定的，而非项目经理或项目执行组织自行确定的。可能是由于这个原因，《PMBOK®指南》中没有"质量基准"。

质量测量指标是对高层级的质量标准的具体化、严格化和可测量化。既可以是把较笼统的质量标准细化成很具体的测量指标，例如把"通过考试"细化成"以不低于 80 分的成绩通过考试"；也可以是根据较宽松的质量标准制定更严格的测量指标，例如要求天然矿泉水的铜含量<0.5mg/L；还可以是把定性的质量标准量化，例如把"顾客满意"量化为"顾客满意度打分不低于 85 分"。

2. 共性

（1）都是针对产品或服务质量的要求，都可以用来指导项目质量管理工作。

（2）都是规划质量管理过程输出的内容，其中"项目将采用的质量标准"是质量管理计划中的内容，而质量管理计划和质量测量指标都是规划质量管理过程的输出。

3. 联系

（1）质量测量指标是更具体化的质量标准。组织或项目团队一般以国家或行业的质量标准为蓝本，制定出更加具体和可操作化的质量测量指标（可以等于或高于国家标准中各项要求）。

（2）通常，只要实现了质量测量指标，就一定能实现质量标准。如果不是如此，就说明采用了不合理的质量测量指标。

4. 区别

（1）质量测量指标的制定必须依据质量标准。特别是，质量测量指标不得低于强制性的国家或行业质量标准。

（2）质量标准可以是一个统称，例如，在质量管理计划中规定的、必须达到的《饮用天然矿泉水国家标准（GB 8537—2008）》。而质量测量指标可以是某个质量标准中的一系列具体指标，例如，在前述国家标准中，硒含量必须小于 0.05mg/L。

（3）项目经理通常没有权力或不需要制定质量标准，但是需要根据既定的质量标准制定具体的质量测量指标。

5. 参阅《PMBOK®指南》第 6 版中的页码

286，287，712

质量测量指标 VS 质量控制测量结果

1. 概念

质量测量指标是对高层级的质量标准的具体化、严格化和可测量化。既可以是把较笼统的质量标准细化成很具体的测量指标，例如把"通过考试"细化成"以不低于 80 分的成绩通过考试"；也可以是根据较宽松的质量标准制定更严格的测量指标，例如要求天然矿泉水的铜含量<0.5mg/L；还可以是把定性的质量标准量化，例如把"顾客满意"量化为"顾客满意度打分不低于 85 分"。

质量控制测量结果是控制质量过程的输出。把工作绩效数据中的质量实际绩效与质量管理计划和质量测量指标的计划要求进行对比，可得出质量控制测量结果。在控制质量过程中使用各种质量控制工具来检查项目质量，一边检查一边记录下来的检查结果，就是质量控制测量结果。项目团队应该采用事先规定的各种记录表格、核对单、核查表、图形工具等，来记录质量控制活动的结果。例如，已经打过钩的质量核对单，已经记录下质量问题的核查表，用来反映各种质量问题出现的次数的质量直方图，都是质量控制测量结果的具体表现形式。

2. 共性

都是与质量测量有关的项目文件。

3. 联系

（1）先由规划质量管理过程制定出质量测量指标，也就是想好对于本项目我们需要测量哪些质量绩效指标；再由管理质量过程把这些绩效指标进一步可操作化，形成测试与评估文件，如空白的质量检查表；再由控制质量过程用测试与评估文件去检查这些指标的落实情况，并以质量控制测量结果的形式加以记录。例如，首先规定对客户满意度的质量测量指标是客户打分不低于 85 分；其次制定一份客户满意度调查表（测试与评估文件）及其使用方法；最后用这份调查表去调查，得到调查结果及其与所要求的 85 分的距离（质量控制测量结果）。

（2）质量控制测量结果是实际取得的质量绩效与要求的质量测量指标相对比的结果。

（3）项目团队按照质量测量指标去实际测量质量绩效，得到质量控制测量结果；再根据质量控制测量结果去反思质量管理体系的合理性，包括评估质量测量指标定得是否合理；如果不合理，则需要提出必要的变更请求。

4. 区别

（1）质量测量指标是规定要测量什么，而质量控制测量结果是按照质量测量指标进行测量所得到的结果。

（2）质量测量指标是规划质量管理过程的输出，质量控制测量结果是控制质量过程的输出。

5. 参阅《PMBOK®指南》第 6 版中的页码

287，305，712

质量测量指标 VS 测试与评估文件

1. 概念

质量测量指标是对高层级的质量标准的具体化、严格化和可测量化。既可以是把较笼统的质量标准细化成很具体的测量指标，例如把"通过考试"细化成"以不低于 80 分的成绩通过考试"；也可以是根据较宽松的质量标准制定更严格的测量指标，例如要求天然矿泉水的铜含量<0.5mg/L；还可以是把定性的质量标准量化，例如把"顾客满意"量化为"顾客满意度打分不低于 85 分"。

测试与评估文件是对质量管理计划中的内容及质量测量指标的可操作化，例如，易操作的质量测试核对单、质量评估表格或质量检查程序。在管理质量过程中编制出这类空白的表格和规范的程序，供控制质量过程使用。例如，在控制质量过程中，在核对单上打钩，一边检查一边填写质量评估表，以及严格按事先规定的程序去检查质量。

2. 共性

（1）都是基于质量管理计划中的内容而编制的项目文件。

（2）都可用于控制质量过程，都是控制质量过程的输入。

3. 联系

（1）质量测量指标是编制测试与评估文件的依据之一。

（2）在控制质量过程中，用测试与评估文件去检查质量测量指标的实现情况。

4. 区别

（1）质量测量指标是规划质量管理过程的输出，管理质量、控制质量过程的输入；测试与评估文件是管理质量过程的输出，控制质量过程的输入。

（2）质量测量指标重点关注必须达到的质量指标，而测试与评估文件重点关注如何检查质量指标的实现情况。例如，关于客户满意度，质量测量指标之一是客户打分达到 90 分，随后再设计一份客户满意度调查问卷表及相应的发放、收回和分析方法，作为"测试与评估文件"。

5. 参阅《PMBOK®指南》第 6 版中的页码

287，291，296，712，716

质量控制测量结果 VS 工作绩效信息

1. 概念

质量控制测量结果是控制质量过程的输出。把工作绩效数据中的质量实际绩效与质量管理计划和质量测量指标的计划要求进行对比，可得出质量控制测量结果。在控制质量过程中使用各种质量控制工具来检查项目质量，一边检查一边记录下来的检查结果，就是质量控制测量结果。项目团队应该采用事先规定的各种记录表格、核对单、核查表、图形工具等，来记录质量控制活动的结果。例如，已经打过钩的质量核对单，已经记录下质量问题的核查表，用来反映各种质量问题出现的次数的质量直方图，都是质量控制测量结果的具体表现形式。

工作绩效信息是在监控过程中，把工作绩效数据与项目计划中的相关要求做比较的结果，以及结合相关背景而对结果的进一步分析和解释（例如对偏差的原因的说明）。在项目质量管理中，应该把体现在工作绩效数据中的质量执行情况、在控制质量过程中收集的质量控制测量结果，以及项目质量管理计划和质量测量指标中的要求综合起来分析，得出关于项目质量绩效的工作绩效信息，如所发现的质量偏差及其原因。

例如，在现场实地检查中，发现某个可交付成果的质量不合格，并把不合格的情况如实记录下来，形成质量控制测量结果。然后，结合项目计划和工作绩效数据中的相关资料，对不合格的原因和后果进行分析，形成与这个质量缺陷有关的工作绩效信息。

2. 共性

（1）都可用于考察项目质量绩效状况。

（2）都是控制质量过程的输出。

3. 联系

应该根据质量控制测量结果和其他资料来生成与质量有关的工作绩效信息。

4. 区别

（1）工作绩效信息是监控过程组中 10 个过程的输出，即：确认范围、控制范围、控制进度、控制成本、控制质量、控制资源、监督沟通、监督风险、控制采购、监督相关方参与。质量控制测量结果只是监控过程组中的控制质量过程的输出。

（2）工作绩效信息中包含范围、进度、成本、质量、风险等项目各方面的绩效信息。质量控制测量结果中则只包含质量绩效信息。

（3）工作绩效信息是监控过程组中的监控项目工作过程的输入。应该根据工作绩效信息，编制工作绩效报告，在整个项目层面上监控项目绩效。质量控制测量结果则是管理质量过程的输入，应该根据质量控制测量结果来反思质量测量指标、与质量有关的可操作定义，以及整个质量管理体系的合理性，并提出必要的变更请求。

（4）质量控制测量结果只包含对质量检查结果的客观记录，不包含对结果的分析。在控制质量过程中形成的工作绩效信息，则是通过对检查结果的综合分析才得出的，其中不仅包含对质量绩效偏差的概述，而且包含对原因的分析及对未来质量绩效的预测。

5. 参阅《PMBOK®指南》第 6 版中的页码

26—27，291，305，712，717

质量控制测量结果 VS 质量报告

1. 概念

质量控制测量结果，是在控制质量过程中，把工作绩效数据中的质量实际绩效与质量管理计划/质量测量指标的计划要求进行对比，得出的比较结果。所以它是控制质量过程的输出，而它又要成为管理质量过程中编制质量报告的输入。在控制质量过程中使用各种质量控制工具来检查项目质量，一边检查一边记录下来的检查结果，就是质量控制测量结果。项目团队应该采用事先规定的各种记录表格、核对单、核查表、图形工具等，来记录质量控制活动的结果。例如，已经打过钩的质量核对单，已经记录下质量问题的核查表，用来反映各种质量问题出现的次数的质量直方图等，都是质量控制测量结果的具体表现形式。

质量报告是在管理质量过程中编写的，关于项目质量绩效的专题报告。质量报告是管理质量过程的输出。在管理质量过程中，对质量控制测量结果和其他许多资料（如质量管理计划、质量测量指标、风险报告）进行综合分析，编制出能够反映项目整体质量绩效的质量报告。其主要内容包括：项目质量绩效概述，质量管理情况概述，质量管理的主要经验教训，以及过程改进建议。它又要成为在监控项目工作过程中编制综合性的工作绩效报告的输入。

2. 共性

（1）都是用来反映项目的质量绩效的文件。

（2）都是项目质量管理知识领域过程的重要输出。

3. 联系

质量控制测量结果是编制质量报告的输入之一。第一，在管理质量过程中，编制测试与评估文件；第二，在控制质量过程中，用测试与评估文件去检查质量，得到质量控制测量结果；第三，根据质量控制测量结果和其他有关资料，在管理质量过程中编制质量报告。在质量报告中应该对项目质量绩效做综合评估，并提出对质量管理体系的改进建议。

4. 区别

（1）分属不同的过程。质量报告是管理质量过程的输出，质量控制测量结果是控制质量的输出。

（2）受众不同。质量报告主要用于向外部相关方报告项目质量绩效，质量控制测量结果主要供项目团队内部使用。

（3）层次不同。质量报告要从整个项目的层面，从质量管理体系的层面，概括性地描述项目质量绩效，以及导致这种绩效的系统原因。质量控制测量结果，仅仅是就事论事地客观记录质量检查的具体结果，有一说一，有二说二。也就是说，质量报告要有高度，有全局观和系统性；质量控制测量结果则要具体，有针对性和客观性。

（4）内容不同。质量报告中要分析导致总体质量绩效理想或不理想的系统原因。质量控制测量结果中通常不包括导致具体质量问题的任何原因，这些原因要写入作为控制质量过程的输出的"工作绩效信息"。

5. 参阅《PMBOK®指南》第 6 版中的页码

291，296，305，382，712

资金限制平衡 VS 资源平衡

1. 概念

资金限制平衡是项目成本管理中制定预算过程的工具与技术，是根据项目资金限制来调整项目预算，确保项目预算有充分的资金保证。应该针对整个项目的总预算进行资金限制平衡，确保整个项目从总体上有足够的资金。应该针对项目生命周期中的每一个时间段（如月份）进行资金限制平衡，确保每一个时间段都有足够的资金。还应该针对工作分解结构中的各要素进行资金限制平衡，确保每个要素都有足够的资金。资金限制平衡旨在确保资金需求量不会超出资金供应量。对项目预算进行资金限制平衡之后，可能需要相应调整项目进度计划，例如，根据资金限制，强制某活动在某日期开始或结束。

资源平衡是项目进度管理中的一种资源优化技术，是根据资源制约对用关键路径法编制的初始进度计划中的活动起止时间进行调整，以使各时期的资源需求量都不超出资源供应量。因为关键路径法并不考虑资源制约，所以在用关键路径法编出初始进度计划后，就需要考虑资源制约，进行资源平衡。具体来讲，资源平衡通常在以下情况下使用：① 没有足够的资源来开展进度计划中的相关活动尤其是关键路径上的活动；② 某些资源仅在特定时间段可用；③某些资源被过度分配而不堪重负（如某员工在某天被安排了16 小时工作量）。因为资源平衡很可能是把某些活动的开始或结束时间往后推移至能取得所需资源的时间，所以资源平衡往往导致关键路径的改变和工期的延长（见图 1）。

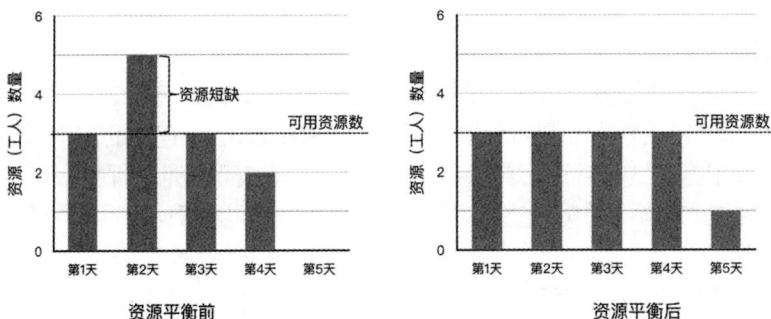

图 1　资源平衡示例图

2. 共性

（1）都是"资源"平衡技术，只不过资金限制平衡针对货币资源，而资源平衡主要针对人力资源。

（2）都可能导致项目进度计划的调整。

3. 联系

因为项目进度计划和项目预算紧密相关，所以资源平衡和资金限制平衡也就紧密相关。一方面，资源平衡导致进度计划调整，并进而导致项目预算调整和资金限制平衡。另一方面，资金限制平衡导致项目预算调整，并进而导致进度计划调整和资源平衡。资源平衡与资金限制平衡的结果相互影响，需要实现这两种平衡之间的平衡。

4. 区别

（1）资金限制平衡针对资金。资源平衡主要针对人力资源（虽然不局限于人力资源）。

（2）资金限制平衡针对同一种货币资源。资源平衡则要针对不同的资源种类，如不同工种的工人，即：对每种资源都要做资源平衡。

（3）资金限制平衡是制定预算过程的技术。资源平衡是制定进度计划过程的技术（隶属于资源优化技术）。

5. 参阅《PMBOK®指南》第6版中的页码

211，253，704，713

资源平衡 VS 资源平滑

1. 概念

资源平衡是项目进度管理中的一种资源优化技术。在制订进度计划的时候，先用关键路径法编制出初始进度计划。因为关键路径法并不考虑资源制约，所以该进度计划很可能缺乏资源（特别是人力资源）保证，例如，活动 A 计划在第三周需要 6 个工程师，但实际上没有 6 个工程师可供使用。出现这类资源制约（短缺），就需要进行资源平衡。

资源平衡是根据资源制约对用关键路径法编制的初始进度计划中的活动起止时间进行调整，以使各时期的资源需求量都不超出资源供应量。具体来讲，资源平衡通常在以下情况下使用：

（1）没有足够的资源来开展进度计划中的相关活动尤其是关键路径上的活动。例如，只有 3 个可用资源，但第 1 天需要 4 个资源，就需要做资源平衡，如图 1 所示。

资源平衡前的资源需求

	第1天	第2天	第3天
活动 A	1人		
活动 B	3人	3人	

资源平衡后的资源需求

	第1天	第2天	第3天
活动 A			1人
活动 B	3人	3人	

图 1 资源数量短缺时的资源平衡示例

（2）某些资源仅在特定时间段可用。例如，某活动需要李鸣和张花合作执行，但张花只在第 2 天和第 3 天可用。如图 2 所示。

资源平衡前的资源需求

	第1天	第2天	第3天
活动 A	赵丽：8 小时		
活动 B	李鸣：8 小时 张花：8 小时	李鸣：8 小时 张花：8 小时	

资源平衡后的资源需求

	第1天	第2天	第3天
活动 A	赵丽：8 小时		
活动 B		李鸣：8 小时 张花：8 小时	李鸣：8 小时 张花：8 小时

图 2 资源特定时间可用时的资源平衡示例

（3）某些资源被过度分配而不堪重负。例如，第 1 天李鸣被安排了 16 小时的工作，如图 3 所示。

	第1天	第2天	第3天
活动A	李鸣：8小时		
活动B	李鸣：8小时 张花：8小时	李鸣：8小时 张花：8小时	

	第1天	第2天	第3天
活动A			李鸣：8小时
活动B	李鸣：8小时 张花：8小时	李鸣：8小时 张花：8小时	

图3　资源被过度分配时的资源平衡示例

因为资源平衡很可能是把某些活动的开始或结束时间往后推移至能取得所需资源的时间，所以资源平衡往往导致关键路径的改变和项目工期的延长。

资源平滑也是项目进度管理中的一种资源优化技术，是在浮动时间允许的范围内对项目各时期的资源需求量进行"削峰填谷"，使之基本处于均衡水平。如果不同时期的资源（如人力资源）需求量起伏很大，就有两个缺点：一是人员频繁进出，给人员管理带来很大的不便；二是人员在项目上的连续工作时间太短，不利于提高工作效率。由于资源平滑是在浮动时间允许的范围内进行的，所以不会导致项目工期延长。资源平滑，如图4所示。

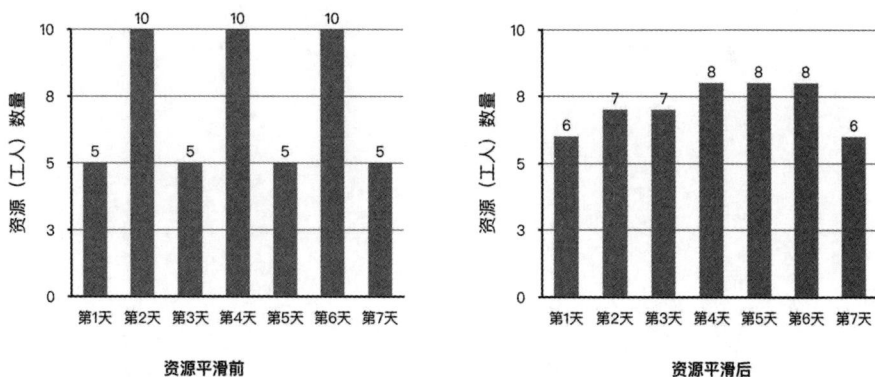

图4　资源平滑示例

注意，《PMBOK 指南》中关于资源平滑是"对进度模型中的活动进行调整，从而使项目资源需求不超过预定的资源限制……"，这个说法并不严谨，混淆了"资源平滑"与"资源平衡"。

2. 共性

（1）都是"资源优化"技术中的具体技术，"资源优化"是制订进度计划和控制进度过程的工具与技术。

（2）都是要对用关键路径法编制的初始进度计划进行调整。

（3）都要首先考虑从非关键路径调资源到关键路径。

3. 联系

（1）广义上讲，资源平衡包含资源平滑，资源平滑可以是资源平衡的一种特殊形式。

（2）狭义上讲，通常先做资源平滑，再做资源平衡。即：先在浮动时间允许的范围内削峰填谷，再进行必要的资源平衡，全面优化资源配置。

4. 区别

（1）资源平衡用于解决资源短缺（需求量大于供应量）。资源平滑用于削峰填谷，使各时期资源需求量基本均衡。即便峰值未超出资源供应量，也需要用资源平滑来削峰填谷。

（2）资源平衡不受浮动时间的约束，往往导致关键路径的改变和项目工期的延长。资源平滑只能在浮动时间允许的范围内进行，不会改变关键路径和项目工期。

5. 参阅《PMBOK®指南》第 6 版中的页码

211，212，713

资源日历 VS 项目日历

1. 概念

资源日历是列出具体资源（尤其是人力资源）可以为项目工作的日期和班次的日历。例如，张三在每周的周一、周三和周五可以为项目工作，且只能上白班。具体资源在具体日期和班次的可用性取决于多种因素，例如，宗教节日、法定节假日、同时为多个项目工作、身体状况。

项目日历是列出可以开展项目工作的日期和班次的日历。例如，只能在旱季开展公路建设施工，只能在凌晨2点至6点开展市政工程施工。可以开展项目工作的日期和班次取决于多种因素。例如，宗教节日、法定节假日、资源可用性、自然条件、工作性质。

2. 共性

（1）都是制订项目进度计划的重要依据。

（2）对于资源日历，需要协调所需的资源工作日和实际可用的资源工作日；对于项目日历，也需要协调所需的项目工作日和实际可用的项目工作日。

（3）不同的资源可能有不同的资源日历，例如，张三和李四在不同的日期为项目工作。不同的项目工作也可能有不同的项目日历，例如，雨季不能开展户外施工，但可以在室内开展施工方案设计。

3. 联系

需要协调资源日历和项目日历，防止资源闲置（在非项目工作日有资源在等待项目工作）或资源短缺（资源在项目工作日不可用）。

4. 区别

（1）在资源日历中列出具体资源的可用工作日和班次，而在项目日历中列出可以开展项目工作的日期和班次。

（2）资源日历是获取资源过程的输出，是估算活动资源、估算活动持续时间、制订进度计划、控制进度、获取资源、建设团队、规划风险应对和实施采购过程的输入；而项目日历是制订进度计划过程的输出，是控制进度的输入。

5. 参阅《PMBOK®指南》第6版中的页码

220，334，710，713

资源需求 VS 资源分解结构

1. 概念

资源需求是每个活动、工作包、控制账户或整个项目所需的资源种类、等级和数量。把隶属于同一个工作包的进度活动的资源需求汇总，就可以得到该工作包的资源需求。然后，再逐层汇总得出各控制账户的资源需求和整个项目的资源需求。这里的"汇总"，不一定是简单的相加，因为可能需要考虑不同活动或工作包之间的资源共享。经常用表格的形式来展现资源需求。表1是活动资源需求的示例。

表1　活动资源需求

活动名称	资源种类	资源等级	资源数量	假设条件
手工挖土	挖土工	一级工	5	每天工作8小时
	锄头	新锄头	5	全新且质量好

资源分解结构是按照资源的种类和等级对整个项目所需的资源的层级分解。资源种类是指资源的类别，如人力资源、材料、设备、用品。资源等级是指同一种类资源的不同技能水平，如在"教师"这个种类下有一级教师、二级教师、三级教师。资源分解结构示例，如图1所示。

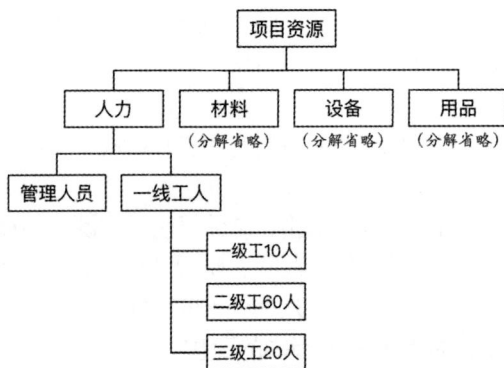

图1　资源分解结构

2. 共性

（1）都是估算活动资源过程的输出。

（2）在全部控制账户、工作包或活动的资源需求和整个项目的资源分解结构中，都包含了项目所需的全部资源种类、等级和数量。

（3）整个项目的资源需求，可以用资源分解结构来表示。

3. 联系

先估算出每个工作包或活动的资源需求，再把不同活动或工作包所需的同等级资源汇总、同种类资源汇总，编制出整个项目的资源分解结构。用于汇总的资源等级和种类，应该事先规定。

4. 区别

（1）资源需求可以针对每个活动、工作包或控制账户，而资源分解结构通常只针对整个项目。在资源分解结构中，可以一目了然地看出整个项目需要多少同等级或同种类的资源，从而有利于批量准备或采购资源。

（2）资源需求主要供项目团队使用，以便据此编制进度计划和成本估算。资源分解结构主要供为项目提供资源的职能部门使用，如人力资源部、材料设备采购部。

5. 参阅《PMBOK®指南》第6版中的页码

325—327，713

自由浮动时间 VS 总浮动时间

1. 概念

自由浮动时间是在不延误任一紧后活动的最早开始时间的前提下，一项活动可以延误的最大时间。通俗地讲，一项活动在自由浮动时间之内延误，不会对后续的任何活动产生任何不利影响。假设项目是从第 1 天而非第 0 天开始，某项活动的自由浮动时间的计算公式为：自由浮动时间＝紧后活动的最早开始时间－本活动的最早完成时间－1。只有紧后活动同时受制于本活动和其他活动，且其他活动的最早完成时间要晚于本活动的最早完成时间，本活动才会有自由浮动时间。

总浮动时间是在不延误整个项目的既定完工日期的前提下，一项活动可以延误的最大时间。也就是说，一项活动在总浮动时间之内延误，不会造成项目不能按期完工。某项活动的总浮动时间的计算公式为：总浮动时间＝最晚开始时间－最早开始时间，或者，总浮动时间＝最晚完成时间－最早完成时间。这两个公式的计算结果完全一样。通俗地讲，本活动的总浮动时间是其自由浮动时间和可供其挪用的后续活动的自由浮动时间之和。

2. 共性

（1）都是在关键路径法中用来体现进度计划中的灵活性的概念。

（2）一般情况下，关键路径上的活动的自由浮动时间和总浮动时间都为零。

（3）一项活动的自由浮动时间或总浮动时间，除可供其自身使用以外，还全部或部分可供前面的其他活动挪用。当然，被挪用后，本活动的自由或总浮动时间会相应减少。

3. 联系

（1）某活动的总浮动时间等于或大于其自由浮动时间。

（2）总浮动时间为零的活动，其自由浮动时间也一定为零。

4. 区别

（1）自由浮动时间的计算基础是紧后活动的最早开始时间。而总浮动时间的计算基础是整个项目的完工时间。

（2）两者的计算公式不同。见上文"概念"部分。

（3）在同一条路径上的各个活动，其自由浮动时间绝对相互独立，不存在任何交叉；但其总浮动时间通常存在交叉。

（4）一项活动在自由浮动时间之内延误，不会对后面的任何活动造成任何影响。一项活动在总浮动时间之内延误，则不会对项目按期完工造成任何影响。

（5）自由浮动时间为零的活动，其总浮动时间不一定为零。

（6）除非另有特别说明，"浮动时间"就是"总浮动时间"。而"自由浮动时间"的"自由"两字不可省略。

5. 参阅《PMBOK®指南》第 6 版中的页码

210，704，717

总价合同 VS 成本补偿合同

1. 概念

总价合同是由卖方按事先规定的包干总价向买方提供规定的货物或服务的一种合同类型。除非工作范围发生较大的变化，否则不允许调整合同总价。在总价合同下，买方的成本风险最低，基本没有成本风险；几乎所有的成本风险都由卖方承担。要与卖方签订总价合同，买方就必须准确地定义拟外包的工作。只有把工作范围描述得很清楚，才适宜采用总价合同。在工作范围不太清晰的情况下，如果强行签订总价合同，那么所确定的合同总价很可能是不合理的，从而会给将来的合同执行和管理埋下隐患。总价合同可分为固定总价合同（价格完全固定）、总价加激励费用合同（除规定总价外，还有一个用于调动卖方积极性的奖励条款），以及总价加经济价格调整合同（允许根据市场物价的波动对总价进行调整）。

成本补偿合同是由买方对卖方从事项目工作的全部实际成本给予实报实销并外加一笔费用（利润）的一种合同类型。应该在合同中明确规定哪些成本可以报销，以及如何确定付给卖方的费用。在成本补偿合同下，买方的成本风险最大，要承担全部的成本风险，而卖方不承担任何成本风险。如果项目工作的范围很不清楚，买方又急于开始项目工作，就只能与卖方签订成本补偿合同。成本补偿合同可分为成本加固定费用合同（费用完全固定）、成本加激励费用合同（按一定的方法来计算费用），以及成本加奖励费用合同（由买方主观决定费用）。

2. 共性

（1）都是常用的合同类型，都可以包括关于激励费用的条款。

（2）项目执行组织关于采用总价合同和成本补偿合同的指南，都属于组织过程资产的一部分。

3. 联系

这两种合同类型可以在同一个合同中混合使用，即：一部分工作是总价合同，另一部分是成本补偿合同。例如，在企业与咨询公司签订的咨询合同中，咨询费可以总价包干，差旅费可以按实报销。

4. 区别

（1）总价合同适用于工作范围在开始时就能够准确定义的工作。成本补偿合同适用于工作范围在开始时不能准确定义的工作。

（2）在总价合同下，实行总价包干，卖方承担全部成本风险，可能亏本。在成本补偿合同下，实行成本实报实销，买方承担全部成本风险，卖方不会亏本。

（3）在总价合同下，买方对合同执行的管理工作比较轻松，买方只需定期检查卖方的工作并在进度里程碑实现时支付相应比例的价款。在成本补偿合同下，买方对合同执行的管理工作非常复杂，必须时刻盯着卖方的工作并定期或不定期支付价款。

5. 参阅《PMBOK®指南》第6版中的页码

471，472，702，704

总价加激励费用合同 VS 成本加激励费用合同

1. 概念

总价加激励费用合同是总价合同的一种类型。买方在总价的基础上，规定相应的激励费用，以调动卖方的积极性，使买卖双方的目标趋于一致。在这种合同中，会规定基于某种绩效标准的激励费用计算方法及合同的最高限价。绩效标准可以是目标工期、目标成本、质量达标率等。可以规定提前完工的奖金或延误完工的罚款。也可以规定在某个区间内的成本超支，由双方按一定比例分担，例如买方承担 70%，卖方承担 30%。这个区间的上限是总体假设点（Point of Total Assumption），下限是目标成本。总体假设点是假设卖方没有任何过错，卖方可能的最大成本。如果卖方的实际成本超过了总体假设点，那么超过部分就被认为是卖方自己的过错引起的，必须完全由卖方自行承担。如果卖方的实际成本超过了最高限价（买方可能支付的最高价格），超过部分就是卖方在本项目上的亏本数。

成本加激励费用合同是成本补偿合同的一种类型。买方为卖方报销履行合同工作所发生的一切可报销的实际成本，并在卖方达到合同规定的绩效目标时，向卖方支付一笔激励费用。激励费用的计算方法是合同中专门规定的。为了鼓励卖方节约成本，通常都以目标成本作为绩效目标。如果实际成本大于目标成本，超过部分由双方按一定比例分担，如买方承担 70%，卖方承担 30%。如果实际成本小于目标成本，节约部分由双方按一定比例分享，如买方享受 70%，卖方享受 30%。

2. 共性

都要基于合同中规定的绩效标准，按合同中规定的方法，来计算激励费用。

3. 联系

这两种合同类型可以在同一个合同中混合使用，即：一部分工作是总价加激励费用合同，另一部分是成本加激励费用合同。

4. 区别

（1）总价加激励费用合同有最高限价。成本加激励费用合同则没有最高限价。

（2）在总价加激励费用合同下，卖方有可能亏本。在成本加激励费用合同下，卖方通常不会亏本，除非实际成本超过目标成本太多。

（3）在总价加激励费用合同下，买方不可能准确地知道卖方所发生的实际成本（因为卖方不必向买方报账），而只能通过与卖方协商来确定大约的实际成本数。在成本加激励费用合同下，卖方必须定期向买方报销实际成本，所以买方能够准确地知道卖方的实际成本究竟是多少。

（4）在总价加激励费用合同下，买方通常按进度里程碑向卖方分期付款。在成本加激励费用合同下，买方通常定期（如每月）按卖方的报账发票向卖方支付款项。

5. 参阅《PMBOK®指南》第6版中的页码

471，700，704

总价加激励费用合同 VS 总价加经济价格调整合同

1. 概念

总价加激励费用合同是总价合同的一种类型。买方在总价的基础上，规定相应的激励费用，以调动卖方的积极性，使买卖双方的目标趋于一致。在这种合同中，会规定基于某种绩效标准的激励费用计算方法及合同的最高限价。绩效标准可以是目标工期、目标成本、质量达标率等。可以规定提前完工的奖金或延误完工的罚款。也可以规定在某个区间内的成本超支，由双方按一定比例分担，例如买方承担 70%，卖方承担 30%。这个区间的上限是总体假设点（Point of Total Assumption），下限是目标成本。总体假设点是假设卖方没有任何过错，卖方可能的最大成本。如果卖方的实际成本超过了总体假设点，那么超过部分就被认为是卖方自己的过错引起的，必须完全由卖方自行承担。如果卖方的实际成本超过了最高限价（买方可能支付的最高价格），超过部分就是卖方在本项目上的亏本数。

总价加经济价格调整合同是总价合同的一种类型。在总价的基础上，允许根据市场物价的变动进行价格调整，适用于履行期较长（跨年度）的合同。必须在合同中规定调价的方法，如调价系数的计算公式。采用这种合同，可以为卖方减轻甚至免去通货膨胀的风险。这种做法也有利于买方在签订合同时获得比较合理的合同价。因为未来的通货膨胀是很难预测的，所以不应由卖方承担通货膨胀的风险。如果让卖方承担通货膨胀的风险，那么卖方就会提高投标报价。这样，通货膨胀的风险仍然会转移到买方的头上。

2. 共性

（1）都会导致最终的合同结算价不同于最初的合同签订价。

（2）用于计算激励费用的方法需要在合同中预先规定，用于计算价格调整金额的方法也需要在合同中预先规定。

3. 联系

在同一个总价合同中，可以既有激励费用条款，又有经济价格调整条款。

4. 区别

（1）在总价加激励费用合同中，根据卖方的工作绩效来调整合同价格。激励费用旨在鼓励卖方做出优秀业绩。在总价加经济价格调整合同中，则根据通货膨胀的情况来调整合同价格。经济价格调整旨在为卖方减轻因通货膨胀而产生的成本风险。

（2）激励费用通常是卖方所获取的利润的组成部分，而经济价格调整金额则只用于补偿卖方的成本开支，即卖方不可能因经济价格调整而获得额外利润。

（3）总价加激励费用合同对合同履行期没有严格要求，而总价加经济价格调整合同适用于合同履行期较长的情况，通常需要跨年度。

（4）在总价加激励费用合同中，通常会规定激励费用的最高上限。而在总价加经济价格调整合同中，通常不会规定经济价格调整金额的上限。

5. 参阅《PMBOK®指南》第6版中的页码

471，704

组织过程资产 VS 事业环境因素

1. 概念

组织过程资产，顾名思义，就是组织中与工作流程有关的无形资产。它是过去的项目所积累下来的工作流程、工作模板和共享知识库（包括经验教训和各种数据库），可用于帮助即将或正在执行的项目取得成功。做项目，必须要利用组织过程资产，不能一切都完全从零开始。做项目，也必须要为组织过程资产的更新做出贡献。在整个项目生命周期中，应该经常收集和整理工作流程、工作模板和工作数据，经常总结经验教训，并把它们归入组织过程资产。

事业环境因素，顾名思义，就是开展一项事业（项目）时必须面对的各种环境因素。项目经理及其团队既无法规避也无法直接施加影响的任何因素，都是事业环境因素。事业环境因素可能有利于或不利于项目管理工作的开展。做项目，必须充分考虑事业环境因素。事业环境因素既可以来自项目执行组织内部，如组织结构和组织文化，又可以来自项目执行组织外部，如法律法规和行业标准。

2. 共性

（1）都可以来自项目执行组织内部。

（2）都对项目有直接影响。组织过程资产对项目有积极的影响。事业环境因素可能对项目有积极的影响，也可能有消极的影响。环境好，有利于项目开展；环境不好，则不利于项目开展。

（3）都是《PMBOK®指南》中全部启动过程和规划过程的输入。

3. 联系

（1）组织过程资产和事业环境因素存在一定程度的交叉。

（2）组织过程资产和事业环境因素可以相互转化。对于某个东西，如果你更关注它有利于项目成功的一面，并主动去利用它，那么它就是组织过程资产；如果你更关注它对项目构成限制的一面，虽不想利用但又无法规避它，那么它就是事业环境因素。

4. 区别

（1）事业环境因素既可以来自项目执行组织内部，又可以来自项目执行组织外部。而组织过程资产则仅来自项目执行组织内部。也就是说，任何来自项目执行组织外部的因素，都是事业环境因素。

（2）对于组织过程资产，我们更关注它有利于项目成功的一面，从而要主动去利用它。对于事业环境因素，我们更关注它对项目构成限制的一面，从而需要去适应它。

（3）在项目管理中，经常要更新组织过程资产，但通常不会更新事业环境因素。在《PMBOK®指南》的49个项目管理过程中，10个过程有"组织过程资产更新"这个输出，只有3个过程有"事业环境因素更新"这个输出。

5. 参阅《PMBOK®指南》第6版中的页码

37—40，557，703，708

最低成本 VS 固定预算

1. 概念

最低成本是买方用于评估潜在卖方提交的建议书的一种方法。买方通过比较所有潜在卖方的报价，选择报价最低者中标。

固定预算也是用于评估潜在卖方提交的建议书的一种方法。首先，排除掉报价超过买方的固定预算的全部建议书；然后，对剩余的建议书进行技术方案评价和打分；最后，选择技术方案得分最高者中标。

2. 共性

（1）都是采购过程中，买方用于评估潜在卖方提交的建议书的方法。

（2）都需要在规划采购管理过程中做出规定，并写到招标文件中，让潜在卖方知晓。

3. 联系

在需要开展多次采购的项目上，可能需要在各次采购中配合使用这两种方法。针对某单次采购，这两种方法没有特别值得关注的联系。

4. 区别

（1）最低成本法只考虑卖方的报价，谁的报价低就选谁；固定预算法除了考虑报价外，还需要评估卖方的技术方案，以便选择不突破预算的最优技术方案。

（2）最低成本法适用于采购标准化的产品或服务，其技术方案其实已经高度标准化了；固定预算适用于预算有严格限制，又对技术方案有一定创新要求的情形。

5. 参阅《PMBOK®指南》第6版中的页码

473，474

最低成本 VS 仅凭资质

1. 概念

最低成本是买方用于评估潜在卖方提交的建议书的一种方法。买方通过比较所有潜在卖方的报价，选择报价最低者中标。

仅凭资质也是买方用于评估潜在卖方提交的建议书的一种方法。只要潜在卖方拥有所要求的特定资质，就可以被选中，为买方提供产品或服务。

2. 共性

（1）都是买方在选择潜在卖方的过程中，可能使用的评估方法。

（2）都需要在规划采购管理过程中做出规定，并写到招标文件中，让潜在卖方知晓。

3. 联系

在需要开展多次采购的项目上，可能需要在各次采购中配合使用这两种方法。针对某单次采购，这两种方法没有特别值得关注的联系。

4. 区别

（1）最低成本法主要考虑建议书的报价，谁的报价低就选谁；仅凭资质法只需要考虑潜在卖方是否拥有特定资质，只要有特定资质就行。

（2）最低成本法适用于采购标准化的产品且市场竞争很激烈的情形；而仅凭资质法则适用于采购数量很少且价值很低的产品的情形。

（3）使用最低成本法，需要潜在卖方提交报价文件；而使用仅凭资质法时，可能只需潜在卖方按要求提供相关资质证明材料，无须提交报价文件。

5. 参阅《PMBOK®指南》第 6 版中的页码

473

索引一（按汉语拼音排序）

监督沟通	Monitor Communications	80
监督相关方参与	Monitor Stakeholder Engagement	81
监控项目工作	Monitor and Control Project Work	104
检查	Inspection	20，105，156
建设团队	Develop Team	106
建议邀请书	Request for Proposal	1
渐进明细	Progressive Elaboration	107
交叠	Overlapping	108
焦点小组	Focus Group	109
结果的持久性	Lasting Outcome	189
解决方案需求	Solution Requirements	110
仅凭资质	Qualifications Only	270
紧迫性	Urgency	112
进度管理计划	Schedule Management Plan	114
进度活动	Schedule Activity	63，115
进度基准	Schedule Baseline	200
进度模型	Schedule Model	116
进度偏差	Schedule Variance	117
进度网络分析	Schedule Network Analysis	118
精确度	Level of Precision	119
净现值	Net Present Value	121
纠正措施	Corrective Action	122，230
矩阵图	Matrix Diagram	123
矩阵型组织	Matrix Organization	243
K		
开发生命周期	Development Life Cycle	206
开工会	Kick-off Meeting	144
可交付成果	Deliverable	125
客户（用户）	Customer/User	38
控制范围	Control Scope	151
控制界限	Control Limits	126
控制图	Control Chart	135
控制账户	Control Account	64，127
控制质量	Control Quality	82，250
快速跟进	Fast Tracking	59，166
愧疚权力	Guilt-based Power	157
L		
类比估算	Analogous Estimating	129，130

缺陷补救	Defect Repair	122
确定性估算	Definitive Estimate	31
确认	Validation	88
确认范围	Validate Scope	151
确认已收到	Acknowledge Receipt of a Message	152

R

认可与奖励	Recognition and Rewards	153

S

三点估算	Three-Point Estimating	154
三角分布	Triangular Distribution	3
商业论证	Business Case	155
审计	Audit	98，156
生命周期成本	Life Cycle Cost	187
施压权力	Pressure-based Power	157
实施定量风险分析	Perform Quantitative Risk Analysis	158
实施定性风险分析	Perform Qualitative Risk Analysis	158
实施整体变更控制	Perform Integrated Change Control	104
实验设计	Design of Experiments	160
事业环境因素	Enterprise Environmental Factors	268
适应型生命周期	Adaptive Life Cycle	228
收集需求	Collect Requirements	217
属性抽样	Attribute Sampling	162
数据表现	Data Representation	15，163，164
数据分析	Data Analysis	163
数据收集	Data Gathering	164
思维导图	Mind-Mapping	147
索赔	Claims	6

T

谈判	Negotiation	170
弹回计划	Fallback Plan	165，227
提前量和滞后量	Leads and Lags	166
提示清单	Prompt List	87
统一方向	Unified Direction	167
统一命令	Unified Command	167
头脑风暴	Brainstorming	168，169，177
头脑写作	Brain Writing	169
投标人会议	Bidder Conference	170

信息邀请书	Request for Information	2
行政收尾	Administrative Closure	213
虚拟团队	Virtual Teams	214，215
需求跟踪矩阵	Requirements Traceability Matrix	216
需求文件	Requirements Documentation	216
需要评估	Needs Assessment	217
选定的卖方	Selected Sellers	84
选择性依赖关系	Discretionary Dependency	145
学生综合征	Student Syndrome	141
Y		
验收的可交付成果	Accepted Deliverables	89
业务需求	Business Requirement	218
一致性成本	Cost of Conformance	219
依附型活动	Apportioned Effort	35
仪表指示图	Dashboard	221
已知风险	Known Risk	222
隐性知识	Tacit Knowledge	224
应急储备	Contingency Reserve	226
应急计划	Contingency Plan	227
应急应对策略	Contingent Response Strategies	176
迎合权力	Cater Power	225
影响	Influence	149
影响力	Influencing	134
影响图	Influence Diagram	180
优先矩阵	Prioritization Matrix	123
预测型生命周期	Predictive Life Cycle	228
预防措施	Preventive Action	230
预分派	Pre-assignment	231
原型法	Prototypes	232
运营	Operation	185
Z		
责任分配矩阵	Responsibility Assignment Matrix	233
招标文件	Bid Documents	17，234，235
挣得进度	Earned Schedule	236
挣值	Earned Value	236，237
整体项目风险	Overall Project Risk	32
支持型	Supportive	238
知识管理	Knowledge Management	239

索引二（按英文字母排序）

Business Case	商业论证	155
Business Partner	合作伙伴	139
Business Requirement	业务需求	218

C

Cater Power	迎合权力	225
Causes of Risk	风险起因	52
Chances of Project Success	项目成功的可能性	191
Change	变更	6
Change Control Meeting	变更控制会	8
Change Control System	变更控制系统	9，10
Change Log	变更日志	13
Change Management Plan	变更管理计划	7
Change Request	变更请求	11，12
Checklist	核对单	85，87
Checksheet	核查表	85
Claims	索赔	6
Collect Requirements	收集需求	217
Colocation	集中办公	214
Communication Channel	沟通渠道	75
Communication Method	沟通方法	73，74
Communication Model	沟通模型	74，75
Communication Requirements Analysis	沟通需求分析	77
Communication Skills	沟通技能	72
Communication Styles Assessment	沟通风格评估	77
Communication Technology	沟通技术	72，73
Communications Activities	沟通活动	70
Communications Artifacts	沟通工件	70
Communications Management Plan	沟通管理计划	71
Configuration Management Plan	配置管理计划	7
Configuration Management System	配置管理系统	10
Conflict Management	冲突管理	178
Connectivity	连通性	132
Constraint	制约因素	247
Constructive Change	推定变更	172
Context Diagram	系统交互图	137，180
Contingency Plan	应急计划	227
Contingency Reserve	应急储备	226
Contingent Response Strategies	应急应对策略	176

Contract	合同	212
Contract Change Control System	合同变更控制系统	9
Contract Closure	合同收尾	213
Control Account	控制账户	64，127
Control Chart	控制图	135
Control Limits	控制界限	126
Control Quality	控制质量	82，250
Control Scope	控制范围	151
Corrective Action	纠正措施	122，230
Cost Baseline	成本基准	26，27
Cost of Conformance	一致性成本	219
Cost of Nonconformance	不一致性成本	219
Cost of Quality	质量成本	188
Cost Plus Award Fee Contract	成本加奖励费用合同	29
Cost Plus Incentive Fee Contract	成本加激励费用合同	29，266
Cost Variance	成本偏差	30，117
Cost-Reimbursable Contract	成本补偿合同	62，265
Crashing	赶工	59
Critical Path Method	关键路径法	118
Customer/User	客户（用户）	38

D

Dashboard	仪表指示图	221
Data Analysis	数据分析	163
Data Gathering	数据收集	164
Data Representation	数据表现	15，163，164
Defect Repair	缺陷补救	122
Definition of Risk Probability and Impact	风险概率和影响定义	45
Definitive Estimate	确定性估算	31
Degree of Inherent Variability Remaining within the Project	项目固有的变异性	191
Deliverable	可交付成果	125
Design of Experiments	实验设计	160
Design for X	面向 X 的设计	140
Detailed Schedule	详细进度计划	131
Develop Team	建设团队	106
Development Life Cycle	开发生命周期	206
Direct Cost	直接成本	242
Discrete Effort	独立型活动	35

Discretionary Dependency	选择性依赖关系	145
	E	
Earned Schedule	挣得进度	236
Earned Value	挣值	236，237
Enterprise Environmental Factors	事业环境因素	268
Estimate at Completion	完工估算	173，175
Estimate to Complete	完工尚需估算	173，174
Explicit Knowledge	显性知识	224
External Dependency	外部依赖关系	146
	F	
Fallback Plan	弹回计划	165，227
Fast Tracking	快速跟进	59，166
Feedback/Response	反馈/响应	152
Final Report	最终报告	66
Fixed Budget	固定预算	93，95，269
Fixed Price Incentive Fee Contract	总价加激励费用合同	266，267
Fixed Price with Economic Price Adjustment Contract	总价加经济价格调整合同	267
Fixed-formula	固定公式法	99
Fixed-Price Contract	总价合同	265
Flowchart	流程图	135
Focus Group	焦点小组	109
Free Float	自由浮动时间	264
Functional Manager	职能经理	202
Functional Organization	职能型组织	243
Funding Limit Reconciliation	资金限制平衡	256
	G	
Good Practice	良好实践	133
Grade	等级	248
Group of Stakeholders	相关方群体	184
Guilt-based Power	愧疚权力	157
	H	
Hierarchical Chart	层级图	58
Histogram	直方图	240
	I	
Independent Cost Estimate	独立成本估算	34
Indirect Cost	间接成本	242

Individual and Team Assessment	个人和团队评估	60，61
Individual Project Risk	单个项目风险	32，101
Influence	影响	149
Influence Diagram	影响图	180
Influencing	影响力	134
Information Management	信息管理	239
Initiating Meeting	启动会	144
Inspection	检查	20，105，106
Internal Rate of Return	内部报酬率	121
Investment Payback	投资回收期	171
Issue Log	问题日志	13，179
Iteration	迭代	108
K		
Kick-off Meeting	开工会	144
Knowledge Management	知识管理	239
Known Risk	已知风险	222
L		
Lasting Outcome	结果的持久性	189
Leadership	领导力	134
Leading	领导	79
Leading	领导型	238
Leads and Lags	提前量和滞后量	166
Least Cost	最低成本	269，270
Level of Accuracy	准确度	119
Level of Precision	精确度	119
Level of Risk	风险级别	41
Life Cycle Cost	生命周期成本	187
Logic Bar Chart	逻辑横道图	90
Logical Data Model	逻辑数据模型	137
M		
Manage Communications	管理沟通	80
Manage Quality	管理质量	82，249
Manage Stakeholder Engagement	管理相关方参与	81
Manage Team	管理团队	106
Management Reserve	管理储备	226
Managing	管理	79
Mandatory Dependency	强制性依赖关系	145，146

Matrix Diagram	矩阵图	123
Matrix Organization	矩阵型组织	243
Milestone List	里程碑清单	92
Milestone Schedule	里程碑进度计划	131
Mind-Mapping	思维导图	147
Monitor and Control Project Work	监控项目工作	104
Monitor Communications	监督沟通	80
Monitor Stakeholder Engagement	监督相关方参与	81
Monte Carlo Simulation	蒙特卡洛模拟	154
Multicriteria Decision Analysis	多标准决策分析	5，60

N

Needs Assessment	需要评估	217
Negative Risk	消极风险	211
Negotiation	谈判	170
Net Present Value	净现值	121
New Risk	新风险	83
Nominal Group Technique	名义小组技术	109，168

O

Operation	运营	185
Organizational Process Assets	组织过程资产	268
Organizational Project Management	组织级项目管理	210
Outdated Risk	过时风险	83
Overall Project Risk	整体项目风险	32
Overlapping	交叠	108

P

Parametric Estimating	参数估算	129
Pareto Chart	帕累托图	240
Parkinson's Law	帕金森定律	141
Perform Integrated Change Control	实施整体变更控制	104
Perform Qualitative Risk Analysis	实施定性风险分析	158
Perform Quantitative Risk Analysis	实施定量风险分析	158
Performance Review	绩效审查	97，98，105，142
Performing Organization	执行组织	39
Perquisites	额外待遇	153
Planned Value	计划价值	237
Planning Package	规划包	127
Portfolio	项目组合	198

Project Management Plan	项目管理计划	196
Project Management Process Group	项目管理过程组	199
Project Management Team	项目管理团队	193，207
Project Manager	项目经理	202
Project Objective	项目目标	203，204
Project Phase	项目阶段	199
Project Quality	项目质量	192
Project Reporting	项目报告发布	186
Project Requirements	项目需求	110
Project Schedule	项目进度计划	114，116，200，201
Project Schedule Network Diagram	项目进度网络图	201
Project Scope	项目范围	22，190
Project Stakeholder	项目相关方	208
Project Team	项目团队	207，208
Project Team Assignments	项目团队派工单	231，233
Prompt List	提示清单	87
Propinquity	密切度	132
Prototypes	原型法	232
Proximity	邻近性	112
Q		
Qualifications Only	仅凭资质	270
Quality	质量	248
Quality and Cost-based	基于质量和成本	93，94
Quality Assurance	质量保证	249，250
Quality Control Measurements	质量控制测量结果	252，254，255
Quality Improvement Methods	质量改进方法	140
Quality Metrics	质量测量指标	251，252，253
Quality of Project Management	项目管理的质量	195
Quality of the End Product, Service, or Result	项目可交付成果的质量	195
Quality Report	质量报告	255
Quality Standards	质量标准	251
Quality-based/highest Technical Proposal Score	基于质量或技术方案得分	94，95
Questionnaires and Surveys	问卷调查	177
R		
Recognition and Rewards	认可与奖励	153
Referent Power	参考权力	78

S		
Salience Model	凸显模型	183
Schedule Activity	进度活动	63，115
Schedule Baseline	进度基准	200
Schedule Management Plan	进度管理计划	114
Schedule Model	进度模型	116
Schedule Network Analysis	进度网络分析	118
Schedule Variance	进度偏差	117
Scope Baseline	范围基准	65
Scope Creep	范围蔓延	107
Selected Sellers	选定的卖方	84
Self-organizing Team	自组织团队	215
Seller	卖方	139
Seller Proposal	卖方建议书	235
Senior Management	高级管理层	37
Sensitivity Analysis	敏感性分析	160
Single Source	单一来源	36
Situational Power	情境权力	225
Sole Source	独有来源	36
Solution Requirements	解决方案需求	110
Source Selection Analysis	供方选择分析	69
Source Selection Criteria	供方选择标准	69
Specification Limit	规格界限	126
Sponsor	发起人	37，38，39
Stakeholder Community	相关方社区	184
Stakeholder Cube	相关方立方体	183
Stakeholder Engagement Assessment Matrix	相关方参与度评估矩阵	181
Stakeholder Engagement Plan	相关方参与计划	71，181，182
Stakeholder Register	相关方登记册	182
Stakeholder Requirements	相关方需求	218
Status Review Meeting	状态审查会	8
Stop Light Chart	信号灯图	221
Student Syndrome	学生综合征	141
Summary Activity	概括性活动	115
Supportive	支持型	238
T		
Tacit Knowledge	隐性知识	224